Christina Zacker

Musterbriefe
für alle Anlässe

Geschäftlich und privat überzeugend formulieren

WILHELM HEYNE VERLAG · MÜNCHEN

HEYNE RATGEBER
08/5410

Für Tomane

Umwelthinweis:
Dieses Buch wurde auf
chlor- und säurefreiem Papier gedruckt.

Originalausgabe 10/2002

http://www.heyne.de
Printed in Germany 2002
Konzept und Realisation: abc-Buchagentur Miriam Schmidt, Augsburg
Redaktion: Dunja Reulein
Umschlagillustration: FPG International/John Shaw
Umschlaggestaltung: Eisele Grafik-Design, München
Satz: Schaber Satz- und Datentechnik, Wels
Druck und Bindung: Ebner & Spiegel, Ulm

ISBN 3-453-86407-7

Inhalt

Vorwort

Wer schreibt heute noch Briefe? Im Zeitalter von Fax und E-Mail, von Telefon, Handy und SMS? Täuschen Sie sich nicht: Gerade weil die modernen Kommunikationsmittel so schnelllebig und flüchtig sind, ist das Schreiben von Briefen wieder modern geworden. Abgesehen davon gibt es genug Anlässe, in denen das Schreiben eines Briefes unerlässlich ist:

- Im Geschäftsleben kommt man ohne Schriftverkehr nicht aus. Selbst wenn Fax und E-Mail heute in den meisten Firmen selbstverständlich sind: auf Korrespondenz kann man nicht verzichten, denn vieles muss schriftlich festgelegt sein, um Gültigkeit zu haben. Wobei ein Fax übrigens nicht anderes ist als ein Brief – nur unter Umständen in verkürzter Form und wesentlich schneller übermittelt.
- Wer sich um einen Arbeitsplatz bewirbt, weiß, dass bei einer Bewerbung selbstverständlich ein mit der Maschine oder dem PC geschriebenes Anschreiben verlangt wird.
- Mit Ämtern und Behörden, aber auch mit Firmen oder Versandhäusern muss man auch als Privatmann brieflich oder per Fax verkehren. Gerade bei Anträgen, Beschwerden oder Bestellungen ist die Schriftform unerlässlich.
- Wer als Mieter und Vermieter miteinander zu tun hat, wird nicht umhinkönnen, so manches schriftlich festzuhalten. Selbst dann, wenn Sie im persönlichen Umgang einen freundschaftlichen Ton pflegen.

- Ist ein nahe stehender Freund oder eine liebe Verwandte gestorben, ist es ein grober Fauxpas, nur einfach per Telefon sein Beileid auszudrücken. Die Anteilnahme in einem Todesfall drückt man stets schriftlich in einem Brief oder einer Briefkarte aus – bitte niemals per Fax oder gar per E-Mail.
- Liebesgeflüster verträgt sich zwar durchaus mit dem Telefon, dennoch ist ein Liebesbrief auch heute noch an Romantik nicht zu übertreffen. Gerade weil es so selten geworden ist, seine Gefühle schriftlich zu äußern.
- Ob für die Schule oder die Arbeitsstelle, ob für eine Dummheit oder ein richtiges »Vergehen«: Manchmal sind schriftliche Entschuldigungen angebracht. Gerade weil man sich dabei genau überlegen kann, was man schreibt, wie man es formuliert, um eine Scharte auszuwetzen.
- Natürlich kann man Glückwünsche zu einem Fest oder einem freudigen Ereignis per Telefon ausdrücken. Viel persönlicher, viel origineller ist jedoch ein herzlicher Geburtstagsgruß per Brief!
- Sie feiern gerne Feste? Nicht nur zu persönlichen Gedenktagen, sondern auch mal »einfach so«? Natürlich ist es möglich, spontan per Telefon zum sommerlichen Grillfest oder zum herbstlichen Fondue-Abend einzuladen. Aber man kann seine Gäste ebenso mit einer witzigen Briefkarte zum Feiern bitten.
- Schon als Kinder schwitzten wir, wenn wir uns bei Großmutter oder Patenonkel für ein Geschenk schriftlich bedanken mussten. Später haben wir das dann einfach mündlich, per Telefon, gemacht. Aber wenn Sie ehrlich sind: Freuen Sie sich nicht auch mehr, wenn Sie eine Danksagung mit der Post erhalten? Und in vielen Fällen ist ein Dank geziemend nur per Brief auszudrücken.

In diesem Buch finden Sie Rat und Hilfe für die Korrespondenz zu all den oben genannten Gelegenheiten. Es ist in zwei Teile gegliedert: zum einen die geschäftlichen Briefe und Bewerbungen, bei denen Sie auch Näheres über DIN-Normen und sprachliche Gestaltung erfahren. Zum anderen finden Sie ausführliche Hilfestellung für die private Korrespondenz – mit Handwerkern und Firmen, Ämtern und Behörden, aber auch für den Bereich der Familie, des Bekannten- und Freundeskreises. Natürlich sollen Sie nicht jeden Musterbrief wortwörtlich übernehmen – es kommt ja immer auf die jeweilige persönliche Situation an. Sie werden jedoch viele Anregungen finden, die Ihnen das Schreiben eines Briefes künftig erleichtern.

Baden-Baden, im Juni 2002 *Christina Zacker*

TEIL 1

OFFIZIELLE BRIEFE

1. Kapitel

Der korrekte Geschäftsbrief

Es ist sicher einfach, einem Freund einen lieben Brief zu schreiben, und am wenigsten Probleme hat wohl jeder mit dem Urlaubsgruß auf einer bunten Postkarte. Schwieriger wird es da schon, wenn Sie an einen entfernten Verwandten schreiben. Und noch problematischer, wenn es um offizielle Briefe geht, die dann auch gleich Korrespondenz heißen, genauer: Geschäftskorrespondenz. Viele Menschen sind unsicher, wie solch ein Geschäftsbrief zu gestalten ist. Dabei gilt hier wie überall: Es ist alles gar nicht so schwer; man muss eben nur wissen, welche Regeln zu beachten sind. Dann geht einem im Grunde alles ganz leicht von der Hand.

Computer oder Schreibmaschine?

Die Frage stellt sich doch heute nicht mehr, sagen Sie? Dann füllen Sie mal ein behördliches Formular mit Durchschlägen aus – dabei können Sie Ihren Tintenstrahl- oder Laserdrucker glatt vergessen. Also greift man auf die Schreibmaschine zurück, hofft, dass man sich nur ganz selten vertippt, weil man ja die Fehler auf allen Durchschlägen gleichermaßen verbessern muss. Fazit: Werfen Sie eine funktionstüchtige Schreibmaschine nicht direkt in die Tonne, wenn der neue Computer mit allem Zubehör gebracht wird – man weiß nicht, wofür das treue Stück noch einmal gut ist. In jedem Falle gilt: Ein geschäftlicher Brief wird nicht mit der Hand, sondern stets mit Maschinenschrift geschrieben – ob per PC oder

Schreibmaschine ist im Grunde gleichgültig. Der Computerausdruck ermöglicht allerdings stets ein ansprechendes Bild und vor allem in Bezug auf die Schriftarten, auf die Gestaltung und die Gliederung Ihrer Texte eine wesentlich größere Auswahl.

Die DIN-Normen

Eines vorab: Ein Geschäftsbrief hat grundsätzlich immer dieselbe Form und dieselben Bestandteile. Sie sind in den Regeln »für Maschineschreiben« vom Normenausschuss Bürowesen zusammengefasst. Sie wurden entwickelt, um den Schriftverkehr zu vereinfachen und zu rationalisieren. Bei einem offiziellen Brief – also im Geschäftsleben – gilt üblicherweise die so genannte DIN-Norm 5008. In ihr ist festgelegt, wie ein Brief rein optisch zu gestalten ist, also welche Abstände, welche Leerzeilen und welche Seitenränder einzuhalten sind.

Als Gelegenheitsschreiber müssen Sie diese DIN-Norm nicht genau kennen. Es genügt, wenn Sie die Elemente kennen, aus denen jeder »offizielle« Brief besteht – ganz gleich, ob Sie eine Anfrage stellen oder eine Firma anschreiben, ob Sie etwas reklamieren oder eine Rechnung stellen, ob Sie als Privatperson oder als Geschäftsinhaber schreiben:

- Name, eigene Anschrift, Telefon (in Firmen der »offizielle« Briefkopf)
- Ort, Datum
- Anschrift des Briefempfängers
- Betreff (»worum geht es?«) und Bezug (»woran wird angeknüpft?«)
- Anrede
- Text
- Grußformel
- Unterschrift
- Hinweis auf Anlagen

.
.
.
.
Ihr Vorname und Name Ort, Datum
Straße Hausnummer
Postleitzahl Ort
Telefon
.
.
.
.
Angabe der Versendungsform (zum Beispiel Einschreiben)
.
Anrede
Name des Empfängers
Berufsfeld/Abteilung
Straße/Postfach
.
Postleitzahl Ort
.
.
.
.
»Betreffzeile« (Das Wort »Betreff« wird nicht geschrieben!)
.
.
Anrede
.
Text, gut mit Absätzen untergliedert
Text, gut mit Absätzen untergliedert
Text, gut mit Absätzen untergliedert
Text, gut mit Absätzen untergliedert
.
Grußformel
.
Unterschrift
.
Anlagen

Alles Wissenswerte und alles, was Sie beachten müssen, finden Sie auf den folgenden Seiten zusammengestellt. Und natürlich gibt es neben den allgemein verbindlichen Regeln praktische Beispiele – damit Sie die trockene Theorie sofort in die Praxis umsetzen können.

Die Briefgestaltung

Wenn Sie privat einen geschäftlichen Brief schreiben müssen, verwenden Sie natürlich die Schreibmaschine beziehungsweise den PC, das sieht einfach am besten aus. Und: Sie nehmen gutes Papier im Format DIN A4. Das hat die Maße 210 Millimeter mal 297 Millimeter. Beim Einkauf müssen Sie sich darum aber nicht kümmern, Sie verlangen einfach »Papier DIN A4«. Qualitätsunterschiede gibt es in der Dicke des Papiers. Aus optischen und haptischen Gründen sollten Sie kein zu dünnes Papier verwenden. In Firmen ist der Briefbogen meist schon vorgedruckt. Das erleichtert die Formgestaltung wesentlich.

Briefkopfformate und Seitenlayout

Die Gestaltung des Briefes richtet sich ebenfalls nach einer Norm – nach der DIN-Norm 676. An diese Norm müssen Sie sich nicht unbedingt halten, auf die genauen Millimetermaße kommt es nämlich weniger an als auf die Gestaltung eines Schreibens. Je größer eine Firma jedoch ist, je mehr sie der Tradition verhaftet ist, desto eher wird man sich an diese Norm halten. Hier der Vollständigkeit halber die Maße für Geschäftsbriefe, die nach DIN-Norm 676 erstellt wurden.

Möglichkeit 1: Zeilenpositionen nach DIN 676, Formblatt A

Zeilenbezeichnung	*Zeilenanfang von der oberen Blattkante*	*Zeilenanfang auf Zeile*
Erste Absenderzeile	16,9 mm	5
bei Briefblättern		
ohne Aufdruck		
Erste Anschriftzeile	33,9 mm	9
Erste Zeile des	33,9 mm	9
Informationsblocks		
Leitwörter	63,5 mm	16
Kommunikationszeile		
Leitwörter	80,4 mm	20
Bezugszeichenzeile		
Betreffzeile	97,4 mm	24

Layout eines Geschäftsbriefes nach DIN-Norm 676, Form A

.
.
.
.

Firma Peter Mustermann
Musterstraße 12
99999 Musterdorf
Tel. (01 11) 12 34 56

.
.
.

Frau Erna Musterfrau
Musterstraße 100

.

99999 Musterstadt

.
.

Ihr Zeichen	Unser Zeichen	Bearbeiter	Datum
08/14 vom 25.02.02	HL 007 vom 28.02.02	Herr Muster	02.03.2002

.
.

Die so genannte Betreffzeile: zum Beispiel »Hausmitteilung«

.

Sehr geehrte Frau Musterfrau,

.

es folgt der Haupttext

.

mit freundlichen Grüßen

.
.
.

(Peter Mustermann)
Anlagen

Möglichkeit 2: Zeilenpositionen nach DIN 676, Formblatt B

Ein langer Infoblock verschiebt auch bei einer kurzen Adresse den nachfolgenden Text nach unten.

Zeilenbezeichnung	*Zeilenanfang von der oberen Blattkante*	*Zeilenanfang auf Zeile*
Erste Absenderzeile	16,9 mm	5
bei Briefblättern		
ohne Aufdruck		
Erste Anschriftzeile	50,8 mm	13
Erste Zeile des	50,8 mm	13
Informationsblocks		
Leitwörter	80,4 mm	20
Kommunikationszeile	20	
Leitwörter	97,4 mm	24
Bezugszeichenzeile		
Betreffzeile	114,3 mm	28

Layout eines Geschäftsbriefes nach DIN-Norm 676 mit Infoblock neben der Anschrift, Form B

.
.
.
.

Firma Peter Mustermann
Musterstraße 12
99999 Musterdorf
Tel. (01 11) 12 34 56
.

Frau Musterfrau
Musterstraße 100

99999 Musterstadt

Ihr Zeichen: 08/14
Ihre Nachricht vom: 25.02.2002
Unser Zeichen: HL 007
Unsere Nachricht vom: 28.02.2002

Bearbeiter: Herr Muster
Telefon: (01 11) 12 34 56

Datum: 02.03.2002

Die so genannte Betreffzeile: zum Beispiel »Hausmitteilung«
.

Sehr geehrte Frau Mustermann,
.

es folgt der Haupttext

mit freundlichen Grüßen
.
.
.

(Peter Mustermann)
Anlagen

Die Anordnung der Briefteile

Der eigentliche Brieftext wird stets einheitlich gestaltet. Dabei gilt:

- Sie schreiben mit einzeiligem Abstand.
- Sie verwenden eine gut lesbare Schrift (Times New Roman oder Arial) im Schriftgrad 10.
- Absätze trennen Sie durch eine Leerzeile.
- Absätze rücken Sie nicht ein.

Ausnahmen bestätigen auch beim Briefschreiben – wie so oft – die Regel: Wollen Sie einen Absatz besonders hervorheben, können Sie ihn selbstverständlich einrücken. Und natürlich können Sie auch einen größeren Schriftgrad verwenden, wenn Ihnen das angebracht erscheint. Nur entspricht das dann eben nicht mehr der strengen DIN-Norm.

Die Anschrift

Das Adressfeld hat nach der DIN-Norm stets neun Zeilen.

- Zeile 1: der Vermerk über die Sendungsart, Versendungsform und Ähnliches (also zum Beispiel per Einschreiben, per Eilboten)
- Zeile 2: eine Leerzeile
- Zeile 3: der Empfänger (das kann man noch einmal aufteilen, indem Sie die Firmenbezeichnung des Empfängers in dieser Zeile schreiben)
- Zeile 4: Name des Empfängers
- Zeile 5: Straße und Hausnummer beziehungsweise Postfach mit Nummer
- Zeile 6: eine Leerzeile
- Zeile 7: Postleitzahl, Leertaste, Ort, Leertaste, Zustellpostamt; oder: Auslandskennzeichen, Bindestrich, Postleitzahl, Leertaste, Ort, Leertaste, Zustellpostamt

- Zeile 8: eine Leerzeile
- Zeile 9: eine Leerzeile, eventuell auch die ausgeschriebene Angabe des Bestimmungslandes, wenn der Brief ins Ausland geht

Die Unterstreichung des Ortsnamens fällt weg. Für Briefe ins Ausland (siehe Muster 8) gelten besondere Regeln. Nachstehend sehen Sie praktische Beispiele für die Gestaltung des Adressfeldes. Leerzeilen sind jeweils mit . angezeigt:

Muster Anschrift 1:
Der Empfänger wohnt im 3. Stockwerk des Hauses Nr. 12

.
.
Frau
Mathilde Sauer
Musterstraße 12 // III
.
99999 Musterdorf
.
.

Muster Anschrift 2:
Der Empfänger wohnt in Wohnung Nr. 23 des Hauses Nr. 12

Eilzustellung
.
Herrn
Thomas Muster
Musterstraße 12 // W 23
.
99999 Musterdorf
.
.

Muster Anschrift 3:
Die Berufsbezeichnung steht stets hinter der Anrede

Büchersendung
.
Herrn Rechtsanwalt
Jan Meyer
Musterstraße 12
.
99999 Musterdorf
.
.

Muster Anschrift 4: Der akademische Grad steht vor dem Namen

.
.
Herrn
Dr. Peter Maurer
Musterstraße 12
.
99999 Musterdorf
.
.

Muster Anschrift 5: Der Empfänger ist Untermieter

Einschreiben mit Rückschein
.
Frau
Maria Seeler
bei Müller
Musterstraße 12
.
99999 Musterdorf
.
.

Muster Anschrift 6: Firmenbrief

Hier wird die Firma zuerst genannt, und der Brief wird geöffnet an den Empfänger weitergereicht.

.
.
Münchner Versicherungs AG
Herrn Manfred Köhler
Musterstraße 12
.
99999 Musterdorf
.
.

Muster Anschrift 7: Privatbrief in die Firma

Hier wird der Empfänger zuerst genannt, und der Brief wird ungeöffnet an den Empfänger weitergereicht.

.
.
Frau
Lisa Müller
Münchner Versicherungs AG
Musterstraße 12
.
99999 Musterdorf
.

Muster Anschrift 8: Sendungen ins Ausland

Bei Anschriften im Ausland werden der Bestimmungsort und das Bestimmungsland in Großbuchstaben geschrieben.

.
.
Residencia Manolo
Piazza de Narone 12
.
I-99999 MUSTERORT
ITALIA
.
.
.

Die Länderkürzel

Jedes Land hat ein bestimmtes Kürzel, das im Normalfall vor die Postleitzahl des Ortes gestellt wird. Zum Beispiel gilt in Europa Folgendes:

Land	*Kürzel*	*Land*	*Kürzel*	*Land*	*Kürzel*
Belgien	B	Spanien	E	Österreich	A
Dänemark	DK	Liechtenstein	FL	Portugal	P
Finnland	SF	Luxemburg	L	Rumänien	RO
Frankreich	F	Monaco	MC	Schweden	S
Griechenland	GR	Niederlande	NL	Schweiz	CH
Italien	I	Norwegen	N	Ungarn	H

Die Schreibweise des Datums

In Geschäftsbriefen schreibt man das Datum entweder achtstellig (also: 12.03.02) oder aber zehnstellig (zum Beispiel 12.03.2002) Die beiden Punkte zählen dabei als Zeichen. Es sind keine zusätzlichen Leerzeichen mehr nötig. Man kann den Monatsnamen natürlich auch ausschreiben. Dann müssen Sie aber mit Leerzeichen arbeiten. Das sieht dann so aus: 12. März 2002.
Falsch sind diese Schreibweisen:

- 2002-3-12
- 2002-12-3
- 02-12-3
- 09.November 2002
- 12.März 02
- Musterdorf, den 12.03.2002

Datum und Bezug im vorgedruckten Briefbogen

Beim vorgedruckten Briefformular findet sich meist die Zeile

Ihr Zeichen	Ihre Nachricht vom	Unser Zeichen	Datum

Wenn Sie in Ihrem Brief also Bezug auf einen bereits vorhandenen Schriftverkehr nehmen, müssen Sie diese Zeile entsprechend ausfüllen.

Beispiel:

Ihr Zeichen	Ihre Nachricht	Unser Zeichen	Datum
PM/cz	vom 08.03.02	CZ/m	12.03.2002

Weitaus mehr Freiheiten besitzen Sie dagegen, wenn Sie im Text ein Datum schreiben müssen. Hier können Sie unter folgenden Formen wählen:

- Wir erwarten Herrn Mustermann am 12.03. zurück.
- Auf der Konferenz am 3. August wurde einstimmig beschlossen, dass …
- Wir weisen ausdrücklich auf unser Schreiben vom 13. Sept. hin …
- Seit dem 24.01.1991 ist es bei uns üblich, dass …

Früher »Betreff« – heute »Überschrift«

Fast jeder geht mit dieser Zeile anders um. Früher begann man hier mit dem Wörtchen »betrifft«. Dann wurde dies gegen das Wort »Betreff« ausgetauscht. Heute haben sich auch die Bezeichnungen »Überschrift« oder »Headline« dafür eingebürgert. In jedem Fall gilt: Das Wort »Betreff« wird nicht mehr geschrieben. Statt »Betreff« findet man heute in dieser Zeile nur noch das Thema des Briefs. Anders gesagt: Stichwortartig wird der Inhalt des Schreibens ausgedrückt. Bei Werbebriefen wird diese Zeile häufig als Schlagzeile genutzt, mit der man den Leser aufmerksam machen will – das hat durchaus seine Berechtigung. In einem rein sachlichen Schreiben jedoch sollte man darauf verzichten.

Checkliste für die Betreffzeile

- Weder das ganze Wort »Betreff« noch die Abkürzung »Betr.« werden heute noch verwendet.
- Formulieren Sie aussagekräftig und vermeiden Sie langweilige, nichtssagende Betreffs!
- Achten Sie darauf, keine negativen Formulierungen zu verwenden.

- Überlegen Sie, ob Sie Betreffzeile, Anrede und Textanfang in einem Einstiegssatz zusammenfassen können (siehe unten: »Die modernste Variante der Begrüßung«).
- Betreff und Inhalt des Briefes müssen zusammenpassen: In einer ersten Mahnung können Sie durchaus noch witzig formulieren (zum Beispiel »Knoten fürs Taschentuch?«). Bei der dritten Mahnung einer Rechnung – also kurz vor dem Schritt zum Inkassobüro – ist solch lockerer Ton nicht mehr angebracht.
- Wenn Ihnen nichts Originelles oder Passendes einfällt, verzichten Sie besser ganz auf die Betreffzeile.

Die Anrede

Ist Ihnen Ihr Ansprechpartner bekannt? Dann sprechen Sie ihn oder sie auch direkt an: also mit »Sehr geehrte/r Frau/Herr Muster«. Kennen Sie jemanden schon länger, ist es durchaus auch erlaubt, etwas persönlicher zu werden: also »liebe/r Frau/Herr Muster«. In allen anderen Fällen schreibt man:

- Sehr geehrte Damen und Herren
- Sehr geehrte Damen, sehr geehrte Herren

Lediglich »sehr geehrte Herren« ist nur dann vertretbar, wenn Sie wirklich wissen, dass in der Firma oder entsprechenden Abteilung keinerlei Damen beschäftigt sind. Dasselbe gilt umgekehrt für die Anrede »sehr geehrte Damen« – bitte nur, wenn Sie sicher sind, dass Sie lediglich weibliche Ansprechpartner haben. Auf der sicheren Seite sind Sie jedoch stets mit einer Anrede, in der Sie Damen und Herren ansprechen.

Hüten Sie sich bitte gerade in der Anrede vor einer Zusammenziehung mit Klammer und/oder Schrägstrich. Also bitte niemals

- Sehr geehrte/r Kunde/in
- Liebe Kolleg(inn)en
- Sehr geehrte Mitarbeiter/-innen
- Liebe Pensionär/-innen

Das stört zum einem beim Lesen, zum anderen sollten Sie Ihrem Gegenüber so viel Höflichkeit erweisen, dass Sie beide Geschlechter getrennt ansprechen. Kleiner Trick am Rande: Geschlechtsneutral, aber noch etwas ungewöhnlich ist die Formulierung »Mitarbeitende« oder auch statt Gastgeber – Gastgebende, statt Bewerber – sich Bewerbende, statt Zuhörer/Zuschauer – Zuhörende/Zuschauende, statt Interessenten – Interessierte.

Checkliste für die Anrede

- Vermeiden Sie Sammelanreden! Jede Firma hat wohl mittlerweile einen PC und kann Serienbriefe mit persönlicher Anrede ausdrucken und versenden.
- Anredeformen wie »verehrt«, »werter Kunde«, »hoch geschätzte Kunden«, »verehrtester« o. Ä. gelten zu Recht als verstaubt und veraltet.
- Suchen Sie nach Alternativen zur Standardanrede »Sehr geehrte/r Frau/Herr …«.
- Kennen Sie jemand persönlich, ist durchaus auch »liebe/r Frau/Herr …« erlaubt. Oder ein »Guten Tag«.
- Vermeiden Sie die Zusammenziehung von männlichen und weiblichen Formen und auf jeden Fall das leidige große »I« wie in KollegInnen. Nehmen Sie sich die Zeit und den Raum, in Ihrem Brief beide Geschlechter anzusprechen.

Die modernste Variante der Begrüßung

Es hat sich immer mehr eingebürgert – und ist, selbst wenn es nicht genau der DIN-Norm entspricht, eine erfrischende Variante im tagtäglichen Alltagseinerlei: die Zusammenziehung der ehemaligen Betreffzeile mit der Anrede, und dies in einem einzigen Satz.

Beispiel:

Früher:

Betrifft Anfrage

.

Bezüglich Informationsmaterial

.

Sehr geehrter Herr Muster,

Heute:

Vielen Dank,

.

sehr geehrter Herr Muster,

.

für Ihr Interesse an unserem Info-Material.

Der Text

Der Abstand zwischen Anrede und Text beträgt immer eine Leerzeile. Sie können – gerade wenn Sie viel Text haben – diesen durch Absätze oder Abschnitte unterteilen. Dann trennen Sie jeweils wieder durch eine Leerzeile. Größere Unterscheidungen treffen Sie, wenn Sie die einzelnen Abschnitte durch Ziffern, Buchstaben oder Striche trennen. Andere Hervorhebungen – wie Schriftartwechsel, Unterstreichen, Fett-, Gesperrt- und Kursivdruck sowie Großbuchstaben – sollte man nur sehr sparsam einsetzen: Sie machen das Schriftbild sonst insgesamt unruhig und deshalb schwer lesbar.

Die Grußformel

Auch hier gilt wieder: eine Leerzeile Abstand zum Textblock. Üblicherweise schreibt man hier eine Formel wie

- Mit freundlichem Gruß (wenn der Brief in der Ich-Form verfasst wurde)
- Mit freundlichen Grüßen
- Freundliche Grüße aus …
- Freundliche Grüße

Man kann – das ist Geschmackssache und schon etwas veraltet, nach DIN-Norm aber erlaubt – auch den letzten Satz des Schreibens in den Grußblock einbeziehen. Also zum Beispiel: »Wir danken schon vorab für die Zusammenarbeit und verbleiben mit freundlichen Grüßen …«

Es spricht auch nichts dagegen – vor allem wenn Sie den Empfänger gut kennen –, die Grußformel handschriftlich oder mit den Worten »Mit herzlichem Gruß Ihr/e …« zu beenden.

Die moderne Variante der Grußformel

Es ist heute durchaus üblich, die eher formellen »freundlichen Grüße« ein wenig aufzulockern. Schreiben Sie also ruhig

- Mit sonnigen Grüßen aus dem Schwarzwald
- Mit sommerlichem Gruß von der Waterkant
- Mit erwartungsvollen Grüßen aus …

Das macht Ihr Anschreiben persönlich und hebt sich damit wohltuend vom althergebrachten Schreibstil ab. Sie sollten diese modernen Varianten aber gezielt einsetzen. Nicht in jedem Falle sind sie geeignet. Hüten Sie sich, beim Schreiben an ein und dieselbe

Person stets eine bestimmte Grußformel zu gebrauchen, die einmal vielleicht ganz originell wirkt, sich aber beim dritten oder vierten Brief einfach abnutzt. Variationen sind durchaus gefragt!

Checkliste für die Grußformel

- Vermeiden Sie es, die Grußformel mit dem letzten Satz Ihres Briefes zusammenzuziehen. Im modernen Briefstil steht die Grußformel allein.
- Hüten Sie sich vor altertümlichen Formulierungen wie »Mit ergebensten Grüßen« oder etwa »Im Voraus bestens dankend empfehlen wir uns«.
- Variieren Sie die üblichen »freundlichen Grüße«.
- Schreiben Sie ruhig einmal »Für heute grüßt Sie …« oder »Mit weihnachtlichen Grüßen«.
- Das Wort »Hochachtungsvoll« wird heute kaum mehr angewendet – fürs normale Alltagsgeschäft eignet es sich einfach nicht mehr. Es wird mittlerweile bei eher unangenehmen Ankündigungen verwendet – etwa wenn eine Bank ihrem Kunden mitteilt, dass sie ein Darlehen vorzeitig kündigt. Damit will man vermeiden, dass die sonst üblichen »freundlichen Grüße« ironisch klingen.

Die Unterschrift

Mit jeweils einer Leerzeile Abstand folgt dann Ihre Unterschrift, der Firmenname und Angaben, die zeigen, in welcher Funktion der Schreiber ist. Sie sollten Abkürzungen zwar nach Möglichkeit vermeiden, dennoch haben sich diese eingebürgert:

- i.A. = im Auftrag
- i.V. = in Vollmacht oder in Vertretung
- m.V. = mit Vollmacht

- ppa. = per procura
- gez. Name, nach Diktat verreist: Hier unterschreibt das Sekretariat.

Darunter wiederum kommt in Maschinenschrift nochmals Ihr Name. Nicht aber in jedem Fall der Firmenname: Darauf kann man verzichten, wenn der Name des Unternehmens im Briefkopf steht. Die mit der Maschine beziehungsweise dem PC geschriebene Unterschrift ist vor allem dann angebracht, wenn Sie eine eher unleserliche Unterschrift haben. Ein Extrahinweis: Ist der Unterzeichner auch der Inhaber des Unternehmens, werden üblicherweise mindestens drei Leerzeilen als Platz für die persönliche Unterschrift vorgesehen. Firmeninhaber, Geschäftsführer und Vorstände unterschreiben im Regelfall nur mit ihrem Namen. Bei zwei Unterschriften steht die des Ranghöheren links.

Checkliste für die Unterschrift

- Achten Sie darauf, dass Ihre maschinengeschriebene Unterschrift den vollen Namen (also Vor- und Zunamen) enthält.
- Als Frau sollten Sie auf jeden Fall Ihren Vornamen ausschreiben – so vermeiden Sie es, bei einer Antwort fälschlicher- und für den Briefschreiber vielleicht peinlicherweise als »Sehr geehrter Herr« tituliert zu werden.
- Akademische Titel gehören nicht zu Ihrer handschriftlichen, sondern nur in die maschinengeschriebene Unterschrift.
- In einer vertrauten oder langjährigen Geschäftsbeziehung kann man zur Unterschrift durchaus – ebenfalls mit der Hand geschrieben – den Zusatz »Ihr/e …« setzen.

Anlagen

Eine Leerzeile nach der maschinenschriftlichen Wiederholung Ihres Namens beginnt der so genannte Anlagenvermerk. Bei einem persönlichen Geschäftsbrief – in dem der Name nicht maschinenschriftlich darunter steht – wird dieser Vermerk üblicherweise drei Leerzeilen unter dem Grußblock oder der Firmenbezeichnung eingefügt. Sie können dabei verschiedene Formen wählen:

- Sie nennen nur das Wort »Anlagen« (heute üblich).
- Sie nennen das Wort »Anlagen« und zählen diese untereinander geschrieben auf, also zum Beispiel
  Anlagen:
  Katalog
  Preisliste
- Um das Wort »Anlagen« hervorzuheben, wird es fett gedruckt. Vor allem dann, wenn Sie mehrere Anlagen haben und Sie diese aufzählen.
- Nach neuester DIN-Norm wird hinter dem Wort Anlagen kein Doppelpunkt gesetzt.
- Bei Platzmangel kann man den Hinweis auf Anlagen auch rechts neben die Unterschrift setzen. Der Abstand vom linken Seitenrand sollte dann 12,5 cm betragen.

Die Seitennummerierung

Briefe mit mehr als einer Seite Umfang werden von der zweiten Seite an fortlaufend nummeriert. Die Seitenzahl beginnt auf Briefbögen ohne Aufdruck in der Mitte der fünften Zeile. Der Hinweis auf Folgeseiten sollte am Fuß der Seite mit mindestens einer Leerzeile Abstand zum Textende rechtsbündig stehen.

Die Sprache eines Geschäftsbriefs

Selbstverständlich werden Sie sich in der geschäftlichen Korrespondenz nicht so leger ausdrücken wie in einem Brief an gute Freunde. Hüten Sie sich aber bitte auch davor, besonders gekünstelt und im so genannten »Amtsdeutsch« zu schreiben. Diese kleine Checkliste des Texttrainers Günter Frosch (nähere Informationen unter www.unternehmensschreibe.de) sollte Ihnen weiterhelfen:

- Sind Ihre Texte kurz und prägnant – oder langatmig und häufig länger als eine Briefseite? Die Aufmerksamkeit des Adressaten sollte schnell gefesselt sein. Bei mehr als einer Seite ist das manchmal schwierig.
- Ist der Aufbau Ihrer Briefe übersichtlich? Gibt es Absätze und Leerzeilen – oder ist alles eine Bleiwüste?
- Haben Sie jemanden, die/der Ihre wichtigsten Briefe auf Druck- und Rechtschreibfehler durchsieht, bevor sie verschickt werden?
- Können sich Ihre Ansprechpartner etwas vorstellen, wenn sie Ihr Angebot lesen? Bitten Sie einmal einen Außenstehenden, der von Ihrem Spezialgebiet nicht so viel versteht, um ein ehrliches Feedback.
- Überprüfen Sie Ihre »Alltagskorrespondenz«, also Rechnungen, Mahnungen, Auftragsbestätigungen: Klingen diese Briefe freundlich – oder nach Amtsdeutsch?
- Passen Broschüre und Begleitschreiben zusammen? Macht Ihr Brief neugierig auf mehr? Oder werden nur all jene Argumente wiederholt, die ohnehin in der Broschüre stehen?
- Welches sind Ihre fünf wichtigsten Geschäftstexte? Wann haben Sie zum letzten Mal deren Aktualität und Stil überprüft?

Erkennen Sie negative Signalwörter und vermeiden Sie unpersönliche Floskeln. Mit positiven, persönlichen und freundlichen Formulierungen erreichen Sie mehr. Und noch etwas: Verkaufen Sie Ihren Ansprechpartner nicht für dumm. So manche Formulierung (Beispiel 4) gerade bei Reklamationen lässt nämlich zwischen den Zeilen lesen …

Beispiel 1: Positiv artikulieren

Negativ klingen Sätze wie:

- Ihren Auftrag können wir leider nicht ausführen.
- Die Artikel sind vergriffen.
- Wir haben nur einen ähnlichen Artikel auf Lager, der aber einen höheren Preis hat.

Besser ist:

- In der von Ihnen bestellten Ausführung sind die Artikel bereits vergriffen.
- Gerne liefern wir Ihnen den von Ihnen benötigten Artikel, wenn Sie mit einer kleinen Änderung einverstanden sind.
- Sie erhalten hochwertige Ware in der Qualität … zum Stückpreis von Euro …
- Diese Produkte können wir sofort an Sie ausliefern.

Beispiel 2: Geschmeidig formulieren

Ungelenk klingen Sätze wie:

- Die Muster 2001 sind erst ab etwa Mitte Dezember lieferbar.
- Titel aus dem Vorjahresprogramm sind nur noch vereinzelt lieferbar.

Besser ist dagegen:

- Die Muster 2002 werden gerade gefertigt. Sie erhalten Sie Mitte August.
- Übrigens: Einzelne Spitzentitel aus dem Vorjahresprogramm sind noch lieferbar.

Beispiel 3: Persönliche Ansprache

Unpersönlich klingt:

- Es ist Ziel des Seminars …
- Die Seminargebühr ist zu überweisen …
- Es hat sich herausgestellt, …
- Lassen Sie uns den Vertrag zukommen.
- Die Lieferung wurde zum Versand gebracht

- Wir bitten Sie, uns zu schicken …
- Wir möchten uns bedanken.

Persönlich dagegen:

- Im Seminar erfahren Sie …
- Bitte überweisen Sie die Seminargebühr.
- Ich habe mich für Sie erkundigt.
- Schicken Sie den Vertrag an mich zurück.
- Wir haben die Lieferung gestern an Sie abgeschickt.
- Bitte schicken Sie uns …
- Danke für …

Beispiel 4: Auf den Kunden eingehen

Gerade wenn es um berechtigte Reklamationen geht, sollten Sie besonders höflich und vorsichtig in der Wortwahl sein. Sie sind aber auch nicht zur Unhöflichkeit »berechtigt«, wenn ein Kunde sich irrt und fälschlicherweise eine Beschwerde schickt. Fragen Sie sich schlicht und ergreifend: Wollen Sie Recht bekommen oder einen Kunden behalten? Also bieten Sie lieber eine Lösung des Problems an, als Ihren Ansprechpartner zu bevormunden oder juristisch zu argumentieren. Und bleiben Sie bitte auch dann sachlich, wenn Ihr Kunde unsachlich wird.

- Worte wie »gewähren«, »eventuell« und »vielleicht« klingen eher so, als wenn Sie sich »gnädigerweise« auf etwas einlassen.
- Das Wort »beachten« erinnert an Amtsdeutsch und erhobenen Zeigefinger.
- »Müssen« könnte als Befehlston missverstanden werden.
- »Zu gegebener Zeit« heißt nichts anderes als »wenn Sie als Absender es für richtig halten« – der Kunde hat keine Chance!
- »Stattgeben« klingt nach Gericht und Juristerei.
- Formulierungen wie »Wieso«, »darum« oder »warum« deuten an, dass Sie als Absender sich rechtfertigen wollen.
- »Vorschriftsmäßig« ist eine billige Ausrede – zeigen Sie lieber Kulanz.

- Worte wie »normalerweise«, »in der Regel« oder »generell« zeigen dem Kunden peinlich deutlich: Er ist eine Ausnahme – und darauf nehmen Sie keine Rücksicht.
- Das kleine Wörtchen »Problem« weist darauf hin, dass nicht Sie, sondern Ihr Kunde ein Problem hat. Das sollten Sie besser aus der Welt schaffen, wenn Sie ihn nicht verlieren wollen.

Beispiel 5: Umständliche Formulierungen

Klare einfache Sätze sind besser als verschachtelte lange Formulierungen. Meiden Sie außerdem Passivsätze – drücken Sie sich aktiv und positiv aus.

- *Besser nicht:* »Sehr geehrter Herr Muster, anliegend sende ich die telefonisch angeforderten Unterlagen.«
  Sondern: »Vielen Dank, sehr geehrter Herr Muster, für Ihr Interesse an unseren Angeboten. Hier ist das von Ihnen gewünschte Informationsmaterial.«
- *Besser nicht:* »Sollten bezüglich weiterer Details noch Fragen bestehen, möchte wir darum bitten, sich mit uns diesbezüglich zwecks Klärung in Verbindung zu setzen.«
  Sondern: »Haben Sie dazu noch weitere Fragen? Dann scheuen Sie sich nicht, mich anzurufen. Meine Telefonnummer: (0 11 11) 12 34 56, montags bis freitags von 8.30 bis 12.30 und von 13.30 bis 16.30 Uhr.«
- *Besser nicht:* »Ihrem geschätzten Auftrag mit Freude entgegensehend verbleibe ich für heute mit besten Grüßen.«
  Sondern: »Ich freue mich auf eine mögliche Geschäftsbeziehung mit Ihnen. Mit sonnigen Grüßen aus …«
- *Besser nicht:* »Wir hoffen, Ihnen mit diesen Angaben gedient zu haben.«
  Sondern: »Wir hoffen, diese Angaben nützen Ihnen.«
- *Besser nicht:* »Nach einer Überprüfung unserer Unterlagen und nach Rücksprache mit der Firma …«

Sondern: »Wir haben die Unterlagen überprüft und mit der Firma … gesprochen.«

- *Besser nicht:* »In Ihrer Angelegenheit haben wir eine Überprüfung vorgenommen.«
  Sondern: »Wir haben für Sie recherchiert.«

Beispiel 6: Amtsdeutsch

Das leidigen Amtsdeutsch hat sich bedauerlicherweise auch in die geschäftliche Korrespondenz eingeschlichen. Da gibt es die vielen Wörter, die auf -ung enden. Da gibt es den »Wir-Stil«, bei dem Sie als Absender selbstherrlich wirken, da gibt es Doppelungen und Steigerungen, sogar Wörter und Floskeln, die schlicht und ergreifend falsch sind. Hier eine kleine Auswahl:

- Zur Durchführung bringen heißt schlichter – durchführen.
- Eine Mitteilung machen – mitteilen
- Zur Auslieferung gelangen – ausliefern
- Eine Untersuchung vornehmen – untersuchen
- Zur Verteilung gelangen – verteilen
- Verärgerung – ärgern
- Bevollmächtigung erteilen – bevollmächtigen
- Wortungetüme wie Zurverfügungstellung, Außerachtlassung oder Indienststellung vermeiden Sie besser ganz.
- Bürokratenwörter wie Ihrerseits – unsererseits, bezugnehmend, beigefügt, in der Anlage, in obiger Sache, diesbezüglich, mittels, baldmöglichst, aufgrund haben in moderner Korrespondenz nichts verloren. Besser ist es, entweder klare Daten oder Fristen zu nennen (statt baldmöglichst). Aufgrund ersetzen Sie durch wegen, deshalb, kraft, daher oder schlicht »aus diesem Grund«.
- Inhaltlich überflüssige Wortteile sind zum Beispiel *ab*kopieren, *hinzu*addieren, *weiter* fortfahren, *neu* renovieren, *über*senden, *nochmals* überprüfen, *lediglich* nur oder *Rück*antwort. Auch sie verschandeln die Sprache Ihres Briefs.

- Der Leser Ihres Briefs fühlt sich mit Sicherheit mehr angesprochen, wenn er und nicht »Wir« die wichtigste Person Ihres Schreibens ist. Deshalb: Sprechen Sie den Empfänger konsequent mit »Sie« an. Bedenken Sie stets, was aus seiner Sicht empfehlenswert wäre.
- Vermeiden Sie auch neutrale Ausdrücke wie »Kunde« oder »Bezieher«. Wer einen möglichen Geschäftspartner konsequent mit »Sie« anspricht, kommt gar nicht erst in diese Versuchung.
- Sie dürfen einen Brief durchaus mit »ich« beginnen, selbst wenn das früher verpönt war. Dennoch gilt für die geschäftliche Korrespondenz: Das »Ich« am Beginn kommt sicher nicht so häufig vor wie im privaten Bereich.

Beispiel 7: Peinliche Fehler

Sicher ist es Ihnen auch schon mal so ergangen: Sie bekommen einen offiziellen Brief, die Anschrift stimmt – nur in der Anrede oder im Text werden Sie plötzlich verkehrt angesprochen. Oder Sie machen eine »Geschlechtsumwandlung« durch. Gerade darauf sollten Sie also peinlichst genau achten, bevor Sie einen Geschäftsbrief in die Post geben!

- Stillos ist es, wenn Sie zwar an einen »Herrn Robert Muster« schreiben, sich dann im Text oder in der Anrede aber an eine »Frau Muster« wenden, die Sie als »Kundin« gewinnen oder behalten möchten. Merken Sie sich bitte: Die Ausrede, dass Ihr EDV-System diesen Fehler gemacht habe, zieht nicht mehr. Sie selbst oder Ihr Sekretariat müssen so etwas überprüfen!
- Peinlich ist es, wenn Sie im Adressfeld den Zusatz »Herrn« oder »Frau« vergessen. Das bedeutet nichts anderes als dass der Empfänger ein Kind oder ein Jugendlicher im Teenageralter ist. Für Erwachsene gehört die Höflichkeitsform »Herrn« oder »Frau« bei einer Adresse stets dazu.
- Unsinnig ist es, Abkürzungen zu gebrauchen, die nicht allgemein bekannt sind. Vor allem solche wie bzgl. (bezüglich), evtl.

(eventuell), stdl. (stündlich) und Ähnliches. Wenn Sie denn schon Abkürzungen verwenden, dann bitte richtig! Die Abkürzung PS (Postscriptum) wird stets ohne Abkürzungspunkte und Leerzeichen geschrieben – selbst wenn man es oft anders sieht.

- Vermeiden Sie allzu viele Standardformulierungen. Sie wollen Ihren Kunden doch persönlich ansprechen und gewinnen. Auch mit einem PC kann man persönliche Anschreiben verfassen und muss nicht nur auf Standardbriefe zurückgreifen. Das merken Sie selbst, wenn Sie Werbebriefe bekommen und lesen: Sie sind heute zum Teil so perfekt gemacht, dass man schon zweimal hinsehen muss, um zu erkennen, dass es sich um ein Schreiben handelt, das wahrscheinlich an viele tausend Haushalte gegangen ist. Greifen Sie sich persönliche Details heraus, die Sie von Ihrem potenziellen Kunden wissen, und gehen Sie darauf ein.
- Vergessen Sie die DIN-Norm bei Schreiben, die Sie zu besonderen Anlässen verschicken. Dazu zählen vor allem Kondolenzbriefe, aber auch freudige Anlässe wie Weihnachten, Neujahr, Einladungen, persönliche Glückwünsche, Dank-, Lob- oder Entschuldigungsschreiben. Vor allem die »Betreffzeile« wirkt in solchen Schreiben besonders fehl am Platz. Am besten schaffen Sie sich für besondere Anlässe so genannte Repräsentationsbögen an: Auf ihnen ist im Normalfall nur der Firmenname (eventuell das Firmenzeichen) und der Name des Unterzeichnenden enthalten.

Sind Sie Inhaber eines Geschäfts oder einer Firma, sollten Sie sich bei der Gestaltung an die DIN-Norm 5008 beziehungsweise 676 halten. Als Privatperson können Sie Ihren Brief jedoch durchaus flexibler gestalten. In den nächsten drei Kapiteln finden Sie zahlreiche Musterbriefe zu allen möglichen Belangen.

- Firmenkorrespondenz (Kapitel 2)
- Schriftwechsel mit Ämtern und Behörden (Kapitel 2)
- Briefe von Privatleuten an Firmen (Kapitel 2)
- Bewerbung als Brief und Online (Kapitel 3)
- Schriftwechsel als Mieter und Vermieter sowie für den Streitfall mit den Nachbarn (Kapitel 4)

Kapitel 2:

Schriftwechsel mit Ämtern, Behörden und Firmen

Sie wissen sicher: Als Geschäfts- oder Firmeninhaber ist der Briefbogen die Visitenkarte Ihres Hauses: Kunden bekommen durch ihn einen ersten Eindruck Ihrer Firma. Sie sollten also bei der Gestaltung Wert darauf legen, dass sowohl Firmenzeichen wie das Logo aussagekräftig sind. Möglicherweise gehören Sie einem Verband an und diese Mitgliedschaft ist ein besonderes Zeichen von Qualität oder schafft Vertrauen: Dann sollten Sie nicht darauf verzichten, bereits im Briefkopf darauf hinzuweisen. In jedem Fall gilt: Die Vorschriften der DIN-Norm müssen Sie bei offiziellen Briefen in jedem Fall einhalten. Am besten sind solche Elemente wie Absender, Adressfeld, Betreffzeile etc. gleich auf den Briefbogen gedruckt. Wichtig ist bei Dienstleistungsfirmen und Handwerkern außerdem die Fußzeile, in der Sie Ihre Bankverbindung unterbringen. Schließlich möchten Ihre Kunden ja wissen, auf welches Konto sie ihre Rechnungen überweisen sollen.

Für Repräsentationszwecke schaffen Sie sich am besten Papier in einem anderen Layout an, auf dem lediglich der Firmenname beziehungsweise das Firmenlogo zu finden ist. Dieses Briefpapier verwenden Sie für Einladungen oder persönliche Mitteilungen, für Glückwünsche und Kondolenzschreiben.

Noch ein Hinweis zur Sprache, die Sie in Ihrer Korrespondenz pflegen sollten: Neben den Hinweisen aus Kapitel 1 beachten Sie bitte, dass die Wortwahl und der »Ton« Ihres Schreibens stets dem

Anlass angepasst sein müssen. Eine erste Zahlungserinnerung (siehe Musterbrief »Zahlungserinnerung sachlich«) kann noch freundlich-humorvoll daraufhin weisen, dass die Rechnung noch nicht beglichen ist. Bei der ersten »offiziellen« Mahnung jedoch – und allen weiteren, bis hin zur Einschaltung eines Inkassobüros – wird Ihr Ton sachlich und höflich, aber hart in der Sache sein.

Firmenkorrespondenz: Allgemeiner Schriftwechsel mit den Kunden

Angebot für neue Raumausstattung

Um Ihnen noch einmal die »offizielle« Norm vor Augen zu führen, ist der erste Musterbrief im Layout der DIN-Norm abgedruckt. Die nachfolgenden Briefe enthalten jeweils nur den Text.

Vorhang & Farbe

Vorhang & Farbe Mustergasse 17 99999 Musterstadt

Einschreiben

Firma
Herr Dr. Peter Mustermann
Musterstraße 12

9999 Musterdorf

Ihr Zeichen: PM
Ihre Nachricht vom: 31.08.2002

Tel./Fax: (01 11) 12 34 56
E-Mail: info@vorhang&Farbe.com

Musterstadt, 2. September 2002

Neue Farben für Ihr Büro

Guten Tag, Herr Dr. Mustermann,

danke für Ihren heutigen Anruf und Ihr Interesse an unseren Vorhängen. Ich habe mich darüber sehr gefreut.

Vorhang & Co hat sich auf Objektausstattung spezialisiert. Dabei versehen wir viele Büros mit farbenfrohen Vorhängen. Wir durften bereits die Firma Huber, die Firma Maier und die Firma Müller ausstatten.

Gerne sende ich Ihnen heute unseren aktuellen Katalog. Sicher finden auch Sie einige anregende Ideen. In einem persönlichen Gespräch zeige ich Ihnen gerne passende Lösungen für Ihr Büro.

Mit bunten Grüßen nach Musterdorf

Handschriftliche Unterschrift

Petra Musterfrau

Ich melde mich in einer Woche bei Ihnen, um einen Termin für ein persönliches Gespräch zu vereinbaren.

Terminbestätigung

Guten Tag, Herr Dr. Mustermann,
danke für Ihren heutigen Anruf und Ihr Interesse an unseren Vorhängen. Ich habe mich darüber sehr gefreut.
Wie vereinbart komme ich am Donnerstag, den 12. September 2002, um 9.00 Uhr zu Ihnen. Die Stoffmuster bringe ich mit.
Ich freue mich darauf, Sie kennen zu lernen, und wünsche Ihnen einen erfolgreichen Tag.
Herzliche Grüße nach Musterstadt sendet Ihnen
Petra Musterfrau

PS: Stimmen Sie sich schon ein auf die Farbenpracht unserer neuen Kollektion. Sie finden Sie auf unserer Homepage unter www.vorhang&farbe.com!

Angebot Variante 1

Ihre neuen Vorhänge
(Angebot Nr. 1234.567)
Guten Tag, Herr Dr. Mustermann,
danke für den netten Empfang in Ihrem Unternehmen. Wir haben bereits zahlreiche ähnliche Objekte ausgestattet und ich bin sicher, für Sie die optimale Lösung gefunden zu haben. Gerne sende ich Ihnen heute mein Angebot für die neuen Vorhänge in Ihrem Büro.

Anforderung

Ihr Büro in Südlage soll neue, moderne Vorhänge erhalten.
Besonders wichtig ist für Sie der Sonnenschutz.
Unser Angebot (o. MWSt.)
4 Tüllgardinen weiß
Höhe 1,50 m, fertige Breite 1,20 m, doppelt gerafft
Stückpreis EUR ...
4 Seitenteile bunt
lichtundurchlässig Höhe 1,50 m, fertige Breite 1,20 m, einfach gerafft
Stückpreis EUR ...
Sie erhalten die Vorhänge wie gewünscht fertig genäht und mit Aufhängebändern versehen. Der Preis dafür ist im Stückpreis bereits enthalten.

Dieses Angebot ist gültig bis 27. Oktober 2002. Es gelten die allgemeinen Geschäftsbedingungen der Firma Vorhang & Farbe. Sie erhalten die fertigen Vorhänge zwei Wochen nach Auftragserteilung. Wie besprochen schicke ich Ihnen mehrere Musterstoffe zum Auswählen.
Ich freue mich schon auf Ihren Auftrag.
Sonnige Grüße nach Musterstadt sendet Ihnen
Petra Musterfrau

Haben Sie Fragen zum Angebot? Diese beantworte ich gerne unter der Telefonnummer (01 11) 1 23 45 67.

Angebot Variante 2

Neue Vorhänge bringen Farbe in Ihr Büro
(Angebot Nr. 1234.568)
Guten Tag, Herr Dr. Mustermann,
danke für den netten Empfang in Ihrem Unternehmen. Wir haben bereits zahlreiche ähnliche Objekte ausgestattet und ich bin sicher, für Sie die optimale Lösung gefunden zu haben. Gerne sende ich Ihnen heute mein Angebot für die neuen Vorhänge in Ihrem Büro.
Ihre Anforderung
Ihr Büro in Südlage soll neue, moderne Vorhänge erhalten. Besonders wichtig ist für Sie der Sonnenschutz.
Unser Angebot (o. MWSt.)
4 Tüllgardinen weiß
Höhe 1,50 m, fertige Breite 1,20 m, doppelt gerafft
Stückpreis EUR ...
4 Seitenteile bunt
lichtundurchlässig Höhe 1,50 m, fertige Breite 1,20 m, einfach gerafft
Stückpreis EUR ...
Sie erhalten die fertigen Vorhänge zwei Wochen nach Auftragserteilung.
Ihr Vorteil
Wir liefern die Vorhänge wie gewünscht fertig genäht und mit Aufhängebändern versehen. Unser kompetenter Mitarbeiter Peter Muster montiert die Vorhänge in Ihrem Büro und richtet die Raffbänder. Und das kostet Sie keinen Cent extra!
Wie besprochen schicke ich Ihnen mehrere, für Ihr Büro passende Musterstoffe zum Auswählen.

Ich freue mich schon auf Ihren Auftrag.
Viel Freude beim Aussuchen wünscht Ihnen
Petra Musterfrau

Haben Sie Fragen zum Angebot? Diese beantworte ich gerne unter der Telefonnummer (01 11) 1 23 45 67.
Dieses Angebot ist gültig bis 15. November 2002. Es gelten die allgemeinen Geschäftsbedingungen der Firma Vorhang & Farbe.

Auftragsbegleitschreiben

Wir freuen uns auf die Zusammenarbeit mit Ihnen.
Guten Tag, Herr Dr. Mustermann,
wir freuen uns, dass Sie sich für unsere Produkte interessieren.
In unserem Angebot informieren wir Sie ausführlich darüber.
Sonnige Grüße nach Musterstadt
Petra Musterfrau

Haben Sie Fragen zum Angebot? Diese beantworte ich gerne unter der Telefonnummer (01 11) 1 23 45 67.

Anfrage nach Entscheidung

Neue Vorhänge bringen Farbe in Ihr Büro
Guten Tag, Herr Dr. Mustermann,
vielen Dank für Ihr Interesse an unseren Vorhängen. Sie wollen Ihr Büro mit neuen Farben und neuer Frische ausstatten. Schön, dass wir Ihnen dazu ein Angebot schicken duften.
Bis wann dürfen wir mit Ihrer Entscheidung rechnen? Benötigen Sie von uns dazu noch zusätzliche Informationen?
Ich freue mich auf Ihren Anruf. Sie erreichen mich unter der Telefonnummer (01 11) 1 23 45 67.
Bunte Grüße sendet Ihnen
Petra Musterfrau

Auftragsbestätigung

Auftragsbestätigung zu Angebot Nr. 1234.567
Guten Tag, Herr Dr. Mustermann,
vielen Dank, dass wir Ihr Büro mit neuen Vorhängen ausstatten dürfen.
Sie erhalten von uns laut Angebot vom 25. September 2002

4 Tüllgardinen weiß
Höhe 1,50 m, fertige Breite 1,20 m, Stoff Nr. 1234, doppelt gerafft
Stückpreis EUR ...
4 Seitenteile bunt, lichtundurchlässig
Höhe 1,50 m, fertige Breite 1,20 m, Stoff Nr. 5678, einfach gerafft
Stückpreis EUR ...
Die Preise verstehen sich zuzüglich 16% Mehrwertsteuer.
Sie erhalten die Vorhänge wie gewünscht fertig genäht und mit Aufhängebändern versehen. Der Preis dafür ist im Stückpreis bereits enthalten.
Wie vereinbart liefern wir die Vorhänge am 30. September 2002 ab 9.00 Uhr.
Ort, Datum
Ihr Firmenstempel/Unterschrift

Gutschrift wegen Beschädigung

Guten Tag, Herr Dr. Mustermann,
nochmals danke für Ihren Auftrag. Wir lieferten und montierten am 30. September 2002 wie vereinbart die neuen Vorhänge und Blumentöpfe für Ihr Büro. Wir hoffen, Sie haben Freude damit.
Es tut mir Leid, dass der blaue Blumentopf einen Sprung hat. Als Entschädigung für diesen Ärger schicke ich Ihnen heute eine Gutschrift über EUR ...
Damit können Sie sich einen neuen Übertopf oder andere nette Dekorationen aus unserem aktuellen Katalog bestellen.
Ich wünsche Ihnen viel Freude beim Aussuchen.
Bunte Grüße nach Musterstadt sendet Ihnen
Petra Musterfrau

Montageschaden

Guten Tag, Herr Dr. Mustermann,
nochmals danke für Ihren Auftrag. Wir hoffen, Sie haben Freude mit Ihren neuen Vorhängen. Es tut mir Leid, dass bei der Montage die Wand abgekratzt wurde und wir Ihnen damit Ärger verursacht haben.

Unser Maler behebt den Schaden wie versprochen pünktlich am 14. Oktober 2002 vormittags.
Bitte entschuldigen Sie nochmals den Schaden.
Sonnige Grüße sendet Ihnen
Petra Musterfrau

Entschädigung wegen Montageschaden

Montageschaden vom 30. September 2002
Guten Tag, Herr Dr. Mustermann,
nochmals danke für Ihren Auftrag. Wir hoffen, Sie haben Freude mit Ihren neuen Vorhängen.
Es tut mir Leid, dass bei der Montage die Wand abgekratzt wurde.
Unser Maler behebt den Schaden wie versprochen pünktlich am 14. Oktober 2002 vormittags.
Als Entschuldigung überweisen wir EUR ... auf Ihr Konto Nr. 070707070 der Bank ...
Bitte entschuldigen Sie nochmals den Schaden.
Sonnige Grüße sendet Ihnen
Petra Musterfrau

Garantieleistung

Garantie für frohe Farben
Guten Tag, Herr Dr. Mustermann,
vielen Dank für Ihren Auftrag. Schön, dass wir Ihr Büro mit neuen, farbenfrohen Vorhängen ausstatten durften. Damit Sie lange Freude an Ihren neuen Vorhängen haben, bieten wir Ihnen
5 Jahre Garantie
Sollte in dieser Zeit ein Vorhang oder eine Naht reißen, reparieren wir den Schaden rasch und kostenlos in unserer Fachwerkstätte. Wir holen die Vorhänge ab und bringen sie spätestens nach zwei Tagen wieder in Ihr Büro.
Anruf genügt, Herr Hans Huber, unser Monteur kommt prompt.
Sie erreichen ihn unter der Telefonnummer
0 12 34/5 67 89-12.
Viel Freude mit Ihren neuen Vorhängen wünscht Ihnen
Petra Musterfrau

Neuer Liefertermin

Neuer Liefertermin für Ihre Vorhänge – Unser heutiges Telefonat
Guten Tag, Herr Dr. Mustermann,
vielen Dank für Ihren Auftrag.
Sie haben Recht, wir haben Ihnen den fixen Liefertermin für heute zugesagt.
Es tut mir Leid, dass wir diesen Termin nicht einhalten konnten.
Der Lieferwagen mit Ihren Vorhängen hatte eine Panne, die der Fahrer nicht sofort beheben konnte.
Wie versprochen montieren wir Ihre Vorhänge morgen pünktlich um 9.00 Uhr.
Auf weiterhin gute Zusammenarbeit freut sich
Petra Musterfrau

Bestellung aufgrund eines Musterangebots

Sehr geehrte Damen und Herren,
vielen Dank für Ihr Angebot mit den Mustern. Sie haben uns sehr gefallen.
Ich bestelle hiermit zu den mit Ihnen vereinbarten und mit unserem Schreiben vom 10.2.2002 bestätigten Bedingungen zur Lieferung am 20.2.2002:
10 Teppiche entsprechend den uns am 2.2.2002 übersandten Mustern.
Der Preis pro Teppich beträgt 490 Euro ohne MwSt.
Mit freundlichen Grüßen
Peter Muster

Bestellung aufgrund eines Probenangebots

Sehr geehrte Damen und Herren,
vielen Dank für Ihr Angebot und die Proben. Sie haben uns sehr gefallen.
Wir sind mit den Konditionen einverstanden und bestellen anhand der Proben:
10 Rollen der Firma Schmitt, Typ 123
10 Rollen der Firma Meier, Typ 456
15 Rollen der Marke Bio, Typ 789

Die Lieferung muss bis zum 2.5.2002 ausgeführt werden. Zu einem späteren Zeitpunkt benötige ich die Rollen nicht mehr.
Mit freundlichen Grüßen
Peter Muster

Bestellung zur Ansicht

Sehr geehrte Damen und Herren,
vielen Dank für die Übersendung Ihres Verlagsprogramms. Ihr Angebot hat uns sehr gefallen. Deshalb möchten wir zur Ansicht gemäß Ihrer Lieferbedingungen folgende Bücher bestellen:
Die Gemäldesammlung des Louvre, ISBN 3-xxx-xxxx-x
Die magische Welt afrikanischer Medizinmänner, ISBN 3-xxx-xxxx-x
Das große Pflanzenlexikon, ISBN 3-xxx-xxxx-x
Ihre Lieferung muss bis zum 2.4.2002 erfolgt sein.
Mit freundlichen Grüßen
Peter Muster

Bestellung zur Probe

Sehr geehrte Damen und Herren,
Ihr Angebot hat mir gefallen. Deshalb bestellen wir zur Probe folgende Programme:
Textverarbeitung für Windows, Bestellnr. 123
Kalkulation für Windows, Bestellnr. 345
Präsentation für Windows, Bestellnr. 789
Sollten die Programme unseren Vorstellungen entsprechen und die Anwendung so einfach sein wie von Ihnen beschrieben, so sind wir auch am Erwerb der anderen Module interessiert.
Wir bitten Sie, unsere Bestellung unter diesem Gesichtspunkt zu betrachten. Über ein preisliches Entgegenkommen würden wir uns freuen.
Mit freundlichen Grüßen
Peter Muster

Firmenkorrespondenz: Zahlungserinnerung und Mahnung

Zahlungserinnerung sachlich

Vorhang & Farbe

Vorhang & Farbe Mustergasse 17 99999 Musterstadt

Ihr Zeichen: PM
Ihre Nachricht vom: 31.10.2002

Firma
Herr Dr. Peter Mustermann
Musterstraße 12

9999 Musterdorf

Tel./Fax: (01 11) 12 34 56
E-Mail: info@vorhang&farbe.com

Musterstadt, 1. Dezember 2002

Rechnung Nr. 1234567 vom 2.11.2002 – Zahlungserinnerung

Sehr geehrter Herr Dr. Mustermann,

vermutlich ist Ihnen entgangen, dass meine Rechnung Nr. 1234567 vom 2.9.2002 über 238,60 Euro noch nicht beglichen ist.
Der Zahlungstermin war bereits am 2.10.2002 und ist nunmehr um zwei Wochen überschritten.
Deshalb möchte ich Sie um sofortige Überweisung des ausstehenden Betrags bitten. Unsere Kontoverbindung entnehmen Sie bitte der Rechnung.

Mit freundlichen Grüßen

Handschriftliche Unterschrift

Petra Musterfrau

Anlage

Rechnungskopie

Erste Mahnung Variante 1

Rechnung Nr. 1234567 über 238,60 Euro vom 2.2.2002 – 1. Mahnung

Sehr geehrter Herr Müller,

leider haben Sie auf meine Zahlungserinnerung nicht reagiert. Bitte überweisen Sie den ausstehenden Betrag bis zum 2.4.2002 zuzüglich 6 Euro Mahngebühren.

Nach den Geschäftsbedingungen war die Bezahlung des Rechnungsbetrags schon am 2.3.2002 fällig. Da auch ich meinen Zahlungsverpflichtungen nachkommen muss, bitte ich Sie, den neuen Zahlungstermin einzuhalten.

Mit freundlichen Grüßen

Petra Musterfrau

Anlage

Kontoauszug

Erste Mahnung Variante 2

Meine Rechnung mit der Nummer 12 345 vom 2.2.2002 über 280 Euro

Sehr geehrter Herr Müller,

darf ich Sie daran erinnern, dass ich Ihre Zahlung über den Rechnungsbetrag von 280 Euro noch nicht erhalten habe?

Sicherlich haben Sie übersehen, dass diese Summe bereits vor zwei Wochen fällig war. Das kann passieren – jedoch sollten Sie meine Forderung bis zum 2.4.2002 ausgleichen.

Vielen Dank im Voraus.

Mit freundlichen Grüßen

Petra Musterfrau

Anlage

Rechnungskopie

Zweite Mahnung Variante 1

Rechnung Nr. 1234567 über 238,60 Euro vom 2.2.2002 – 2. Mahnung

Sehr geehrter Herr Müller,

Sie haben meine beiden Erinnerungen und den Kontoauszug nicht beachtet. Deshalb setze ich Ihnen hiermit für den Betrag von

238,60 Euro zuzüglich 6 Euro Mahngebühren eine Zahlungsfrist bis zum 15.4.2002.
Sollten Sie bis dahin Ihren Verpflichtungen nicht nachgekommen sein, werde ich einen Mahnbescheid beantragen. Ich kann nicht verstehen, warum Sie bisher nicht zur Klärung der Sache beigetragen haben.
Hochachtungsvoll
Petra Musterfrau

Zweite Mahnung Variante 2

Meine Rechnung mit der Nummer 12345 vom 2.2.2002 über 280 Euro
Sehr geehrter Herr Müller,
leider haben Sie nicht auf mein Erinnerungsschreiben vom 2.4.2002 reagiert. Denn ich musste feststellen, dass die fällige Zahlung über den Rechnungsbetrag von 280 Euro noch immer nicht meinem Konto gutgeschrieben wurde.
Es wäre schade, wenn ich bei einem Geldeingang nach dem 1.5.2002 Verzugszinsen von 6 % auf den Rechnungsbetrag aufschlagen müsste. Sicherlich haben Sie Verständnis für meine Argumente. Darf ich mit einer sofortigen Zahlung rechnen?
Mit freundlichen Grüßen
Petra Musterfrau
Anlage
Rechnungskopie

Dritte Mahnung Variante 1

Rechnung Nr. 1234567 über 238,60 Euro vom 2.2.2002 – 3. Mahnung
Sehr geehrter Herr Müller,
trotz mehrfacher Aufforderung sind Sie Ihren Zahlungsverpflichtungen nicht nachgekommen und haben die fällige Rechnung beglichen.
Deshalb setze ich Ihnen eine erneute Nachfrist bis zum 15.5.2002.
Falls die Zahlung auch bis zu diesem Termin nicht eingeht, werde ich den fälligen Betrag (zuzüglich 6 Euro Mahngebühren, zuzüglich 6,5 % Verzugszinsen) über ein Inkassoinstitut einziehen lassen.
Hochachtungsvoll
Petra Musterfrau

Dritte Mahnung Variante 2

Meine Rechnung mit der Nummer 12345 vom 2.2.2002 über 280 Euro
1. Mahnung erfolgte am 15.3.2002
2. Mahnung erfolgte am 15.4.2002
Sehr geehrter Herr Müller,
ich frage mich, warum meine Bitten um Zahlung des längst fälligen Rechnungsbetrages von 280 Euro nicht von Ihnen erhört werden. Wenn ich bis zum 2.5.2002 den ausstehenden Betrag nicht erhalten habe, werde ich ein Inkasso-Institut mit dem Einzug beauftragen. Ihnen ist bekannt, dass damit erhebliche Kosten für Sie verbunden sind?
Falls Sie kurzfristige Liquiditätsprobleme haben, teilen Sie mir dies mit. Ich bin bereit, mich mit Ihnen zusammenzusetzen und über einen Zahlungsplan zu sprechen.
Mit freundlichen Grüßen
Petra Musterfrau

Vierte Mahnung Androhung Inkassobüro

Rechnung Nr. 1234567 über 238,60 Euro vom 2.2.2002 – 4. Mahnung
Sehr geehrter Herr Müller,
trotz mehrfacher Aufforderung sind Sie Ihren Zahlungsverpflichtungen nicht nachgekommen und haben auch nicht die letzte Nachfrist eingehalten. Es ist allgemein üblich, Rechnungen nach Abschluss der Arbeiten (nach Erhalt der Ware) zu bezahlen – davon bin weder ich, noch Sie ausgenommen!
Ich kann deshalb nicht länger auf den mir zustehenden Rechnungsbetrag warten. Sollte die fällige Summe zuzüglich Mahngebühren und Verzugszinsen nicht bis zum 1.6.2002 auf mein Konto eingegangen sein, werde ich ein Inkassobüro mit der Eintreibung der fälligen Summe beauftragen.
Hochachtungsvoll
Petra Musterfrau

Vierte Mahnung Androhung Mahnbescheid

Meine Rechnung mit der Nummer 12345 vom 2.2.2002
über 280 Euro
Meine Mahnungen vom 15.3.2002, 15.4.2002 und
vom 5.5.2002
Sehr geehrter Herr Müller,
als kleiner selbstständiger Betrieb kann ich es mir nicht erlauben, extrem lange Zahlungsziele einzuräumen. Es ist üblich, dass Rechnungen für erbrachte Leistungen sofort zu zahlen sind.
Bitte haben Sie Verständnis, dass ich nun nicht länger auf das mir zustehende Geld warten kann. Sollte der Betrag nicht bis zum 1.6.2002 auf mein Konto gebucht sein, werde ich beim Amtsgericht einen Antrag auf Erlass eines Mahnbescheids stellen.
Mit freundlichen Grüßen
Petra Musterfrau

Privatkorrespondenz mit Ämtern, Behörden und Versicherungen

Strom abmelden

Jakob Mustermann
Mustergasse 27, 99999 Musterdorf

Postvermerk

Stromlieferant Lichtwelt
Musterstraße 99

99999 Musterdorf

Musterdorf, 14. August 2002

Abmeldung – Kundennummer 123 456 789

Sehr geehrte Damen und Herren,

Zum 31. August 2002 möchte ich meinen Stromanschluss in der Wohnung Mustergasse 27, 99999 Musterdorf in der zweiten Etage, Wohnungsnummer 4, abmelden und bitte Sie hiermit um eine Ablesung des Stromzählers. Bitte legen Sie den Ablesetermin in die Zeit von 10.00 Uhr bis 12.00 Uhr und sprechen Sie Ihren Termin telefonisch mit mir ab unter: 0 11 11/12 34 56.
Meine Kundennummer ist: 123 456 789
Die Zählernummer ist: 987 654 321
Der Zählerstand heute ist: ....

Meine neue Adresse für die Endabrechnung ist: Musterstraße 33, 99999 Musterstadt

Mit freundlichen Grüßen

Unterzeichner

Bitte um Ratenzahlung beim Finanzamt

Steuernummer: 000/0000-00
Guten Tag, sehr geehrte Damen und Herren,
bitte gewähren Sie mir nachstehenden Zahlungsvorschlag für den Rückstand in Höhe von EUR ...
Zwölf monatliche Zahlungen á EUR ..., beginnend ab dem 01.10.2002
Begründung:
(Zum Beispiel) Eines meiner Kinder befindet sich schon seit längerer Zeit in ärztlicher Behandlung. Diese Kosten werden nur teilweise von der Krankenkasse übernommen. Es tut mir Leid, dass ich den Rückstand daher nicht sofort bezahlen kann.
Ich bitte Sie, bis zur Erledigung des Ansuchens keine Einbringungsmaßnahmen zu setzen.
Besten Dank im Voraus.
Freundliche Grüße
Dr. Max Mustermann

Bitte um Stundung beim Finanzamt, Variante 1

Steuernummer ....
Einkommensteuerbescheid für das
Jahr .... vom ....
Antrag auf Stundung
Sehr geehrte Damen und Herren,
leider sind wir aufgrund einer ... schlechten geschäftlichen Situation, Erkrankung, Arbeitslosigkeit ... nicht in der Lage, die im oben genannten Steuerbescheid festgesetzte Steuernachforderung sofort zu bezahlen.
Wir möchten Sie daher bitten, uns die festgesetzte Steuernachforderung bis zum ... zu stunden.
Für Ihr Verständnis und Entgegenkommen danken wir im Voraus.
Mit freundlichen Grüßen
Dr. Max Mustermann

Bitte um Stundung beim Finanzamt, Variante 2

Steuernummer ....
Sehr geehrte Damen und Herren,
ich bitte Sie, den Rückstand auf meinem Abgabenkonto in Höhe von EUR .... bis zum 30.11.2002 zu stunden.
Begründung:
Vor drei Monaten wurde ich geschieden. Dadurch bin ich in eine kurzfristige finanzielle Notlage geraten. Im November werde ich voraussichtlich wieder allen Verpflichtungen nachkommen können. Vielen Dank für Ihr Verständnis.
Freundliche Grüße
Dr. Max Mustermann

Antrag auf Fristverlängerung

Steuernummer ....
Antrag auf Fristverlängerung für die Einkommensteuererklärung des Jahres ....
Sehr geehrte Damen und Herren,
leider ist es mir/uns ... aus Krankheitsgründen, aufgrund einer beruflichen Belastung, wegen einer längeren Abwesenheit ...
nicht möglich, die Einkommensteuererklärung für das Jahr .... termingerecht einzureichen.
Ich/wir bitte(n), die Frist für die Abgabe der Einkommensteuererklärung bis zum .... zu verlängern.
Mit freundlichen Grüßen
Dr. Max Mustermann

Einspruch gegen den Steuerbescheid und Begründung

Steuernummer ....
Einspruch gegen den Einkommensteuerbescheid für das Jahr .... vom ....
Sehr geehrte Damen und Herren,
hiermit lege(n) ich/wir form- und fristgerecht Einspruch gegen den oben genannten Steuerbescheid ein.

Den Einspruch begründe(n) ich/wir wie folgt.

....

Für eine Bestätigung des Eingangs des Einspruchs wäre(n) ich/wir Ihnen sehr dankbar.

Mit freundlichen Grüßen

Dr. Max Mustermann

Einspruch gegen den Steuerbescheid ohne Begründung

Steuernummer ....

Einspruch gegen den Einkommensteuerbescheid
für das Jahr .... vom ....

Sehr geehrte Damen und Herren,

hiermit lege(n) ich/wir form- und fristgerecht Einspruch gegen den oben genannten Steuerbescheid ein.

Eine nähere Begründung reiche(n) ich/wir noch nach.

Mit freundlichen Grüßen

Dr. Max Mustermann

Anpassung der Vorauszahlung

Steuernummer ....

Antrag auf Herabsetzung der Einkommensteuer-Vorauszahlungen

Sehr geehrte Damen und Herren,

hiermit beantrage(n) ich/wir, die Einkommensteuer-Vorauszahlungen zum nächsten Vorauszahlungstermin herabzusetzen.

Eine Anpassung der Vorauszahlungen nach unten ist notwendig, da sich meine/unsere Einkommenssituation durch ... Umsatzrückgang, Einstellung einer Tätigkeit ... wesentlich verschlechtert hat.

Geben Sie mir/uns bitte Bescheid, falls Sie dazu nähere Informationen benötigen.

Mit freundlichen Grüßen

Dr. Max Mustermann

Kostenersatz Zahnbehandlung

Guten Tag, Herr Dr. Mustermann,
danke für Ihren gestrigen Brief. Ich freue mich, dass die Krankenkasse die Zahnbehandlungskosten während des Urlaubs meiner Tochter Sabine übernehmen wird.
Sie haben geschrieben, dass Sie noch die genaue Adresse des behandelnden Arztes benötigen. Hier ist sie:
Dr. Angelika Muster
Mustergasse 13
11111 Musterstadt
Falls Sie weitere Informationen brauchen, rufen Sie mich bitte unter der Telefonnummer 01 11/12 34 56 an.
Freundliche Grüße sendet Ihnen
Petra Musterfrau

Krankenkasse wegen Kostenerstattung

Versicherungsnummer: 1234/456u789
Guten Tag,
am 4. Mai 2002 ließ ich mich von Facharzt Dr. Max Mustermann behandeln. Heute schicke ich Ihnen die Rechnung dieser Behandlung. Bitte überweisen Sie den Rechnungsbetrag auf mein Konto bei der Musterbank AG,
Kto.-Nr.: ...., BLZ: ....
Herzlichen Dank!
Freundliche Grüße nach Musterstadt sendet Ihnen
Angelika Musterfrau
Rechnung

Krankenkasse Kündigung

Guten Tag, Herr Dr. Mustermann,
mit diesem Brief kündige ich fristgerecht die xxxxxx- Versicherung per Vertragsende 31.12.2002. Bitte schicken Sie mir die Kündigungsbestätigung.
Danke für die gute Betreuung.
Freundliche Grüße
Angelika Musterfrau

Vollmacht an Rechtsanwalt

Vertretung im Rechtsstreit gegen Herrn Peter Mustermann
Sehr geehrter Herr Dr. Wichtig,
beigefügt übersende ich Ihnen wie besprochen die Unterlagen zu treuen Händen. Außerdem lege ich diesem Schreiben die Vertretungsvollmacht bei.
Ich freue mich, dass Sie mich vor Gericht vertreten werden.
Mit freundlichen Grüßen
Max Muster
Anlage
Schriftverkehr mit Herrn Peter Mustermann

Privatkorrespondenz in Sachen Urlaub und Hotel

Anfrage für ein Hotelzimmer

Sehr geehrte Damen und Herren,
für den Zeitraum vom 3.2 – 6.2.2002 suche ich ein Hotelzimmer in Musterhausen. Ich werde mit meiner Frau und einem Kind im Alter von 12 Jahren anreisen.
Bitte teilen Sie mir mit, wie Ihre Preise für ein Doppelzimmer und ein Einzelzimmer mit Dusche oder Bad und WC sind. Wäre es auch möglich, in ein Doppelzimmer ein Zusatzbett für das Kind zu stellen, und was würde dies zusätzlich kosten? Verstehen sich die Preise mit Frühstück oder ist dieses getrennt zu bezahlen? Bitte teilen Sie mir in diesem Fall mit, was das Frühstück pro Person kosten würde.
Für Ihre Bemühungen herzlichen Dank im Voraus.
Mit freundlichen Grüßen
Peter Muster

Stornierung der Anfrage für ein Hotelzimmer

Sehr geehrte Damen und Herren,
am 14. Februar bat ich Sie um ein Angebot für ein Hotelzimmer für den Zeitraum vom 3.4. – 6.4.2002.
Mittlerweile habe ich mich für ein anderes Hotel entschieden und möchte deshalb meine Zimmeranfrage stornieren.
Für Ihre Bemühungen möchte ich mich herzlich bedanken. Vielleicht ergibt sich zu einem anderen Zeitpunkt ein Urlaubsaufenthalt.
Mit freundlichen Grüßen
Peter Muster

Kartenreservierung für Musicaltheater

Sehr geehrte Damen und Herren,
für den Zeitraum vom 3.4. – 6.4.2002 habe ich für meine Frau und mich bei Ihnen ein Doppelzimmer gebucht.
Während unseres Besuches in Musterhausen würden wir sehr gerne das Musicaltheater besuchen. Ist es über Sie möglich, Karten für eine Abendvorstellung zu buchen?
Bitte teilen Sie mir mit, ob Sie diese Kartenreservierung vornehmen können. Ist dies nicht der Fall, würde ich mich freuen, wenn Sie mir die Adresse oder Telefonnummer eines Ticketbüros mitteilen könnten.
Für Ihre Bemühungen herzlichen Dank.
Mit freundlichen Grüßen
Peter Muster

Schriftliche Bestätigung einer telefonischen Zimmerreservierung

Sehr geehrte Damen und Herren,
heute Vormittag bestellte ich telefonisch bei Ihnen ein Doppelzimmer mit Dusche und WC für den Zeitraum vom 3.2 – 6.2.2002. Laut Ihrer Aussage soll das Zimmer pro Nacht mit Frühstücksbüfett 120 Euro kosten.
Hiermit wiederhole ich diese Bestellung noch einmal schriftlich.
Bitte bestätigen Sie mir Ihre Reservierung.
Mit freundlichen Grüßen
Peter Muster

Schriftliche Zimmerreservierung

Sehr geehrte Damen und Herren,
hiermit möchte ich aus Ihrem Hotelangebot ein Doppelzimmer mit Bad und WC für den Zeitraum vom 3.2 – 6.2.2002 bestellen.
Laut Ihrer Preisliste soll das Zimmer pro Nacht mit Frühstücksbüfett 120 Euro kosten.
Bitte bestätigen Sie mir schriftlich Ihre Reservierung.
Mit freundlichen Grüßen
Peter Muster

Stornierung der Buchung eines Hotelzimmers

Sehr geehrte Damen und Herren,
für den Zeitraum vom 3.4. – 6.4.2002 habe ich in Ihrem Hotel ein Doppelzimmer gebucht.
Leider kann ich aus gesundheitlichen Gründen meine Reise nicht antreten. Deshalb möchte ich hiermit meine Buchung stornieren.
Bitte senden Sie mir eine Bestätigung der Stornierung.
Sobald meine Gesundheit es zulässt, werde ich erneut eine Reise nach Musterhausen anstreben. Ich würde mich freuen, wenn ich dann auf Ihr Hotel zurückgreifen kann.
Für Ihre Bemühungen herzlichen Dank.
Mit freundlichen Grüßen
Peter Muster

Bitte um Reisekatalog für Schiffsreisen

Sehr geehrte Damen und Herren,
eine Bekannte von mir hat letztes Jahr bei Ihnen eine Schiffsreise an das Nordkap gebucht. Sie war so von diesem Urlaub begeistert, dass auch ich nun an einer derartigen Reise im August interessiert bin.
Bitte schicken Sie mir Ihren aktuellen Reisekatalog für Schiffsreisen mit einer Preisliste zu. Kann ich dann die Reise direkt bei Ihnen buchen oder muss ich mich an ein Reisebüro wenden? Würden Sie mir in diesem Fall ein Reisebüro in meiner Nähe empfehlen?
Für Ihre Bemühungen herzlichen Dank.
Mit freundlichen Grüßen
Peter Muster

Bitte um Reisekatalog für Studienreisen

Sehr geehrte Damen und Herren,
ich bin an einer Studienreise in den Irak interessiert. Haben Sie dieses Land im Angebot? Wenn dies der Fall sein sollte, bitte ich um Übersendung eines aktuellen Reisekatalogs mit Preisliste.
Ich würde die Reise gerne im November antreten. Sind vorab bestimmte Bestimmungen zu erfüllen? Muss ich mich gegen besondere Krankheiten impfen lassen? Für eine rasche Beantwortung dieser Fragen wäre ich Ihnen dankbar.
Für Ihre Bemühungen herzlichen Dank.
Mit freundlichen Grüßen
Peter Muster

Bitte um Hotelangebot und Preisliste

Sehr geehrte Damen und Herren,
für den Zeitraum vom 5.7. – 10.7.2001 suche ich ein Hotelzimmer in Musterhausen. Würden Sie mir bitte Ihr Hotelangebot mit aktueller Preisliste zukommen lassen?
Entscheidend für eine Reservierung ist für mich, ob ich meinen Hund (einen Terrier, fünf Jahre alt) mitbringen darf. Wäre dies möglich?
Vielen Dank für Ihre Bemühungen.
Mit freundlichen Grüßen
Peter Muster

Bitte um Informationsmaterial

Sehr geehrte Damen und Herren,
ich bin daran interessiert, im August eine Reise nach Musterhausen zu unternehmen.
Bitte senden Sie mir Informationsmaterial zu den Sehenswürdigkeiten und Veranstaltungen zu. Außerdem wäre ich an einer Hotelliste mit aktuellen Preisen interessiert.
Ich habe gehört, dass im August eine große Messe in Musterhausen ist. Muss ich dann mit Problemen bei der Hotelsuche rechnen? Könnten Sie mir dann gegebenenfalls bei dieser Frage helfen?
Für Ihre Bemühungen herzlichen Dank.
Mit freundlichen Grüßen
Peter Muster

Buchung einer Schiffsreise

Sehr geehrte Damen und Herren,
hiermit möchte ich gemäß Ihren Geschäftsbedingungen die Reise Nr. 1234/56 »Schiffsreise an das Nordkap mit der MS Titanic« vom 1.5. – 21.5.2002 für zwei Personen buchen. Darin enthalten sind folgende Leistungen (entsprechend Ihrem Katalog »Schiffsreisen«):
21 Übernachtungen in einer Doppelkabine (2. Etage, außen) mit Dusche und WC
Vollpension
kostenlose Sportmöglichkeiten an Deck (Schwimmen, Tennis)
Landgang und Rundfahrten in Norwegen
Der Gesamtpreis pro Person beträgt 1598 Euro.
Weiterhin möchten wir eine Reiserücktrittsversicherung abschließen. Hierfür wäre pro Person zusätzlich ein Betrag von 15 Euro zu entrichten.
Bitte schicken Sie mir eine Bestätigung der Buchung zu.
Mit freundlichen Grüßen
Peter Muster

Stornierung der Buchung

Sehr geehrte Damen und Herren,
am 14.2.2002 habe ich bei Ihnen für den Zeitraum vom 1.5. – 21.5.2002 eine Schiffsreise an das Nordkap mit der MS Titanic (Buchungsnr. 1234567) gebucht.
Leider kann ich aus gesundheitlichen Gründen die Reise nicht antreten. Wäre es möglich, die Reise für einen späteren Zeitraum umzubuchen? Welche Termine sind noch frei?
Sollte eine Umbuchung nicht möglich sein, muss ich leider die Reise stornieren. Bitte schicken Sie mir dann eine entsprechende Bestätigung zu.
Mit freundlichen Grüßen
Peter Muster

Verloren gegangener Walkman

Sehr geehrte Damen und Herren,
vom 3.2 – 6.2.2002 war ich Gast in Ihrem Hotel. Leider ist mir in dieser Zeit mein Walkman verloren gegangen.
Ich vermute, dass ich ihn in meinem Hotelzimmer liegengelassen habe. Deshalb möchte ich Sie bitten, Nachforschungen anzustellen, ob der Walkman irgendwo aufgefunden wurde.
Über eine Mitteilung Ihrerseits, ob Sie ihn gefunden haben oder nicht, würde ich mich freuen. Für Ihre Bemühungen möchte ich mich bereits im Voraus bedanken.
Mit freundlichen Grüßen
Peter Muster

Privatkorrespondenz: Beschwerde, Rücksendung, Widerruf, Kündigung

Reiseprobleme

Pauschalreise Türkei/Club Basar/26.7. bis 9.8.2002
Mängelrüge – Preisminderung
Sehr geehrte Damen und Herren,
ich habe bei Ihnen am 15.3.2002 aufgrund Ihres Sommerkataloges »Wait&Fly 2002« eine Pauschalreise in die Türkei für die Zeit vom 26.7.2002 bis 9.8.2002 zum Gesamtpreis von 998 Euro gebucht.
Im Zusammenhang mit der genannten Pauschalreise sind folgende Mängel zu rügen:

1. Die Wartezeit infolge Flugverspätung beim Hinflug am Flughafen Musterstadt betrug sieben Stunden.
2. Vor Ort angekommen, wurden wir statt im gebuchten Club Basar (direkt am Meer) im Hotel Merhaba, zwei Kilometer im Landesinneren, untergebracht.
3. Der im Katalog zugesicherte Swimmingpool fehlte ebenfalls.

Für diese Reisemängel mache ich – unter Heranziehung der Frankfurter Tabelle für Reisepreisminderung – folgende Preisminderungsansprüche geltend:

1) Flugverspätung ... Euro
2) andere Unterkunft ... Euro
3) fehlender Swimmingpool ... Euro
insgesamt somit den Betrag von ... Euro.
Ich fordere Sie auf, mir diesen Betrag zuzüglich der banküblichen Zinsen seit dem Tag der Zahlung binnen sieben Tagen auf mein Girokonto bei der Sparbank (BLZ 01010101), Kontonummer 001 234 567, zu überweisen.
Mit freundlichen Grüßen
Peter Muster

Mängelrüge kaputtes Gerät

Kaufvertrag über Videorecorder vom 10.6.2002,
Rechnung Nr. 1234
Mängelrüge – Aufforderung zur Verbesserung
Sehr geehrte Damen und Herren,
ich habe am 10.6.2002 bei Ihnen einen Videorecorder der Marke ..., Type ..., zum Kaufpreis von 699 Euro erworben. Als ich das Gerät noch am selben Tag in Betrieb nehmen wollte, musste ich feststellen, dass weder der schnelle Bandvor- noch der schnelle Bandrücklauf funktionierte. Ich habe diesen Mangel heute in Ihrem Geschäftslokal gerügt und Ihr Angestellter hat das Gerät zur Überprüfung übernommen.
Ich setze Ihnen hiermit eine angemessene Frist von 14 Tagen bis spätestens zum 26. 6. 2002 zur Verbesserung der gerügten Mängel und teile Ihnen schon jetzt vorsorglich mit, dass ich – sollten Sie die fristgerechte Verbesserung ablehnen – den Mangel als unbehebbaren Mangel behandeln und Wandlung begehren werde.
Für diesen Fall behalte ich mir auch vor, den Mehraufwand aus einem Deckungskauf aus dem Titel des Schadenersatzes gegen Sie geltend zu machen.
Mit freundlichen Grüßen
Peter Muster

Mängelrüge Einbauküche – fehlende Griffe

Meine Bestellung vom 2.2.2002
Ihre Lieferung vom 1.3.2002
Sehr geehrte Damen und Herren,
am 1.3.2002 hat mir Ihre Spedition die bestellten Möbel geliefert. Leider fehlten an den Schubladen alle Handgriffe.
Als ich die Ware dem Spediteur wieder mitgeben wollte, lehnte der Fahrer dies ab. Seine Begründung war, dass er auf dem Rückweg dann nicht mehr genügend Laderaum zur Verfügung hätte.
Auf meine Anfrage hin teilte Ihr Herr Mustermann mir mit, dass die Handgriffe erst in der 15. KW vorrätig wären. Denn der Lieferant hätte Lieferprobleme und könne nicht früher liefern.
Ich bitte Sie dringend, die fehlenden Handgriffe zu liefern. Sollte dies nicht in den nächsten vier Wochen möglich sein, so bitte ich Sie, die Möbel wieder abzuholen. Denn ohne Handgriffe sind sie nicht verwendbar.
Mit freundlichen Grüßen
Max Muster

Mängelrüge Einbauküche – kaputtes Gerät

Meine Bestellung vom 2.2.2002
Ihre Lieferung vom 1.3.2002
Sehr geehrte Damen und Herren,
am 1.3.2002 baute Ihre Firma vertragsgemäß eine Einbauküche mit Elektrogeräten ein. Leider musste ich nach der Installation feststellen, dass die Abzugshaube erst dann ihren Betrieb aufnimmt, wenn man mehrmals kräftig dagegen schlägt.
Die Abzugshaube lässt sich zwar auch mit diesem Fehler einsetzen, aber die Handhabung ist doch etwas umständlich. Sie werden sicherlich verstehen, dass ich über diesen Mangel nicht stillschweigend hinwegsehen kann.
Es gibt meiner Meinung nach zwei Möglichkeiten: Entweder Sie geben mir einen Nachlass von 30 % auf den Preis der Abzugshaube, oder ich lasse das Gerät auf Ihre Kosten ausbauen, schicke es Ihnen unfrei und lasse mir dann zu Ihren Lasten eine einwandfreie Abzugshaube einbauen.
Ich bin der Meinung – wie Sie sicherlich auch –, dass die Minderung für Sie der einfachere Weg ist.
Mit freundlichen Grüßen
Max Muster

Mängelrüge an Versandhaus

Lieferschein Nr. 1234567
Bestellung vom 2.2.2002
Sehr geehrte Damen und Herren,
bisher war ich mit Ihren Lieferungen immer sehr zufrieden. Von Ihrer letzten Sendung kann ich das jedoch nicht sagen:

- Das Kleid mit der Bestellnr. 1223.456.2 war völlig zerknittert.
- Der Badeanzug mit der Bestellnr. 2233.234.5 war eindeutig schon einmal getragen.

Sie werden sicherlich verstehen, dass ich diese Kleidungsstücke nicht behalten werde. Deshalb schicke ich diese an Sie zurück, mit der Bitte um korrekte Ersatzlieferung.
Mit freundlichen Grüßen
Petra Muster

Beschädigte Warensendung

Bestellung vom 5.2.2002
Ihre Lieferung mit Rechnung 12345678 vom 2.3.2002
Sehr geehrte Damen und Herren,
am 5. Februar 2002 bestellte ich aus Ihrem Katalog verschiedene Objekte. Am 2.3.2002 erreichte mich Ihre Warenlieferung. Da ich zu diesem Zeitpunkt nicht zu Hause war, legte Ihr Lieferant das Paket vor meiner Tür ab, was eindeutig gegen Ihre Lieferbedingungen verstößt. Nachdem ich das Paket aufgenommen hatte, stellte ich sofort fest, dass die Verpackung stark beschädigt war. An mehreren Ecken war der Karton eingedrückt, teilweise waren die Waren im Innern zu erkennen. Das Paket scheint heruntergefallen oder mit etwas Hartem kollidiert zu sein.
Ich öffnete das Paket und musste gleich feststellen, dass auch die Waren teilweise beschädigt beziehungsweise zerbrochen waren. Die Objekte, die davon betroffen waren, schicke ich Ihnen deshalb hiermit zurück, mit der Bitte um Ersatz von einwandfreien Stücken.
Mit freundlichen Grüßen
Max Muster
Anlage
Beschädigte Waren

Buchhandlung 1. Reklamation

Buchbestellung vom 1.1.2002
Ihre Lieferung vom 20.1.2002
Sehr geehrte Damen und Herren,
am 1.1.2002 bestellte ich bei Ihnen das Buch mit dem Titel ..., ISBN .... Geliefert haben Sie jedoch das Buch ..., ISBN .... Dieses Buch entspricht nicht meiner Bestellung. Deshalb schicke ich es Ihnen anbei zurück, mit der Bitte um baldige Zusendung des richtigen Buches.
Senden Sie mir außerdem eine Bestätigung, dass ich Ihnen das Buch zurückgesendet habe.
Mit freundlichen Grüßen
Max Muster

Buchhandlung 2. Reklamation

Buchbestellung vom 1.1.2002
Ihre Lieferung vom 20.1.2002
Mein Schreiben vom 1.2.2002
Sehr geehrte Damen und Herren,
am 1.1.2002 bestellte ich bei Ihnen das Buch mit dem Titel ..., ISBN .... Geliefert haben Sie jedoch am 20.1.2002 das Buch ..., ISBN .... Dieses schickte ich Ihnen am 1.2.2002 zurück, mit der Bitte um Zusendung des richtigen Buches.
Leider haben Sie bis heute weder die Rücklieferung des falschen Buches bestätigt, noch haben Sie mir das richtige zugesendet. Ich möchte Sie deshalb erneut ersuchen, meine Bestellung korrekt auszuführen und mir das gewünschte Buch zuzusenden.
Mit freundlichen Grüßen
Max Muster

Buchhandlung 3. Reklamation

Buchbestellung vom 1.1.2002, Ihre Lieferung vom 20.1.2002
Mein Schreiben vom 1.2.2002 und vom 1.3.2002
Sehr geehrte Damen und Herren,
am 1.1.2002 bestellte ich bei Ihnen das Buch mit dem Titel ..., ISBN ... Geliefert haben Sie jedoch am 20.1.2002 das Buch ..., ISBN .... Dieses schickte ich Ihnen am 1.2.2002 zurück, mit

der Bitte um Zusendung des richtigen Buches. Am 1.3.2002 mahnte ich erneut die Zusendung des bestellten Buches ein. Außerdem bat ich Sie wiederum um eine Bestätigung, dass ich Ihnen das falsch gesandte Buch zurückgeschickt habe.
Bis zu diesem Zeitpunkt haben Sie weder auf meine Schreiben reagiert noch meine Bestellung korrekt ausgeführt. Stattdessen erreichte mich heute eine Rechnung über das von mir bestellte Buch (das Sie nie geliefert haben) sowie über das von mir gar nicht gewünschte (und außerdem schon vor Wochen an Sie zurückgesandte) Buch.
Meine Geduld ist nunmehr erschöpft. Ich verzichte hiermit auf die Zusendung des von mir bestellten Buches und storniere meine Bestellung vom 1.1.2002. Natürlich werde ich auch keine Rechnung für Bücher bezahlen, die ich nicht erhalten oder nicht gewünscht habe!
Ich bitte Sie, zukünftig auf die Zusendung von Katalogen zu ver zichten. Denn nach dieser Erfahrung mit Ihrem Hause werde ich keine weiteren Bestellungen mehr vornehmen!
Hochachtungsvoll
Max Muster

Widerruf Beitritt Buchclub

Sehr geehrte Damen und Herren,
Frau Petra Musterfrau hat mich gestern als neuen Kunden für Ihren Buchclub geworben. Wir haben gemeinsam meine Erstbestellung ausgefüllt und an Sie gesandt.
Nachdem ich nun Ihren Katalog noch einmal in Ruhe durchgelesen habe, bin ich zu dem Entschluss gekommen, dass Ihr Programm auf längere Sicht für mich keinen Nutzen haben wird.
Deshalb möchte ich hiermit von meinem Widerrufungsrecht Gebrauch machen und meine Bestellung zurückziehen. Bitte schicken Sie mir eine Bestätigung meines Widerrufs zu.
Mit freundlichen Grüßen
Peter Muster

Widerruf einer Bestellung

Widerruf meiner Bestellung vom 2.2.2002
Sehr geehrte Damen und Herren,
leider musste ich feststellen, dass Ihre Auftragsbestätigung an verschiedenen Stellen von Ihrem Angebot und meiner Bestellung abweicht. An keiner Stelle konnte ich entnehmen, warum Sie diese Änderungen vorgenommen haben.
Bitte verstehen Sie, dass ich unter solchen Umständen keinen Gebrauch mehr von Ihrer Offerte machen möchte und deshalb meine Bestellung widerrufe.
Mit freundlichen Grüßen
Max Muster

Widerruf einer Bestellung wegen Preisdifferenz

Widerruf meiner Bestellung vom 2.2.2002
Sehr geehrte Damen und Herren,
leider musste ich feststellen, dass die Preise in Ihrer Auftragsbestätigung von denen in meiner Bestellung abweichen – und diese hatte ich Ihrer Preisliste entnommen.
Deshalb widerrufe ich meine Bestellung.
Ich möchte Sie darum bitten, mich zukünftig vor Zusendung einer Auftragsbestätigung zu informieren, wenn Ihre Konditionen nicht mehr gültig sind.
Mit freundlichen Grüßen
Max Muster

Lieferverzug

Bestellung einer Einbauküche vom 24.1.2002
Nachfrist – Bestellnummer 1234
Sehr geehrte Damen und Herren,
ich habe am 14.1.2002 in Ihren Schauräumen die Lieferung und Montage der Einbauküche »Typenbezeichnung« zu einem Kaufpreis von 7499 Euro bestellt und 3500 Euro Anzahlung geleistet. Mit Schreiben vom 18.2.2002 habe ich Ihnen eine Lieferfrist bis zum 10.3.2002 eingeräumt. Diese Lieferfrist ist zwischenzeitlich ungenutzt verstrichen. Damit befinden Sie sich im Lieferverzug.

Ich setzte Ihnen daher nunmehr eine angemessene Nachfrist von drei Wochen bis spätestens zum 5.4.2002 und erkläre bereits jetzt für den Fall, dass auch dieser Termin ungenützt verstreichen sollte, meinen Rücktritt vom Kaufvertrag. Für diesen Fall fordere ich die Rückzahlung der Anzahlung samt den banküblichen Zinsen seit dem Tag der Zahlung.
Ich weise Sie auch darauf hin, dass ich in diesem Fall die Einbauküche bei einem anderen Händler beschaffen würde. Sollten daraus Mehrkosten entstehen, so würde ich von Ihnen die Differenz aus dem Titel des Schadenersatzes ersetzt verlangen.
Ich ersuche Sie, sich wegen eines konkreten Liefertermins mit mir telefonisch (01 11/12 34 56) ins Einvernehmen zu setzen.
Mit freundlichen Grüßen
Peter Muster

Einspruch gegen Rechnung wegen Lieferverzug

Ihre Rechnung vom 2.2.2002
Sehr geehrter Herr Müller,
ich erhebe gegen Ihre Rechnung vom 2.2.2002 Einspruch.
Im Auftrag wurde zwischen uns »Zahlung nach Lieferung« vereinbart.
Bisher haben Sie jedoch die fehlenden Fenster nicht geliefert – ohne hierfür Gründe anzugeben.
Bitte haben Sie Verständnis, dass ich auf unserer getroffenen Vereinbarung bestehen muss.
Mit freundlichen Grüßen
Max Muster

Bestellung von Mustern

Sehr geehrte Damen und Herren,
ich habe Ihre Anzeige im Hanauer Anzeiger vom Wochenende gesehen. Entsprechend der darin beschriebenen Preise und Konditionen bestelle ich:
Prachtmischung Tulpen (20 Zwiebeln) à 9,40 Euro
Datura-Sortiment (Packung mit 5 Stück) à 19,90 Euro
Spar-Paket II (300 Blumenzwiebeln) à 45,00 Euro
Mit freundlichen Grüßen
Peter Muster

Vorbehaltliche Annahme einer Lieferung

Meine Bestellung vom 2.2.2002
Ihre Lieferung vom 1.3.2002
Sehr geehrte Damen und Herren,
die von Ihnen gelieferte Ware wurde am 1.3.2002 ordnungsgemäß von der Paketzustellung abgeliefert.
Ich habe die Sendung überprüft und deren Korrektheit festgestellt. Die Verpackung war unversehrt, die Ware ist frei von erkennbaren Mängeln. Die Rüge von Mängeln, die sich nach der Inbetriebnahme des Gerätes herausstellen, oder die Reklamation versteckter Mängel behalte ich mir vor.
Mit freundlichen Grüßen
Peter Muster

Rücksendung einer Probebestellung

Meine Bestellung vom 2.2.2002 auf Probe
Sehr geehrte Damen und Herren,
am 1.3.2002 haben Sie mir die Software Textverarbeitung kostenlos auf Probe geliefert.
Nachdem ich Sie nun mehrere Wochen getestet habe, bin ich zu dem Ergebnis gekommen, dass Ihr Produkt zwar leicht verständlich ist, sich aber nicht optimal für meine Zwecke nutzen lässt.
Deshalb schicke ich Ihnen das Programm mit gleicher Post zurück.
Ich bedauere, dass es dieses Mal nicht zu einem Abschluss mit Ihnen gekommen ist. Trotzdem bin ich auch zukünftig an Ihren Produkten interessiert.
Mit freundlichen Grüßen
Max Muster

Kündigung eines Zeitschriftenabonnements

Kunden-Nr. 123456
Sehr geehrte Damen und Herren,
hiermit möchte ich fristgerecht zum 30.9.2002 mein Abonnement der Zeitschrift … (Kunden-Nr. 123 456) kündigen.
Bitte bestätigen Sie den Erhalt dieses Schreibens und die Kündigung.
Mit freundlichen Grüßen
Peter Muster

Rücktritt von einer Bestellung wegen nicht erfolgter Lieferung

Bestellung vom 30.4.2002

Sehr geehrte Damen und Herren,

am 30.4.2002 bestellte ich bei Ihnen ein Abendkleid (Bestellnummer 123.456.3). Dieses ist bis heute nicht eingetroffen.

Meine telefonische Anfrage bei Ihnen erbrachte, dass der Hersteller im Moment nicht liefern kann und dass es deshalb nicht ersichtlich ist, wann das Abendkleid geschickt wird.

Deshalb trete ich hiermit von meiner Bestellung zurück und kündige somit meinen Kaufvertrag.

Mit freundlichen Grüßen

Petra Muster

3. Kapitel

Die erfolgreiche Bewerbung

Was heißt das eigentlich: sich bewerben? Wer sich bewirbt, das Wort sagt es bereits aus, wirbt für seine Person, seine Kenntnisse und seine Fähigkeiten. Eine Bewerbung ist also nicht anderes als eine schriftliche Vorstellung, die dem angestrebten persönlichen Gespräch vorausgeht. Dabei sollten Sie natürlich nicht wie in der Waschmittelwerbung verfahren – Sachlichkeit ist oberstes Gebot!

Welchen Zweck muss eine Bewerbung erfüllen?

- Sie muss in der Lage sein, den Empfänger anzusprechen.
- Sie muss den Empfänger neugierig auf den Bewerber machen, muss also das Interesse des Empfängers am Bewerber wecken.
- Sie muss nützlich sein, das heißt alle wesentlichen Informationen über den Bewerber enthalten.
- Sie muss den Empfänger davon überzeugen, dass der Bewerber gegenüber den anderen Bewerbern Vorteile zu bieten hat.
- Sie muss in Grundzügen die Berufserfahrung und die besonderen Kenntnisse und Fähigkeiten des Bewerbers zum Ausdruck bringen.
- Sie muss vollständig sein.

Gerade der letzte Punkt ist sehr wesentlich. Versenden Sie grundsätzlich vollständige Bewerbungsunterlagen, keine Kurzbewerbung. Vollständige Bewerbungsunterlagen bestehen aus zwei Teilen:

- Einem persönlichen Anschreiben. Es liegt auf der Bewerbungsmappe, es ist das erste Schriftstück, das der Stellenanbieter durchlesen soll. Es wird nicht eingeheftet. Es ist Ihre »Visitenkarte« und zugleich eine erste Arbeitsprobe. Ihr Anschreiben ist für den ersten Eindruck entscheidend und trägt dazu bei, ob Ihre Unterlagen wohlwollend oder skeptisch geprüft werden.
- Einer Bewerbungsmappe (= Anlage zum Anschreiben).

Die Bewerbungsmappe

Die Bewerbungsmappe hat folgenden Inhalt:

- immer: Deckblatt mit Lichtbild,
- immer: Lebenslauf,
- immer: Zeugnisse,
- gegebenenfalls: Liste der Veröffentlichungen, Patente/Warenzeichen,
- selten: Referenzen, Arbeitsproben, Handschriftenproben, polizeiliches Führungszeugnis, Gesundheitszeugnis etc. (nur falls ausdrücklich gefordert!),
- eventuell: Trennblätter zur übersichtlichen Gestaltung und Gliederung der Bewerbungsmappe.

Mit der Bewerbungsmappe erstellen Sie eine Werbebroschüre über sich selbst. Neben dem Inhalt ist das äußere Erscheinungsbild – der erste Eindruck – ein wichtiger Entscheidungsfaktor. Eröffnen Sie Ihre (Be-)Werbebroschüre mit einem persönlichen Deckblatt. Setzen Sie Ihren Namen und Ihr Porträt auf die Titelseite. Darauf gehört außerdem:

- Ihre Adresse und Telefonnummer. Falls vorhanden auch Fax-Nummer und E-Mail-Adresse.
- Überschrift: zum Beispiel »Bewerbung als …« (Bezeichnung der Stelle, wie ausgeschrieben) oder »Bewerbungsunterlagen für die … GmbH« (Firma des Stellenanbieters).

- Ihr Lichtbild.
- Eventuell das Inhaltsverzeichnis zur Bewerbungsmappe.

(Genauere Informationen zum Thema Bewerbungsmappe finden Sie in dem Heyne-Buch »Die optimale Bewerbung« von Thomas R. Schmidt)

Die äußere Form der Bewerbungsunterlagen

- Der äußere Rahmen muss stimmen: Das Papier im DIN-A4-Format sollte von guter Qualität sein, reinweiß, ungelocht und unliniert. Am besten nehmen Sie 80-Gramm-Papier.
- Wenn Sie einen eigenen Briefbogen haben, der nicht allzu privat wirkt, können Sie diesen selbstverständlich verwenden.
- Ihr Bewerbungsschreiben sollte selbstverständlich nicht handschriftlich verfasst sein. Benutzen Sie eine elektrische Schreibmaschine oder – noch besser! – den PC.
- Schreiben Sie im Abstand von einer oder anderthalb Zeilen. Und natürlich wird der Briefbogen nur einseitig bedruckt. Ihr Anschreiben ist kurz und sollte im Normalfall nicht länger als eine Seite sein!
- Hüten Sie sich vor Blocksatz – auch wenn Sie es noch so schick finden. Texte in Blocksatz lassen sich schlecht lesen. Und das wollen Sie doch sicher vermeiden!
- Rechtschreibung und Zeichensetzung müssen perfekt sein. Wenn Sie darin nicht sicher sind, lassen Sie den Brief lieber in einem Schreibbüro tippen, oder bitten Sie jemanden, der sich auskennt, um Hilfe.
- Als Umschlag verwenden Sie bitte die Größe C4 – sie entspricht dem DIN-A4-Briefbogen. Weiße Umschläge sind teurer als braune, sehen aber besser aus.
- Die Anschrift schreibt man direkt auf den Umschlag – handschriftlich oder aber mit dem PC oder der Schreibmaschine. Vermeiden Sie Aufkleber.

- Normalerweise legen Sie dem Anschreiben einen Hefter mit Klarsichtdeckel bei, in dem sich alle Unterlagen mit Ausnahme des Anschreibens befinden.
- Achten Sie bitte darauf, dass Ihr Bewerbungsbrief ausreichend frankiert ist. Bedenken Sie auch: Der Umschlag ist das Erste, was man von Ihnen in Händen hält. Die Briefmarken sollten also ordentlich aufgeklebt sein.

Grundsätzliches zu Anschreiben und Lebenslauf

Merken Sie sich als wichtigsten Punkt: In der Kürze liegt die Würze! Kein Personalchef möchte einen seitenlangen Roman lesen, sondern er will auf den ersten Blick erkennen: Dieser Bewerber kommt in Frage. Beachten Sie deshalb Folgendes:

- Vergessen Sie nie: Ein Personalchef liest tagtäglich vielleicht Hunderte von Bewerbungsschreiben – die meisten sicher im 08/15-Stil verfasst. Heben Sie sich davon ab.
- Gehen Sie im Stil Ihres Briefes auf die neue Firma ein: Seien Sie sachlich im Ton, wenn es erforderlich ist, werben Sie eher plakativ für Ihre Person, wenn es zum Stil des Unternehmens passt.
- Lassen Sie Fakten für sich sprechen: Wiederholen Sie also nicht den Betreff oder den Inhalt Ihres Lebenslaufes. Sprechen Sie lieber Ihre Ziele an und gehen Sie auf die gewünschten Anforderungen ein – und dies mit Formulierungen, die ungewöhnlich sind, ohne aus dem Rahmen zu fallen.
- Nennen Sie Ihre Gehaltsvorstellungen im Bewerbungsschreiben nur, wenn in der Ausschreibung danach gefragt wird.
- Vergessen Sie nicht mitzuteilen, wann Sie Ihren neuen Job antreten können – vor allem, wenn Sie noch längerfristig vertraglich gebunden sind.

Was nicht in Ihren Lebenslauf gehört:

- Angaben zu Ihrer Kirchen-, Partei- oder Gewerkschaftszugehörigkeit (es sei denn, Sie bewerben sich bei einer dieser Institutionen)
- Angaben zu Ihrer körperlichen Verfassung
- Angaben zu Ihren finanziellen Verhältnissen
- Angaben zu Ihren familiären Umständen

Wichtig gerade beim formlosen Schreiben: die DIN-Norm

Es scheint ein Widerspruch in sich zu sein: Einerseits findet man in vielen Stellenanzeigen den Hinweis »erbitten wir Ihr formloses Schreiben …«. Andererseits muss Ihnen klar sein: Dieser Hinweis bedeutet nicht, dass Sie hier keine Form wahren müssen. Ganz im Gegenteil: Für das formlose Schreiben sind die Regeln für Maschinenschreiben zu beachten, die sich abgekürzt DIN 5008 nennen. Genaueres darüber erfahren Sie in Kapitel 1. Da Ihr Bewerbungsschreiben das Erste ist, was dem Stellenanbieter von Ihrer Person ins Auge fällt, sollte es auch einen guten Eindruck machen. Sie wissen ja: Der erste Eindruck entscheidet.

Wenn möglich, sollten Sie also der DIN 5008 nachkommen. Vor allem, wenn Sie sich um eine Position bewerben, in welcher umfangreiche betriebliche Korrespondenz zu erstellen ist: Bewerber auf eine Stelle als Sekretärin, Vertriebsabwickler und Ähnliches sollten die Schriftnorm auf jeden Fall einhalten. Entwickler, Marketingspezialisten, Abteilungsleiter oder ähnliche Berufe können freier verfahren. Geringfügige Verstöße gegen die allgemeinen Regeln des Schriftverkehrs werden hier kaum dazu führen, dass Sie einen Job nicht bekommen.

Der Absender

Ganz klar: Vor- und Zuname, Straße und Wohnort gehören in den Absender eines Bewerbungsschreibens. Den Vornamen sollten Sie dabei ausschreiben – so wirkt Ihr Brief gleich persönlicher. Manche Personalchefs oder Abteilungsleiter haben ergänzende Fragen oder greifen zur Vereinbarung des Vorstellungsgespräches einfach zum Hörer. Kommen Sie diesen »Personalentscheidern« entgegen: Geben Sie Ihre private Telefonnummer an. Es ist sinnvoll, zusätzlich Zeiten aufzuführen, zu denen Sie mit hoher Wahrscheinlichkeit telefonisch erreichbar sind. Wenn Sie kein Risiko sehen, die dienstliche Telefonnummer zu nennen, führen Sie auch diese auf, ebenfalls mit Zeitangaben für die Erreichbarkeit.

Vorsicht mit akademischen Titeln im Absender! Heute ist ein akademischer Titel nicht mehr ungewöhnlich. Erwecken Sie erst gar nicht den Eindruck, dass Sie auf Grund eines akademischen Titels eine Sonderbehandlung im Berufsleben erwarten. Wer einen Doktortitel besitzt, kann diesen natürlich aufführen, wenn in der Anzeige beispielsweise nach einem promovierten Chemiker gefragt ist. Ist hingegen ein »normaler« Chemiker gefragt, kann man mit der Nennung des Titels paradoxerweise bereits im Absender auf die Überqualifizierung hinweisen. Manchmal ist es also wenig sinnvoll, gleich an exponierter Stelle die Promotion zu erwähnen.

Die Adresse

Ist im Anzeigentext eine Zielperson aufgeführt, setzt man den Namen dieser Person über die Firmenbezeichnung, also:

Herrn/Frau
evtl. Akademischer Titel, Vor- und Zuname
evtl. Name der Abteilung
Firma
Straße, evtl. Postfach
.
Postleitzahl Ort

Dieser kleine Trick kann Ihnen entscheidend weiterhelfen: Taucht der Name nämlich über der Firmenbezeichnung auf, darf der Brief im Grunde nur von der angeschriebenen Person geöffnet werden. Schreiben Sie den Namen jedoch unter den der Firma, wird der Brief in der Regel in der Poststelle geöffnet.

Wurde im Anzeigentext kein Ansprechpartner genannt, sollten Sie sich grundsätzlich telefonisch nach dem Namen des zuständigen Mitarbeiters beziehungsweise des Personalchefs erkundigen.

Es gibt ein paar veraltete Formulierungen, die anscheinend nicht auszurotten sind, die Sie aber auf jeden Fall vermeiden sollten:

- z.Hd. oder z.H. (zu Händen)
- i.H. (im Hause)
- i. Fa. (in Firma)
- das internationale c/o (care of)

Der Text Ihres Bewerbungsschreibens

Der Text des Anschreibens ist ein Werbebrief für Ihre Person. Sie sollten sich bei der Formulierung weder von falscher Bescheidenheit noch von Überheblichkeit leiten lassen. Sie haben wahrscheinlich nur einmal die Gelegenheit, Ihrem eventuellen neuen Arbeitgeber mitzuteilen, warum gerade Sie für diese bestimmte Stelle der/die Richtige sind. Selbstverständlich auch umgekehrt: warum Sie sich gerade auf diese bestimmte Stelle bewerben. Ihr Ziel muss es also sein, Ihr authentisches, persönliches Interesse an der ausgeschriebenen Stelle und natürlich auch Ihre Eignung für die Position zu vermitteln. Für beides werden – neben dem Anschreiben – im Wesentlichen die Fakten Ihres Lebenslaufs entscheidend sein.

Schlüsselqualifikationen

Oft werden in einer Anzeige so genannte Schlüsselqualifikationen gefordert, die mit der eigentlichen Ausbildung für Ihren Beruf wenig zu tun haben. Man versteht darunter bestimmte Persönlichkeitsmerkmale wie zum Beispiel Durchsetzungsfähigkeit, Einsatzbereitschaft, Entscheidungsstärke, Führungsfähigkeit, Initiative, Kommunikationsfähigkeit, Problemlösungsfähigkeit, Teamfähigkeit und die Bereitschaft, Verantwortung zu übernehmen. Um herauszufinden, ob Sie diese Anforderungen erfüllen, stellen Sie sich selbst die Fragen:

- Erfülle ich die gestellten Anforderungen und, wenn ja, in welchem Grad?
- Wann und in welchem Zusammenhang habe ich diese Qualifikationen schon gebraucht und erkennbar eingesetzt? (zum Beispiel in einem Verein, einer Hochschulinstitution, einem Ehrenamt usw.). Erwähnen Sie diese Einsätze unbedingt im Lebenslauf, eventuell sogar im Bewerbungsanschreiben.

- Nehmen auch andere diese Schlüsselqualifikationen an mir wahr? Wenn nein: wie kann ich meine Stärken besser sichtbar machen (zum Beispiel im Vorstellungsgespräch)?

Vielleicht können Sie im Text Ihres Anschreibens Tätigkeiten unterbringen, bei denen Sie die geforderten Schlüsselqualifikationen unter Beweis gestellt haben – aber nur, wenn diese Tätigkeiten einen Bezug zur ausgeschriebenen Position haben! Die Mitarbeit im Vorstand des Sportvereins käme also zum Beispiel in Frage, wenn Sie sich bei einem Sportverband oder einem Sportartikelhersteller bewerben oder während Ihrer Mitarbeit dort Wesentliches für die zu besetzende Stelle gelernt oder unter Beweis gestellt haben.

Der Stil Ihres Bewerbungsschreibens

Der Einleitungsteil sollte höchstens zwei Sätze und drei Zeilen umfassen und enthält üblicherweise

- die Position, auf die Sie sich bewerben, falls Sie dies nicht schon in der Betreffzeile angegeben haben,
- den Anlass für die Bewerbung – möglicherweise ein vorangegangenes Telefongespräch als Aufhänger,
- die Bekundung des persönlichen Interesses.

Der Hauptteil umfasst vier bis sechs kurze Absätze und enthält üblicherweise

- die Vorstellung der eigenen Person, das heißt Ausbildung mit Abschluss sowie besondere Interessen und Ausbildungsschwerpunkte – soweit sie für die angebotene Position von Bedeutung sind,
- den Hinweis auf besondere Erfahrungen, Kenntnisse und Eigenschaften – ebenfalls soweit sie für die angebotene Position von Bedeutung sind,

- die Begründung, warum Sie sich um diese Stelle bewerben und dafür besonders geeignet sind.

Achten Sie auf das Setzen von Prioritäten! Sie legen Ihrer Bewerbung in jedem Fall eine Lebenslauf bei, aus dem der Personalchef eine ganze Menge entnehmen kann und wird. Nehmen Sie also im Text des Anschreibens nicht Ihren Lebenslauf komplett vorweg.

- Üben Sie sich in einer seriösen und sehr sachorientierten Darstellung Ihrer Person und Ihrer Fähigkeiten.
- Verwenden Sie einen konkreten, präzisen und klaren Sprachstil und vermeiden Sie lange, umständliche Sätze und Wiederholungen.
- Wählen Sie positive Formulierungen, zum Beispiel »Interdisziplinäre Zusammenarbeit ist mir vertraut« anstatt »... ist mir nicht fremd« oder »Ein Umzug nach Westfalen wäre mir angenehm« anstatt »Gegen einen Umzug nach Westfalen hätte ich nichts einzuwenden«.
- Vermeiden Sie zögerliche Formulierungen. Also nicht »Ich werde ... voraussichtlich beenden«, sondern besser: »Ich werde ... beenden«. Nicht: »Ich möchte mich bewerben«, sondern: »Ich bewerbe mich ...«
- Verwenden Sie Adjektive, denn sie machen das Anschreiben bunter, persönlicher, origineller und heben es aus der Masse heraus.

Die Schlussformulierung besteht normalerweise aus einem Satz, zum Beispiel: »Zu einem persönlichen Gespräch stehe ich Ihnen gerne zur Verfügung und freue mich über Ihre Einladung.« In der Grußformel verwenden Sie in der Regel »Mit freundlichen Grüßen«.

Musterbriefe: Bewerbungen auf Anzeigen

Bewerbung auf eine Anzeige als Verkäuferin

.
.
.
.

Petra Musterfrau
Musterstraße 12
99999 Musterdorf
Telefon (0 11 11) 12 34 56 Musterdorf, 22.3.2002
.
.
.
.

Modehaus Gebrüder Mustermann
Frau Mustermann
Mustergasse 27
.
99999 Musterdorf
.
.
.
.

Ihre Anzeige vom 20.3.2002 »Modeverkäuferin«
.
.

Sehr geehrte Frau Mustermann,
.

mit Interesse habe ich Ihre Anzeige im Tagblatt vom vergangenen Wochenende gelesen.

Ich verfüge über gute Warenkenntnisse im gesamten DOB-Bereich. Dies gilt gleichermaßen für modische Saison- wie für klassische Ware.

Meine Eignung für die ausgeschriebene Stelle können Sie aus den beigefügten Unterlagen ersehen. Von meinen bisherigen Arbeitgebern wurde mir immer wieder bestätigt, dass ich zuverlässig bin, über Verkaufstalent verfüge und einen guten Umgang mit Kunden pflege.

Der Grund meiner Bewerbung liegt darin, dass ich in Ihrem Unternehmen größere Aufstiegschancen, zum Beispiel als Abteilungsleiterin, sehe.

Mein frühestmöglicher Eintrittstermin ist der 1. Juni 2002.
.

Mit freundlichen Grüßen
.

Unterschrift
.

Anlagen

Bewerbung auf eine Anzeige als Sekretärin

.
.
.
.

Petra Musterfrau
Musterstraße 12
99999 Musterdorf
Telefon (01111)123456 — Musterdorf, 22.3.2002

.
.
.

Musterdorfer Tagblatt
Herrn Mustermann
Musterstraße 7
.
99999 Musterstadt

.
.
.

Ihre Anzeige »Sekretärin gesucht«
im Musterdorfer Tagblatt vom 20.3.2002

.
.

Sehr geehrter Herr Mustermann,

.

in Ihrem Stellenangebot suchen Sie eine Sekretärin mit erstklassigen Umgangsformen, gewandtem Auftreten und guten Kenntnissen in Stenografie und PC sowie den Programmen Word Office und Excel.

Ich erfülle diese Voraussetzungen. Darüber hinaus kann ich als Dolmetscherin eingesetzt werden, denn ich besitze das Dolmetscherdiplom Englisch und beherrsche diese Sprache sicher in Wort und Schrift. Ich habe Erfahrung mit PCs, kann nach Phonodiktaten schreiben und selbst so formulieren, dass mein künftiger Chef mir nur die Stichworte seiner Korrespondenz aufzugeben braucht. Den einfachen Briefverkehr führe ich selbstständig. Momentan bin ich in ungekündigter Stellung als Sekretärin bei einer Großhandlung für Textilien und Spannteppiche in Musterdorf tätig.

Ich möchte nach Musterstadt ziehen, weil ich dort mit meinem Verlobten zusammenleben will.

Als Anfangsgehalt stelle ich mir Euro ... vor. Vom 15. April bis 1. Mai 2002 halte ich mich in Musterstadt auf und bin unter der Adresse
Max Muster, Mustergasse 4 zu erreichen.

Bitte geben Sie mir Gelegenheit zu einer persönlichen Vorstellung.

.

Mit freundlichen Grüßen

Unterschrift

Anlagen

Bewerbung auf eine Anzeige im IT-Bereich

.
.
.
.

Max Mustermann
Mustergasse 70
99999 Musterdorf
Telefon: (0 11 11) 1 23 45 Musterdorf, 3. März 2002

.
.
.

Computer GmbH – Personalabteilung
Herr Muster
Musterstraße 12
.
99999 Musterstadt

.
.
.

Ihre Stellenanzeige »Anwendungsentwickler/in«,
gesehen in pc.job.com am 10.02.02

.
.

Sehr geehrter Herr Muster,

.

Sie suchen einen Anwendungsentwickler für Ihren Entwicklungsbereich Business Process Technology. Aufgrund meiner bisherigen Projekterfahrung hat mich die Möglichkeit zur Mitarbeit an Projekten für Kunden aus unterschiedlichen Branchen ganz besonders angesprochen. Deshalb bewerbe ich mich auf die ausgeschriebene Stelle.

Nach meinem Wirtschaftsinformatikstudium mit Schwerpunkt Dokumentenmanagement realisierte ich als Anwendungsentwickler bei einem Baustoffhändler die Umsetzung eines Pilotprojekts zur elektronischen Archivierung von Lieferscheinen. Hierbei nutzte ich Methoden und Techniken der Aufwandsschätzung, Planung und Steuerung von IT-Projekten.

Während der Programmiertätigkeit arbeitete ich mit objektorientierten Methoden und Werkzeugen. Dabei erwarb ich auch erste Erfahrungen mit Komponenten-Technologien.

Da die in Ihrem Unternehmen in Aussicht gestellten Aufstiegsmöglichkeiten mit meinen eigenen beruflichen Entwicklungswünschen gut übereinstimmen, würde ich mich über die Einladung zu einem Bewerbungsgespräch sehr freuen. Mein frühester Eintrittstermin wäre der 1. Juli 2002.

.

Mit freundlichen Grüßen

Unterschrift

Anlagen

Die Initiativbewerbung

Früher nannte man das »Blindbewerbung« – ein irreführender Begriff, denn gerade wenn Sie sich bei einer Firma bewerben, ohne dass diese eine Stelle ausgeschrieben hat, dürfen Sie ganz gewiss nicht »blind« vorgehen. Initiative zeigen, selbst tätig werden – das ist mit dem Wort Initiativbewerbung passend und treffend ausgedrückt. Sie senden unaufgefordert Bewerbungsunterlagen zu, weil Sie sich für ein bestimmtes Unternehmen interessieren und gerne dort arbeiten würden. Das macht diese Form der Bewerbung zu etwas Besonderem – und es ist mit mehreren Vorteilen verbunden:

- Ihre Bewerbung steht in keiner oder nur geringer Konkurrenz.
- Sie demonstrieren Engagement, Initiative und Motivation.
- Sie müssen bei der Formulierung Ihrer Qualitäten nicht die Anforderungen einer Stellenanzeige berücksichtigen, sondern können sich so präsentieren, wie es Ihnen am vorteilhaftesten erscheint.
- Selbst wenn derzeit kein Personalbedarf besteht, wird der Personalverantwortliche – wenn Sie ihn überzeugt haben – Ihre Bewerbung in der Wiedervorlage belassen.

Am besten führen Sie vor jeder Initiativbewerbung ein Telefongespräch mit der Personal- oder auch Fachabteilung des Unternehmens, um den Personalbedarf vorab zu sondieren. Dabei finden Sie sicher auch heraus, wer für Ihre Bewerbung zuständig ist. An den- oder diejenige richten Sie dann Ihr Anschreiben.

Das Anschreiben bei der Initiativbewerbung

Bei Form und Aufbau gehen Sie genauso vor wie bei der üblichen Bewerbung um eine konkret ausgeschriebene Stelle. Auch bei der Bewerbungsmappe gibt es keine grundsätzlichen Unterschiede.

Nur beim Anschreiben selbst gehen Sie etwas anders vor, es sollte in kurzen und bündigen Sätzen Antwort auf die folgenden fünf Fragen geben:

1. Wer und was sind Sie?
2. Was machen Sie beruflich?
3. Was haben Sie zu bieten?
4. Was suchen Sie konkret?
5. Warum interessieren Sie sich gerade für dieses Unternehmen?

Vor allem die Beantwortung der letzten Frage verlangt eine umfassende Recherche Ihrerseits.

Musterbriefe Initiativbewerbungen

Initiativbewerbung als Mikrobiologin

.
.
.
.

Petra Musterfrau
Mustergasse 70
99999 Musterdorf
Telefon: (0 11 11) 1 23 45

Musterdorf, 3. März 2002

.
.
.
.

Muster Tecno AG
Anna Muster
Musterstraße 3

99999 Musterstadt

.
.
.
.

Sehr geehrte Frau Muster,

Als Mikrobiologin mit Doktorat arbeite ich seit 4 Jahren in einer leitenden Funktion im Bereich Enzyme bei einer Schweizer Firma.

.

Ihr Unternehmen hat sich auf dem internationalen Markt einen Namen gemacht und deshalb bewerbe ich mich um eine Stelle in Ihrem Team für Entwicklung und Diagnostik. Meinen beiliegenden Unterlagen können Sie entnehmen, was ich in den vergangenen Jahren zum Thema Enzymforschung veröffentlicht habe.

.

Gerne würde ich eine mögliche Zusammenarbeit mit Ihnen besprechen und werde mir erlauben, Sie in etwa zehn Tagen anzurufen.

.
.

Mit freundlichen Grüßen

.
.

Unterschrift

Anlagen

Initiativbewerbung als Einkäuferin

.
.
.
.
Petra Musterfrau
Mustergasse 70
99999 Musterdorf
Telefon: (0 11 11) 1 23 45 Musterdorf, 3. März 2002
.
.
.
.
Muster Allkauf AG
Helga Muster
Musterstraße 3

99999 Musterstadt
.
.
.
.
Einkäuferin (Industriekauffrau, 26) sucht neue Aufgabe
.
.
Sehr geehrte Frau Muster,
.
ich bin als Industriekauffrau ausgebildet und habe mir in den letzten Jahren gute Kenntnisse im Bereich Materialwirtschaft angeeignet.
.
Seit 1997 bin ich als Einkäuferin in einem mittelständischen Industrieunternehmen für den Aufbau und die Weiterentwicklung der Abteilung Materialwirtschaft verantwortlich. Das Einkaufsvolumen beträgt ca. 8 Millionen. Ich bin u.a. zuständig für die Beschaffung von Farben, Papier, Folien und Büromaterial.
.
Es ist mir gelungen, die Einkaufspreise kontinuierlich zu senken und ein Bewertungssystem zu entwickeln, mit dessen Hilfe die Lieferantenbeziehungen verbessert werden konnten.
.
Ich bin gerne Einkäuferin, möchte mich aber beruflich verändern, um meine Erfahrungen zu erweitern und mehr Verantwortung zu übernehmen. Ich möchte gerne für Ihr Unternehmen arbeiten und würde mich daher freuen, wenn Sie in naher Zukunft eine Position im Einkauf zu besetzen hätten. Zu Ihrer ersten Information schicke ich Ihnen meinen Lebenslauf. Wenn Sie interessiert sind, schicke ich Ihnen gerne meine vollständigen Unterlagen. Ich stelle mich auch gerne persönlich bei Ihnen vor.
.
.
Mit freundlichen Grüßen
.
.
Unterschrift

Anlagen

Initiativbewerbung um einen Ausbildungsplatz zum Industriekaufmann

.
.
.
.

Max Mustermann
Musterstraße 12
99999 Musterdorf
Telefon (0 11 11) 12 34 56 Musterdorf, 02.05.2002

.
.
.
.

Musterstädter Maschinenbau
Herrn Schäfer
Personalabteilung
Mustergasse 17
.
99999 Musterstadt

.
.
.
.

Bewerbung um eine Ausbildungsstelle für den Beruf des Industriekaufmanns

.
.

Sehr geehrter Herr Schäfer,

.

nach Abschluss der Höheren Wirtschaftsschule in Musterstadt suche ich eine Ausbildungsstelle für den Beruf des Industriekaufmanns. Ich sende Ihnen meine Bewerbungsunterlagen mit der Bitte, mich bei der Besetzung von Ausbildungsstellen zu berücksichtigen.

Wie aus dem beiliegenden Abschlusszeugnis der Wirtschaftsschule ersichtlich ist, habe ich in allen Fächern gute Leistungen erzielt. In Abendlehrgängen am Fremdspracheninstitut ... konnte ich zudem meine englischen und französischen Sprachkenntnisse vertiefen.

Den Beruf des Industriekaufmanns strebe ich an, weil ich hier meine fremdsprachlichen und technischen Neigungen am erfolgreichsten verwerten könnte.

Ich wäre Ihnen dankbar, wenn Sie mir den Termin für eine persönliche Vorstellung mitteilten.

.

Mit freundlichen Grüßen

.

Unterschrift

.

Anlagen

Initiativbewerbung um einen Praktikumplatz als Industriemechaniker

Peter Mustermann
Musterstraße 12
99999 Musterdorf
Telefon (0 11 11) 12 34 56 Musterdorf, 02.11.2002

Musterstädter Maschinenbau
Herrn Muster
Personalabteilung
Mustergasse 17

99999 Musterstadt

Bewerbung um einen Praktikumplatz als Industriemechaniker (Betriebstechnik)

Sehr geehrter Herr Muster,

aus dem Lehrstellenmagazin der Realschule Wedemark habe ich erfahren, dass Sie für das kommende Frühjahr mehrere Praktikumplätze anbieten.

Hiermit bewerbe ich mich um den Praktikumsplatz eines Industriemechanikers Fachrichtung Betriebstechnik.

Zurzeit besuche ich die 9. Klasse der Realschule Wedemark. Im Unterricht und bei einem Besuch im BIZ (Berufsinformationszentrum) habe ich mich über den Beruf des Industriemechanikers informieren können und dabei festgestellt, dass mich die verlangten Tätigkeiten und Anforderungen interessieren. Ich würde daher gerne das Betriebspraktikum meiner Schule, das vom 26.02.2003 bis zum 10.03.2003 stattfindet, in Ihrem Betrieb absolvieren.

Über eine Zusage würde ich mich sehr freuen.

Mit freundlichen Grüßen

Unterschrift

Anlagen

Die Nachfrage

Werden Ihre Unterlagen schon innerhalb kurzer Zeit zurückgesandt, sind Sie nicht in den engeren Kreis der Bewerber gekommen. In diesem Fall müssen Sie natürlich keine Nachfrage starten. Anders sieht es jedoch aus, wenn Sie ein paar Wochen lang nichts hören. Dann sollten Sie »nachfassen« – das heißt Sie schreiben einen weiteren Brief mit der höflichen Bitte um Auskunft, wie es um Ihre Bewerbung steht. Vielleicht haben Sie Ihren Unterlagen ja auch Arbeitsproben beigelegt, die Sie anderweitig benötigen. In allen derartigen Fällen ist es empfehlenswert, noch einmal an die betreffende Firma zu schreiben: zum einen, um an die Bewerbung zu erinnern, zum anderen, um die Bewerbungsunterlagen zurückzufordern.

- Einen Zwischenbescheid oder eine einfache Bestätigung dafür, dass Ihre Bewerbung eingegangen ist, können Sie nach etwa ein bis zwei Wochen erwarten.
- Es kann von Nachteil sein, wenn Sie zu sehr drängen und nochmals bei der Firma anrufen. Behalten Sie die Nerven – mancher Entscheidungsprozess dauert (gerade bei einer großen Firma) etwas länger. Nach drei bis vier Wochen jedoch sollten Sie benachrichtigt werden. Und zu diesem Zeitpunkt ist auch eine telefonische Nachfrage in Ordnung.
- Haben Sie nach sechs Wochen noch keine Reaktion – und auch Ihre Unterlagen nicht zurück – sollten Sie in jedem Fall telefonisch oder auch schriftlich nachfassen.

Noch ein Hinweis: Gerade in Nachfassbriefen sollten Sie höflich bleiben – selbst wenn Sie über lange Wartezeiten verärgert sind.

Nachfassbrief

.
.
.
.
Peter Mustermann
Musterstraße 12
99999 Musterdorf
Telefon (0 11 11) 12 34 56 Musterdorf, 30.11.2002
.
.
.
.
Musterstädter Maschinenbau
Herrn Muster
Personalabteilung
Mustergasse 17
.
99999 Musterstadt
.
.
.
.
Ihre Anzeige im Musterstädter Tagblatt vom ...
.
.
Sehr geehrter Herr Muster,
.
am 2.11.2002 habe ich Ihnen meine Bewerbungsunterlagen zugesandt. Ich glaube sicher, gute Arbeit für Sie leisten zu können, da ich in einem ähnlichen Unternehmen eingeführt bin und die erforderlichen Kenntnisse habe.

Teilen Sie mir bitte mit, wann ich mich bei Ihnen vorstellen darf. Falls der ausgeschriebene Posten bereits besetzt ist, bitte ich um Rücksendung meiner Bewerbungsunterlagen.
.
Mit freundlichen Grüßen
.
Unterschrift

Nachfassbrief für künftige Stelle

.
.
.
.
Peter Mustermann
Musterstraße 12
99999 Musterdorf
Telefon (0 11 11) 12 34 56 Musterdorf, 30.11.2002
.
.
.
.
Musterstädter Maschinenbau
Herrn Muster
Personalabteilung
Mustergasse 17
.
99999 Musterstadt
.
.
.
.
Sehr geehrter Herr Muster,
.
auf meine Bewerbung vom 2. November 2002 erhielt ich von Ihnen leider eine abschlägige Antwort.

Ich freue mich jedoch, dass Sie mich für eine ähnliche Stelle vorgemerkt haben. Bitte geben Sie mir Gelegenheit, mich möglichst bald bei Ihnen vorzustellen.
.
Mit freundlichen Grüßen
.
Unterschrift

Checkliste: Wie Sie bei der Bewerbung vorgehen

- Reagieren Sie innerhalb von höchstens zehn Tagen auf eine Anzeige für ein Stellenangebot.
- Informieren Sie sich über die Firma, bei der Sie sich bewerben wollen.
- Wenn in der Anzeige eine Telefonnummer angegeben ist, rufen Sie an und klären Sie eventuell offene Fragen schon vorab. Unter Umständen erfahren Sie mehr über den angebotenen Job und wissen so gleich, ob er überhaupt für Sie in Frage kommt.
- Vorsicht: Dieses Telefonat kann schon wie ein erstes kurzes Bewerbungsgespräch sein. Bereiten Sie sich also gut vor: auf das erste Telefongespräch ebenso wie auf die schriftliche Bewerbung. Und natürlich auf das Vorstellungsgespräch.
- Wenn ein Dokument in Ihren Bewerbungsunterlagen fehlt, sollten Sie darauf hinweisen und mitteilen, dass Sie es möglichst schnell nachreichen.
- Selbstverständlich reichen Sie von Zeugnissen, Zertifikaten etc. niemals Originale, sondern Kopien ein.
- Initiativbewerbungen bieten sich an, wenn Sie an einer Firma interessiert sind und sich auch ohne Stellenausschreibung bewerben möchten.
- Initiativbewerbungen dürfen nicht »blind« sein: Gerade dann sollten Sie sich über das Unternehmen bestens informieren. Sie schreiben in diesem Fall nicht unbedingt an die Personalabteilung, sondern die entsprechende Fachabteilung. Weil Sie nicht genau wissen, welche Stelle eventuell zu besetzen ist, ist Ihre Bewerbung eher allgemein gehalten, sollte aber dennoch genau auf Ihre Qualifikationen und Fähigkeiten hinweisen.
- Einen Zwischenbescheid oder eine einfache Bestätigung dafür, dass Ihre Bewerbung eingegangen ist, können Sie nach etwa ein bis zwei Wochen erwarten.
- Es kann von Nachteil sein, wenn Sie zu sehr drängen und nochmals bei der Firma anrufen. Nach drei bis vier Wochen jedoch ist eine telefonische Nachfrage in Ordnung.

- Haben Sie nach sechs Wochen noch keine Reaktion, sollten Sie in jedem Fall telefonisch nachfassen. Aus rechtlicher Sicht sind Bewerbungsunterlagen Ihr Eigentum – der Empfänger muss sie nach Prüfung zurückgeben.

Immer noch ein Sonderfall: Bewerbung per E-Mail

Noch ungewohnt ist vielen die Bewerbung per E-Mail. Hier gelten ein wenig andere Regeln als beim normalen Bewerbungsbrief. In den kommenden Jahren wird die E-Mail-Bewerbung aber sicher nicht mehr ganz so unüblich sein, deswegen möchte ich kurz darauf eingehen.

Den Kontakt herstellen

Finden Sie im Vorfeld (telefonisch oder schriftlich) den genauen Ansprechpartner mit E-Mail-Adresse im Unternehmen heraus. Schicken Sie auf keinen Fall Ihre Bewerbung an eine E-Mail-Sammelstelle. Prüfen Sie auch durch genaues Lesen der Stellenanzeige oder durch kurze Nachfrage, welche Art von Bewerbung und welcher Umfang vom jeweiligen Unternehmen erwartet wird. Stellt das Unternehmen ein Bewerbungsformular ins Netz, so empfiehlt es sich, dieses zu nutzen. Ist das nicht der Fall, so können Sie eine Kurzbewerbung per E-Mail oder aber eine ausführliche Onlinebewerbung versenden.

Welcher Stil, welche Form?

Behandeln Sie eine Online-Bewerbung wie eine klassische schriftliche Bewerbung. Für eine Online-Bewerbung gelten die gleichen Anforderungen wie an einen normalen Geschäftsbrief.

- Achten Sie auf einen höflichen Umgangston.
- Formulieren Sie Ihre Sätze kurz und prägnant.
- Der in E-Mails sonst oft übliche lockere Umgangston oder auch so genannte Emoticons in Gestalt von Smilies etc. haben dort nichts zu suchen.
- Im Feld »Betreff« beziehungsweise »Subject«, aber auch im Bewerbungstext selbst sollte Ihr Name und die Position stehen, um die Sie sich bewerben.
- Anhand der Betreffzeile kann der Empfänger schnell selektieren, welche E-Mails wichtig für ihn sind. Hierhin gehört also ein kurzes Statement zum Anliegen der E-Mail. Außerdem sollten Sie versuchen, sich durch eine geschickt gewählte Betreffzeile von den anderen E-Mails im Posteingang abzuheben.
- Ihr Anliegen sollten Sie schnell auf den Punkt bringen. Hier können Sie etwas prägnanter vorgehen als bei normalen Briefen. Denn zu lange Texte liest man nicht gerne am Bildschirm.
- Achten Sie auf jeden Fall auf eine richtige Rechtschreibung (nach neuen oder alten Rechtschreiberegeln – keine Mischung der beiden!).
- Vergessen Sie nicht den Hinweise auf die Quelle der Stellenanzeige.
- Nennen Sie Ihre komplette Adresse und die E-Mail-Adresse, über die Sie kontaktiert werden möchten.
- Gewöhnlich können alle Unternehmen formatierte E-Mails verarbeiten (das heißt E-Mails, die von Programmen wie Outlook mit verschiedenen Schriftarten, Bildern, Fett-Schrift etc. versehen sind). Wer auf Nummer sicher gehen will, sollte E-Mails im Plaintext-Format verschicken.
- Auf Schnörkeleien und Hintergrundbilder sollten Sie verzichten.
- Sie beenden die Mail mit einer Formulierung wie »Ich darf mir sicher erlauben, diesbezüglich in den nächsten Tagen auf Sie zuzukommen« oder »In der Hoffnung auf eine gute Zusammenarbeit verbleibe ich mit freundlichen Grüßen«.

- Auf jeden Fall schließen Sie die Mail mit dem vollen Namen sowie eventuell benötigter Kontaktadresse (wie der eigenen E-Mail-Adresse, Telefonnummer).
- Versenden Sie Attachements (wie zum Beispiel Ihren Lebenslauf) nur in heute üblichen und lesbaren Formaten wie »txt«, »doc« beziehungsweise »rtf«. Achten Sie dabei auf die Größe der Datei.

Was ist bei Attachements zu beachten?

Bei einer Initiativbewerbung per E-Mail sollten Sie Dateianhänge möglichst vermeiden. Auch wenn Sie auf eine Anzeige antworten, schicken Sie nur dann Attachements mit, wenn Unterlagen wie der Lebenslauf als Dateianhang verlangt wurden. Das hat seinen guten Grund: Attachements werden von einigen Firmen aus Sicherheitsgründen überhaupt nicht geöffnet. Für alle angehängten Dateien gilt:

- Achten Sie auf die Dateigröße. Über 2 MB strapaziert die Geduld des Empfängers.
- Überprüfen Sie Ihre Dateien vor dem Versenden auf Viren.
- In Word-Dokumenten sollten Sie die Makros deaktivieren.
- Verwenden Sie gängige Formate: Microsoft-Formate wie .doc und Adobe Acrobat-Formate .pdf sind erlaubt.
- Verschicken Sie keine selbstausführenden .exe-Dateien: Sie werden in firmeninternen Netzen häufig herausgefiltert.

4. Kapitel

Schriftwechsel im Mietverhältnis und bei Nachbarschaftsstreitigkeiten

Unstimmigkeiten zwischen Mieter und Vermieter sind keine Seltenheit. Mit Friedlichkeit kommt man zwar stets weiter, dennoch sind gerade im Verhältnis Vermieter und Mieter klare Absprachen nötig. Und es ist in vielen Fällen besser, nicht nur Kündigungen oder Vertragsänderungen schriftlich festzuhalten. Deshalb hier einige Musterbriefe für Mieter und Vermieter.

Musterbriefe für Mieter

Selbstverständlich können Sie an Ihren Vermieter auch in ganz »normalem« Ton schreiben, wenn Sie sich gut verstehen und keine Formalien nötig sind. Bestimmte Schreiben jedoch – wie die Kündigung einer Wohnung, die Stellung eines Nachmieters und Ähnliches bedürfen einer bestimmten Form, an die Sie sich halten sollten. Es bleibt Ihnen natürlich unbenommen, das rein formale Schreiben mit ein paar persönlichen Zeilen aufzulockern oder auf einem Extrablatt ein paar individuelle Sätze hinzuzufügen.

Kündigung einer Wohnung (durch Mieter)

Sehr geehrte Damen und Herren,
hiermit kündige ich meinen Mietvertrag für die Wohnung in der Musterstraße 12, 99999 Musterdorf, Etage 3, Wohnungsnummer 1.
Laut Vertrag ist diese Kündigung mit einer Frist von drei Monaten verbunden, das Mietverhältnis endet also am ...
Als Termin für die Übergabe der Wohnung schlage ich Ihnen den ... vor. Für diesen Tag bitte ich auch um die Rückzahlung meiner Kaution.
Sollten Sie zur Weitervermietung die Wohnung besichtigen lassen, stimmen Sie bitte jeden Termin einzeln schriftlich oder telefonisch unter (0 11 11) 12 34 56 mit mir ab.
Mit freundlichen Grüßen
Max Muster

Stellen eines Nachmieters

Sehr geehrte Frau ...,
hiermit kündige(n) ich/wir das noch auf drei Jahre abgeschlossene Mietverhältnis zum nächstmöglichen Zeitpunkt, da ich, bedingt durch einen Arbeitsplatzwechsel, künftig mit meiner Familie in Hamburg-Poppenbüttel leben werde.
Nach der Rechtsprechung gilt aufgrund der vorliegenden triftigen Gründe die gesetzliche Kündigungsfrist, das sind in meinem/unserem Fall drei Monate zum ...
Folgende Nachmieter wären bereit, das Objekt zu den an mich/uns gestellten Bedingungen anzumieten:
1. Herr/Frau ...
2. Herr/Frau ...
3. Herr/Frau ...
Mit freundlichen Grüßen
Max Muster

Widerspruch gegen Kündigung (§ 556 a BGB)

Sehr geehrter Herr ...,
ich (wir) bestätigen den Zugang Ihrer Kündigung vom ...
Ich (wir) widerspreche(n) der Kündigung, weil sie für mich (uns) und meine (unsere) Familie eine nicht zu rechtfertigende Härte bedeuten würde.
Beispiele der Begründung:
1. Ich (wir) habe(n) nach Erhalt der Kündigung sofort versucht, eine neue Wohnung zu finden. Wir können Ihnen gerne im Fall eines Räumungsrechtsstreits die Adressen der Maklerfirmen benennen, die wir mit der Suche beauftragt haben. Sie kennen aber auch die Lage auf dem Wohnungsmarkt, sodass Sie Verständnis dafür haben werden, dass es uns einfach nicht gelungen ist, eine Wohnung zu finden.
2. Aufgrund folgender Erkrankung kann ich / können wir nicht ausziehen:....
3. Aufgrund meines hohen Alters von 88 Jahren ist mir, meiner Ehefrau, meinem Ehemann der Auszug unmöglich.
4. Unsere Kinder Maria und Manuel sind schulpflichtig. Während des Schuljahrs ist uns ein Auszug nicht möglich.
Aus diesem Grund verlange(n) ich (wir) die Fortsetzung des Mietverhältnisses.
Mit freundlichen Grüßen
Max Muster

Anfrage wegen Tierhaltung

Sehr geehrter Herr ...,
ich bin Mieter Ihrer Wohnung im ersten Obergeschoss rechts in der Musterstraße 12.
In unserem Mietvertrag ist geregelt, dass für eine Tierhaltung mit Ausnahme von Kleintieren die Zustimmung des Vermieters erforderlich ist. Ich würde mir gerne eine Katze anschaffen und bitte hierzu um Ihre Genehmigung.
Da sich die Katze nur in meiner Wohnung aufhalten wird, ist es ausgeschlossen, dass andere Mietparteien dadurch gestört werden können. Ich würde mich daher sehr freuen, wenn Sie die Genehmigung erteilen könnten.
Mit freundlichen Grüßen
Max Muster

Entschuldigung: Brief im Ärger abgeschickt (vom Mieter)

Sehr geehrter Herr Dr. Eckert,
seit vielen Jahren bin ich mit meiner Familie jetzt Mieter in Ihrem Hause. Und wir wohnen sehr gerne hier in der Adelmannstraße. Leider aber hat sich nun etwas ereignet, das es nötig macht, mich bei Ihnen »ganz offiziell« zu entschuldigen.
Letzten Dienstag erfuhr ich von unserem Hausmeister, dass Sie die Nebenkosten in unserer Miete um acht Euro erhöhen wollen, und zwar wegen gestiegener Müllabfuhrkosten. Ich habe mich bei der Gemeinde erkundigt und erfuhr, dass eine Erhöhung dieser Gebühren nicht geplant sei. Daraufhin habe ich Ihnen gestern einen im Ton sehr groben Brief geschrieben, in dem ich die Mieterhöhung ablehnte.
Heute erfahre ich nun, dass Sie – des Umweltschutzes wegen – für die Mietparteien in unserem Haus mehrere Müllcontainer angeschafft haben, damit der Müll künftig getrennt werden kann. Natürlich halten wir das für eine ganz tolle Sache und unterstützen Sie in diesem Bestreben voll und ganz. Und natürlich sind wir auch bereit, für die umweltgerechte Müllentsorgung höhere Nebenkosten zu bezahlen.
Ich hoffe nun sehr, dass Sie mein gestriges Schreiben nicht allzu verärgert hat. Ich möchte mich nicht nur für den Ton, sondern auch für den Inhalt bei Ihnen entschuldigen.
Können Sie meinen Brief nicht einfach in den Papierkorb werfen?
Ich fände es nämlich sehr bedauerlich, wenn durch mein dämliches Schreiben unser bisher so gutes Verhältnis Schaden nähme ...
Mit freundlichen Grüßen!
Ernst Heckel

Musterbriefe für Vermieter

Für Briefe des Vermieters an seine Mieter gilt das Gleiche: Um einen Sachverhalt klar darzustellen, bedarf es oft bestimmter Formen und Formulierungen. Nicht zuletzt deshalb, weil Sie als Vermieter ja auch Pflichten haben, die über die Instandhaltung der vermieteten Wohnung hinausgehen und die Sie unter Umständen im Mietvertrag an den Mieter weitergegeben haben. Prinzipiell sollten Sie sich natürlich bemühen – um eines guten Verhältnisses willen – im Ton nicht von vornherein hart und unpersönlich zu sein. Freundlichkeit muss ja nicht Nachgiebigkeit heißen. Auch hier gilt also: höflich und freundlich – aber klar und sachlich. Wer mit seinen Mietern einen guten Umgang pflegt, kann selbst eine Kündigung so aussprechen (oder mit ein paar persönlichen Zeilen ergänzen), dass es nicht nach »Rausschmiss« klingt, sondern die Begründung (zum Beispiel Eigenbedarf) einsichtig gemacht wird.

Abmahnung wegen Räum- und Streupflicht

Sehr geehrte Frau ...,
laut unserem Mietvertrag vom ... obliegt Ihnen die Räum- und Streupflicht auf dem Gehweg vor dem Haus. Ich musste nunmehr feststellen, dass Sie dieser Pflicht vom ... bis ... nicht nachgekommen sind. Ebenso am ... und ...
Als Vermieter habe ich diese Aufgabe auf Sie übertragen. Da mich eine Überwachungspflicht dahingehend trifft, dass das Räumen und Streuen von Ihrer Seite ordnungsgemäß durchgeführt wird, fordere ich Sie hiermit auf, beides künftig auszuführen.
Sollten Sie meiner Aufforderung nicht nachkommen, sehe ich mich gezwungen, auf Ihre Kosten ein Unternehmen damit zu beauftragen, die Arbeiten durchzuführen. Notfalls sehe ich mich außerdem gezwungen, Ihnen bei beharrlicher Weigerung Ihrerseits die Kündigung auszusprechen.
Bitte haben Sie Verständnis dafür, dass ich Sie sowohl zum Schutz der anderen Mitbewohner als auch zum Schutz der den Gehweg benutzenden Passanten auffordern muss, bei Schnee- und Eisglätte Ihrer Räum- und Streupflicht nachzugehen.
Ich möchte Sie darauf hinweisen, dass Sie sich für Sach- oder Körperschäden, die durch die Nichterfüllung Ihrer Pflicht entstehen, schadenersatzpflichtig machen. Dies wollen Sie doch sicherlich vermeiden.
Mit freundlichen Grüßen
Peter Mustermann

Abmahnung wegen nächtlicher Ruhestörung

Sehr geehrte Frau Unruh,
am Samstag, den ... haben Sie nachts gegen 23.00 Uhr begonnen, laut lärmend zu hämmern und zu poltern. Dies dauerte bis gegen 2.00 Uhr morgens an. Dann begannen Sie ganz offensichtlich, mit einer Bohrmaschine Löcher in die Wand zu bohren. Von dem Lärm wurden alle Bewohner des Hauses aufgeweckt. Die anderen Mitmieter haben sich deshalb bereits bei uns beschwert.
Obwohl wir Sie noch am selben Abend aufgefordert haben, den Lärm einzustellen, herrschte erst nach 2.30 Uhr morgens wieder Ruhe.
Wir machen Sie darauf aufmerksam, dass Sie verpflichtet sind, auf die anderen Mitbewohner im Hause Rücksicht zu nehmen und insbesondere die Nachtruhe nicht durch Lärm zu stören. Weitere derartige Vertragsverletzungen werden wir auch im Interesse der anderen Hausbewohner nicht dulden und dann das Mietverhältnis mit Ihnen beenden. Wir hoffen jedoch, dass dies nicht notwendig sein wird.
Mit freundlichen Grüßen
Helga und Peter Mustermann

Erlaubnis zur Untervermietung

Sehr geehrter Herr ...,
mit Schreiben vom ... haben Sie mir mitgeteilt, dass Sie einen Raum Ihrer Wohnung sowie den Autostellplatz im Hof untervermieten möchten.
Aufgrund der in Ihrem oben genannten Schreiben aufgeführten Gründe stimme ich einer Untervermietung unter folgenden Bedingungen zu:
1. Die Erlaubnis gilt nur für die in Ihrem Schreiben genannte Person Herrn/Frau ... und nur für einen Raum und den Stellplatz. Sie kann widerrufen werden, wenn es zu einer Störung des Hausfriedens kommt.
2. Aufgrund der von Ihnen angegebenen Gründe wird die Erlaubnis befristet bis zum ...
3. Sie verpflichten sich, keine höhere Miete pro qm zu verlangen, als Sie selbst an mich zahlen.
4. Für die Dauer der Untervermietung wird ein Untermietzuschlag in Höhe von ... Euro vereinbart.
5. Sie verpflichten sich, das Untermietverhältnis spätestens zum Ablauf der Befristung zu beenden. Sollte das Untermietverhältnis zu

einem früheren Zeitpunkt bereits beendet werden, ist eine erneute Zustimmung meinerseits zu einer weiteren Untervermietung notwendig.
Zum Zweck Ihres Einverständnisses bitte ich um Gegenzeichnung und Rückgabe der beigefügten Mehrfertigung dieses Schreibens bis zum ...
Sollte mir bis zu dem vorgenannten Zeitpunkt Ihr Einverständnis nicht vorliegen, bitte ich Sie, das Untermietverhältnis innerhalb von weiteren vier Wochen zu beenden.
Mit freundlichen Grüßen
Peter Mustermann

Keine Erlaubnis zur Untervermietung

Sehr geehrte Frau ...,
mit Schreiben vom ... haben Sie mir mitgeteilt, dass Sie einige Räume Ihrer Wohnung untervermieten möchten.
Hierzu möchte ich Ihnen mitteilen, dass ich die von Ihnen hierzu erbetene Zustimmung nicht erteilen kann.
Nach § 553 Abs. 2 BGB neu bin ich aus den dort genannten Gründen berechtigt, mein Einverständnis zur Untervermietung zu verweigern.
Hierauf berufe ich mich wie folgt:
Beispiele für Begründungen
1. Der von Ihnen vorgetragene Bedarf zur Untervermietung bestand bereits bei Abschluss des Mietvertrags. Nur bei einem nachträglich entstandenen Interesse bin ich gesetzlich verpflichtet, der von Ihnen erbetenen Untervermietung zuzustimmen.
2. Im Gegensatz zu den von Ihnen gemachten Angaben halte ich den vorgeschlagenen Untermieter nicht für zuverlässig. Meines Wissens nach wurde ihm sein bisheriges Mietverhältnis wegen wiederholter erheblicher Störungen des Hausfriedens fristlos gekündigt. Deshalb besteht die Besorgnis meinerseits, dass er dieses Verhalten auch künftig fortsetzen wird.
3. Sie haben mich bisher nicht davon in Kenntnis gesetzt, welche Person Sie konkret als Ihren Untermieter vorgesehen haben. Ich bitte Sie um Verständnis dafür, dass ich eine generelle, nicht personenbezogene Zustimmung zur teilweisen Untervermietung nicht erteilen werde. Ausdrücklich und von vornherein ausschließen möchte ich damit jedoch nicht meine grundsätzliche Zustimmung zu einer von Ihnen gewünschten Untervermietung.
Mit freundlichen Grüßen
Peter Mustermann

Abmahnung wegen teilweiser Untervermietung

Sehr geehrter Herr ...,
mit Mietvertrag vom ... habe ich Ihnen meine Wohnung zur alleinigen Nutzung durch Sie selbst vermietet. Nunmehr haben mir sowohl der Hausmeister als auch Mitbewohner des Hauses mitgeteilt, dass Sie einen Teil Ihrer Mieträume weitervermietet haben. Leider geschah diese Weitervermietung ohne mein Wissen und mein Einverständnis.
Ich darf Sie darauf hinweisen, dass diese Untervermietung einen groben Verstoß gegen Ihre mietvertraglichen Pflichten darstellt und nicht zulässig ist. Ich bin auch nicht bereit, dieser Untervermietung im Nachhinein zuzustimmen.
Es ist darüber hinaus auch nicht erkennbar, dass Sie gem. § 553 Abs. 2 BGB neu ein berechtigtes Interesse daran haben, einen Teil Ihrer Wohnung weiterzuvermieten. Sofern Sie wider Erwarten besondere Gründe für die Untervermietung anführen können, bitte ich Sie, mir diese unverzüglich mitzuteilen.
Bei der gegebenen Sachlage muss ich Sie deshalb auffordern, unverzüglich, spätestens jedoch bis zum ..., die unerlaubte und grob vertragswidrige Untervermietung zu beenden.
Ich darf Ihnen bereits jetzt ankündigen, dass ich mich nach Ablauf der vorgenannten Frist vergewissern werde, ob Sie meiner Aufforderung nachgekommen sind.
Sollten Sie die vertragswidrige Untervermietung innerhalb der gesetzten Frist nicht beenden, würde ich mich zu meinem Bedauern leider gezwungen sehen, Ihnen das Mietverhältnis wegen unbefugter Gebrauchsüberlassung der Mietsache an Dritte gem. § 543 Abs. 2 Satz 1 Nr. 2 BGB neu fristlos zu kündigen.
Mit freundlichen Grüßen
Peter Mustermann

Mieterhöhung einer Wohnung samt Garage

Sehr geehrte Frau ...,
der Mietzins für die von Ihnen angemietete Wohnung ist seit mehr als drei Jahren unverändert. Die derzeitige Nettomiete beträgt monatlich ... Euro. Dies entspricht bei ... qm Wohnfläche einem Mietzins von ... Euro je qm. Dieser Mietzins entspricht nicht mehr dem Entgelt, das in unserer Gemeinde oder vergleichbaren Orten für nicht

preisgebundenen Wohnraum vergleichbarer Art, Größe, Ausstattung, Beschaffenheit und Lage gezahlt wird (§ 558 Abs. 2 BGB).
Die ortsübliche Vergleichsmiete für Ihre Wohnung beträgt derzeit ... Euro je qm. Zur Begründung der geltend gemachten Vergleichsmiete berufe ich mich auf:
Beispiele für Begründungen
1. den neuesten Mietspiegel der Stadt/Gemeinde ... Die Einordnung Ihrer Wohnung innerhalb des Mietspiegels entnehmen Sie bitte dem beigefügten Berechnungsschema beziehungsweise den nachfolgenden Angaben.
2. den Auszug der Mietdatenbank der Stadt ... beziehungsweise der Interessenvertretung der ... vom ... Danach beträgt die ortsübliche Vergleichsmiete für ähnlich ausgestattete ... Zimmer-Wohnungen ... Euro/qm.
3. das beigefügte Gutachten des Sachverständigen ... vom ...
4. die nachfolgend angegebenen Vergleichswohnungen:
- *Wohnung 1: Ort, Straße, Stockwerk, Mieter, Baujahr, Wohnfläche in qm, Zimmeranzahl, Grundausstattung, Nettomiete in Euro/qm, gezahlt seit ...*
- *Wohnung 2: Ort, Straße, Stockwerk, Mieter, Baujahr, Wohnfläche in qm, Zimmeranzahl, Grundausstattung, Nettomiete in Euro/qm, gezahlt seit ...*
- *Wohnung 3: Ort, Straße, Stockwerk, Mieter, Baujahr, Wohnfläche in qm, Zimmeranzahl, Grundausstattung, Nettomiete in Euro/qm, gezahlt seit ...*

Die Vergleichswohnungen haben im Wesentlichen die gleiche beziehungsweise eine vergleichbare Grundausstattung (Bad, Heizung, usw.) wie Ihre Wohnung, so weit im Einzelnen nichts vermerkt ist.
Gemäß § 558 b BGB bitte ich um Ihre Zustimmung zur Erhöhung der Nettomiete auf ... Euro, dies entspricht dann einem neuen qm-Preis von ... Euro.
Auch die derzeit von Ihnen gezahlte Miete in Höhe von ... Euro für die/den mitvermietete(n) Garage/Stellplatz ist seit mehr als drei Jahren unverändert und entspricht nicht mehr der ortsüblichen Miete. Diese beträgt für eine(n) vergleichbare(n) Garage/Stellplatz ... Euro. Zur Überprüfung nenne ich Ihnen nachfolgend drei Vergleichsobjekte solcher Garagen/Stellplätze:
1. ....
2. ....
3. ....

Ich bitte Sie deshalb um Ihre Zustimmung zur Erhöhung der Garagenmiete/Stellplatzmiete auf ... Euro.
Die neue Gesamtmiete ist ab Beginn des dritten Kalendermonats, der auf den Zugang dieses Erhöhungsverlangens folgt, also ab dem 30.09.2002, zu zahlen (§ 558 b Abs. 1 BGB).
Ihr neuer Gesamtmietzins beträgt demnach ab dem ... wie folgt:

Kaltmiete	... Euro
Betriebskostenvorauszahlung	... Euro
Garagen-/Stellplatzmiete	... Euro
Gesamtmiete	... Euro

Ich bitte Sie, der Anhebung des Mietzinses durch Rückgabe des unterzeichneten Doppels des Briefs bis spätestens zum ... zuzustimmen. Ihre Zustimmung muss bis zum Ablauf des zweiten Monats, der auf den Zugang des Mieterhöhungsverlangens folgt, bei mir eingegangen sein.
Sollte Ihre Zustimmung nicht innerhalb dieser Frist erfolgen, so würde ich mich zu meinem Bedauern gezwungen sehen, bis zum Ablauf von weiteren drei Monaten Klage auf Zustimmung gegen Sie zu erheben.
Ich hoffe jedoch, dass dieser Schritt nicht notwendig sein wird und verbleibe
mit freundlichen Grüßen
Peter Mustermann

Beseitigung von Einrichtungen und Einbauten

Sehr geehrte Frau ...,
nach Beendigung unseres Mietvertrags über die in der Musterstraße 12 gelegene Wohnung sind Sie verpflichtet, die von Ihnen vorgenommenen Einrichtungen/Einbauten zu entfernen und den anfänglichen Zustand wiederherzustellen. An einer Übernahme Ihrer Einrichtungen/Einbauten bin ich nicht interessiert.
Eine Pflicht hierzu besteht weder aufgrund unseres Mietvertrags noch aufgrund gesetzlicher Bestimmungen.
Ich fordere Sie deshalb auf, bis spätestens ... folgende Einrichtungen/Einbauten unter Wiederherstellung des ursprünglichen Zustands fortzunehmen:
Hier alle zu entfernenden Gegenstände aufzählen (zum Beispiel Teppichboden im Kinderzimmer, Wandverkleidung im Esszimmer, abgehängte Decke im Wohnzimmer).

Kommen Sie nicht innerhalb der oben genannten Frist Ihrer Verpflichtung nach, lehne ich weitere Leistungen durch Sie ab. Arbeiten, die für die Entfernung der Einbauten und für die Wiederherstellung notwendig sind, werde ich dann auf Ihre Kosten durchführen lassen. Die zu entfernenden Gegenstände werde ich bis auf weiteres einlagern. Die dafür entstehenden Einlagerungskosten gehen ebenfalls zu Ihren Lasten.
Mit freundlichen Grüßen
Peter Mustermann

Kündigung wegen Tod des Mieters (Eigenbedarf)

Sehr geehrter Herr ...,
hiermit kündige ich den zwischen uns/mir und Ihnen bestehenden Mietvertrag über die Wohnung Musterstraße 12 gemäß unserem Mietvertrag vom ... zum ... oder hilfsweise zum nächstmöglichen Zeitpunkt.
Der Mietvertrag war mit dem Mieter Herrn/Frau ... geschlossen.
Sie sind der Erbe des/der Verstorbenen. Nach § 569 BGB bin ich berechtigt, den Mietvertrag zu obigem Termin zu kündigen. Dieses Recht mache ich mir hiermit zunutze.
Nach § 564 b BGB bin ich als Wohnraum-Vermieter bei Vorliegen eines berechtigten Interesses befugt, den bestehenden Mietvertrag zu kündigen. Als berechtigtes Vermieterinteresse ist anerkannt, die Räume als eigene Wohnung oder für zu seinem Hausstand gehörende Personen oder Familienangehörige zu nutzen (Eigenbedarf). Aber auch dann, wenn der Vermieter bei Fortsetzung des Mietverhältnisses an einer wirtschaftlichen Verwertung des Mietobjekts gehindert wird und er dadurch erhebliche Nachteile erleidet.
Betreffend den von Ihnen bewohnten Räumen berufe ich mich auf den Kündigungsgrund wegen Eigenbedarf. Zum Beweis meines berechtigten Interesses setze ich Sie über folgenden Sachverhalt in Kenntnis: Meine Frau und ich leben zur Zeit selbst in einer Mietwohnung in der Modellstraße in ... Diese ist zwar ausreichend groß und besitzt im Übrigen eine gute Ausstattung. Ich fühle mich jedoch auch deshalb in der Wohnung nicht mehr so wohl, weil mein Vermieter in regelmäßigen Abständen um meine Zustimmung zur Mieterhöhung bittet. Weil ich außerdem befürchten muss, dass seine Tochter mit ihrer Familie in die von mir genutzte Wohnung einziehen

will, ist mir dieser ungewisse Zustand nicht weiter recht. Ich habe die von Ihnen bewohnte Wohnung damals in der festen Absicht gekauft, sie selbst zu beziehen, weil ich nicht weiter in Miete wohnen will, sondern selbst in meinen eigenen vier Wänden leben möchte.
Rein vorsorglich widerspreche ich bereits jetzt der Fortsetzung des Mietgebrauchs nach § 568 BGB. Entsprechend meiner gesetzlichen Pflicht weise ich Sie auf Ihr Widerspruchsrecht nach § 556 a BGB hin. Danach können Sie dieser Kündigung widersprechen und verlangen, dass das Mietverhältnis fortgesetzt wird, wenn die Beendigung des Mietvertrags für Sie oder Ihre Familie eine Härte bedeuten würde, die auch unter Würdigung meiner berechtigten Vermieterinteressen nicht zu rechtfertigen ist. Ihr Widerspruch muss mir bis spätestens zwei Monate vor Ende der Mietzeit zugegangen sein. Ihren Widerspruch sollten Sie begründen.
Mit freundlichen Grüßen
Peter Mustermann

Keine Erlaubnis zur Tierhaltung (Hund)

Sehr geehrte Frau …,
nachdem ich alle Aspekte abgewogen und insbesondere auch die Interessen der Mitbewohner des Hauses berücksichtigt habe, kann ich Ihnen leider nicht erlauben, das gewünschte Tier in den Mieträumen zu halten.
Zum einen gehört die Tierhaltung meines Erachtens nicht mehr zum vertragsgemäßen Gebrauch der Mietsache. Zum anderen beruht meine Ablehnung auf folgenden Überlegungen:
Erfahrungsgemäß sind beachtliche Störungen bei der Hundehaltung in einer Wohnanlage nicht auszuschließen. Es besteht zum Beispiel die Möglichkeit, dass Mitbewohner durch wiederholtes Bellen gestört werden. Auch besteht die Gefahr, dass hauseigene Grünanlagen verunreinigt werden. Da diese auch von Kindern zum Spielen benutzt werden, muss wegen der Gesundheitsgefahr sichergestellt werden, dass sie nicht durch Hundekot verschmutzt werden.
Da ich auch zu einer Gleichbehandlung aller Mieter verpflichtet bin, kann ich bedauerlicherweise Ihnen gegenüber keine Ausnahme machen.
(Bei Bullterriern zum Beispiel können Sie darauf verweisen, dass diese häufig Menschen anfallen und verletzen. Auch wenn die Halter versichern, dass sich gerade der von Ihnen ausgesuchte Hund nicht

aggressiv verhält, die Eigenschaften dieser Hunderasse allein stellen schon eine potenzielle Gefahr für die Mitbewohner des Hauses dar.)
Demgegenüber sind die von Ihnen vorgetragenen Gründe für die Hundehaltung nicht so gewichtig, dass Sie gegenüber den bereits geschilderten Gefahren überwiegen.
Mit freundlichen Grüßen
Peter Mustermann

Musterbriefe zum Ärger mit den Nachbarn

»Es kann der Frömmste nicht in Frieden bleiben, wenn es dem bösen Nachbar nicht gefällt«, wusste schon Schiller in seinem »Wilhelm Tell«. Kein Wunder also, dass Streitigkeiten zwischen Nachbarn gang und gäbe sind. Deutsche Gerichte sind mit dem »Krieg über den Gartenzaun« überlastet. Gerade im Umgang miteinander gilt: Der Ton macht die Musik. Deshalb sollten Sie bei diesen Briefen sachlich, aber dennoch freundlich argumentieren.

Laute Party (sachlich)

Sehr geehrte Familie Mustermann,
gestern Abend wurde in Ihrer Wohnung (Haus/Garten) eine Party gefeiert, die sich ziemlich fröhlich und ausgelassen entwickelt hat, was wir Ihnen und Ihren Bekannten auch von Herzen gegönnt haben.
Leider war uns aber nicht so fröhlich zumute, weil sich die Party bis 3.00 Uhr nachts hinzog und wir (und sicherlich auch andere Nachbarn) um die Nachtruhe gebracht wurden. Genauso, wie Sie es sicherlich verdient haben, ab und zu mal so richtig fröhlich zu sein, haben wir es verdient, nachts nicht gestört zu werden. Wir sind sicher, dass Sie heute, wenn das große Aufräumen beginnt, genauso darüber denken wie wir. Wir haben darauf verzichtet, nach 22.00 Uhr die Polizei zu rufen und sozusagen von Amts wegen eine Herabsetzung der Lautstärke zu bewirken. In der Regel regt das die Gemüter unnötig auf und beeinträchtigt auch das bisher gute Klima in unserer Nachbarschaft.

Wir führen keine Strichlisten über Partys und Feste in unserer Nachbarschaft, aber in unserer Erinnerung war es schon die zweite oder dritte Veranstaltung innerhalb kurzer Zeit, bei der es hoch herging. Bitte nehmen Sie das nächste Mal etwas mehr Rücksicht.
Mit freundlichem Gruß
Familie Muster

Störung durch Musikübungen

Sehr geehrte Familie Mustermann,
ich freue mich, in meiner unmittelbaren Nachbarschaft Menschen zu haben, die Musik nicht nur lieben, sondern diese auch ausüben. Nun gehört zum Ausüben natürlich das Üben. Das gilt für Sie ebenso wie für einen Solisten internationaler Reputation.
Und dadurch entsteht leider ein Problem, das ich mit Ihnen offen und freundschaftlich diskutieren möchte. Was für Sie wichtig ist, kann sich für Ihre Nachbarn zu einer wahren Qual entwickeln. Nur zu leicht entstehen aus musikalischen Dissonanzen dann auch solche im zwischenmenschlichen Bereich.
Ich habe deshalb die Bitte, dass Sie Ihr Übungszimmer schallisolieren, wie das etwa in einem Tonstudio üblich ist, wenn man vermeiden will, dass Außengeräusche eindringen. Auch der Einbau eines Schallschluckfensters wäre ratsam. Das alles kostet sicherlich Geld, aber es ist eine Investition in die gutnachbarliche Harmonie.
Wenn Sie darüber hinaus auch die Übungen zeitlich auf maximal zwei Stunden begrenzen und bis abends 18.00 Uhr beendet haben könnten, wäre ich Ihnen sehr verbunden. Als Musiker(in) wissen Sie, wie wichtig die Harmonie ist. Ohne solche gibt es keinen Wohlklang im Orchester und in den zwischenmenschlichen Beziehungen nur Misstöne.
Mit freundlichem Gruß
Ihr Max Muster

Störung durch nächtliches Baden

Sehr geehrter Herr Mustermann,
Sie baden gern und viel, was Ihnen von Herzen gegönnt ist. Leider sind die Wände zwischen unseren Wohnungen (Häusern) schlecht isoliert, sodass das Geräusch des Wassers, wenn es durch die Rohre und in Ihre Wanne/Dusche läuft, doch sehr stört. Tagsüber sicherlich nicht, aber nachts sehr wohl. Jedenfalls bin ich wiederholt nachts

davon wachgeworden. Selbstverständlich haben wir nichts dagegen, wenn dies nur hin und wieder passiert. Aber bei Ihnen scheint es zur Regel geworden zu sein – und dies ohne Not, denn meines Wissens arbeiten Sie nicht im Schichtdienst oder kommen erst spät abends von der Arbeit oder vom Sport nach Hause.
Darf ich Sie höflichst bitten, nicht zwischen 22.00 Uhr und 6.00 Uhr zu baden? Ich glaube, dass Sie dieser kleine Wunsch nicht vor Probleme stellt. Jedenfalls würden ich und andere Nachbarn dann nicht mehr um die Nachtruhe gebracht werden, wobei ich gern einräume, dass Ihnen die Geräuschbelästigung vielleicht bisher gar nicht bewusst war.
Wir danken Ihnen für Ihr Verständnis und sind
mit freundlichem Gruß
Ihre Familie Muster

Störung durch lautstarke Streitereien

Sehr geehrte Frau Nachbarin,
sehr geehrter Herr Nachbar,
das Zusammenleben in einer Ehe (eheähnlichen Gemeinschaft) ist, das weiß fast jedermann aus eigener Erfahrung, sicherlich nicht immer einfach. Viele Dinge führen zu Stress und häufig sind es die berühmten Kleinigkeiten, die – im ungünstigsten Augenblick – die Emotionen hoch schlagen lassen.
Jeder hat deshalb dafür Verständnis, wenn es hin und wieder einmal hoch hergeht, laute Worte fallen oder Porzellan zerdeppert wird. Fast möchte man das Bibelwort ummünzen: »Wer von euch ohne Fehl und Tadel ist, der werfe den ersten Teller!«
Doch bei allem Verständnis: In der letzten Zeit wurde es denn doch etwas zu viel der Streitigkeiten, jedenfalls hat uns die Lautstärke und die Intensität der Streitereien erschreckt und gestört. Mit »uns« meine ich nicht nur mich und meine Familie, sondern auch andere Nachbarn. In zwei Fällen sind unsere Kinder erschreckt aufgewacht. Das muss ja nicht sein, da geben Sie uns sicher Recht.
Bitte versuchen Sie, Ihre Zwistigkeiten weniger lautstark auszutragen oder andere Konsequenzen aus einem Zusammenleben zu ziehen, das – wie wir ja nun oft genug wohl oder übel mitbekommen haben – offenbar nicht mehr so richtig funktioniert.
Mit freundlichem Gruß
Max Muster

Störung durch lauten Rasenmäher

Liebe Familie Mustermann,
auch wir schätzen einen schönen, sattgrünen Rasen und auch wir wissen, welche Arbeit es ist, diesen in Schuss zu halten.
Wir wären Ihnen aber sehr verbunden, wenn Sie das Mähen mit Ihrem Motor-Rasenmäher über die Mittagszeit, also zwischen 13.00 und 15.00 Uhr sowie nach 20.00 Uhr unterlassen könnten.
Wir wissen, dass die Gemeinden und Städte (zum Teil unterschiedliche) Satzungen erlassen haben, in welcher Zeit und mit welcher Phonstärke ein Rasen gemäht werden darf. Sie werden uns sicherlich zustimmen, dass derartige ordnungsbehördliche Verfügungen typisch deutsch sind und an sich überflüssig sein sollten, wenn sich jedermann ein wenig an die Regel hält, solche Geräusche nicht gerade mittags und abends zu verursachen.
Wir nehmen an, dass Sie nicht böswillig Ihren Rasen gerade dann mähen, wenn Ihre Nachbarn sich ausruhen oder den Feierabend genießen wollen. Dieser Brief ist deshalb auch nicht in böswilliger Absicht geschrieben worden, sondern nur, um Ihr Verständnis zu wecken.
Mit freundlichem Gruß
Familie Max Muster

Störung durch knallendes Garagentor

Sehr geehrter Herr Mustermann,
wir wären Ihnen sehr verbunden, wenn Sie generell das Garagentor nicht zuknallen, sondern so leise wie möglich schließen. Wir schrecken jedes Mal zusammen und nachts (oder am frühen Morgen) werden wir aus dem Schlaf gerissen.
Wir nehmen an, dass Sie keineswegs die Absicht haben, uns und andere Nachbarn zu ärgern, sondern dass das Zuknallen einfach aus Gewohnheit geschieht oder Sie nicht darüber nachdenken, wer durch dieses blecherne Geräusch gestört werden könnte. Deshalb schreiben wir Ihnen ja.
Wir sind gerne bereit, mit Ihnen darüber nachzudenken, wie der »Knalleffekt« gedämpft werden kann. In der Regel genügt es, den Schwung abzubremsen, bevor das Tor einrastet und dieses Einrasten durch Druck der Schulter oder der Knie herbeizuführen. Hilfreich kann auch sein (– insbesondere bei elektrischen Garagenöffnern –),

wenn in die Metallzarge des Torrahmens ein Gummi-, Schaumstoff- oder Textilband eingeklebt wird, das eine gewisse Pufferwirkung hervorruft.
Jedenfalls bedanken wir uns schon im Voraus, dass Sie unsere Anregungen positiv aufnehmen werden, und wünschen uns weiterhin eine angenehme Nachbarschaft.
Mit freundlichem Gruß
Familie Muster

Ständige Geruchsbelästigung (durch Grillen)

Sehr geehrte Familie Mustermann,
wahrscheinlich ist es Ihnen gar nicht bewusst, dass Ihr Grillvergnügen für uns als Ihre nächsten Nachbarn eine ziemliche Belästigung darstellt. Das ist einfach erklärt: Sie sitzen neben dem Grill, aber natürlich nicht in Windrichtung, denn dann würden Sie ja eingeräuchert. Der Wind trägt den Rauch und den Geruch aber auf unser Grundstück (auf unseren Balkon). Das macht einem fünf oder zehn Minuten vielleicht nicht viel aus, aber wenn solch ein Grillvorgang eine Stunde oder länger dauert, dann wird einem doch der Aufenthalt im eigenen Garten (auf dem eigenen Balkon) vergällt. Hätten Sie es gerne, wenn wir als Ihre Nachbarn Sie einräuchern und Holzkohlepartikel zu Ihnen herüberblasen würden? Sicherlich nicht.
Deshalb möchten wir Sie in aller Freundschaft bitten, Ihren Grill so aufzustellen, dass die Schwaden nicht zu uns herüberwehen. Sollte der Wind Ihnen und uns nicht den Gefallen tun, dann ist es sicherlich nicht tragisch, auch einmal auf das Grillen im Freien zu verzichten und Wurst und Kotelett in der Küche zuzubereiten.
Wir danken für Ihr Verständnis und sind
mit freundlichem Gruß
Ihre Familie Muster

Bäume/Sträucher vom Nachbarn wachsen auf das eigene Grundstück

Sehr geehrte Familie Mustermann,
Sie sind wie wir Gartenliebhaber und freuen sich wie wir über alles, was wächst und grünt. Allerdings unsererseits mit der Einschränkung, dass sich der ...-Baum auf Ihrem Grundstück (die ...-Hecke an der Grenze zu unserem Grundstück) inzwischen so ausgebreitet hat, dass

- im Herbst das Laub auf unser Grundstück fällt,
- bei uns auf vielen Quadratmetern nichts mehr wächst, weil die Wurzeln meterweit zu uns herüberwachsen,
- uns auf unserer Terrasse (in Teilen unseres Gartens) das Sonnenlicht weggenommen wird.

Wir möchten ungern die gute Nachbarschaft stören, indem wir die herübergewachsenen Wurzeln Ihrer Hecke (Ihres Baumes) abstechen und die Äste einfach absägen und auf Ihrem Grundstück ablegen.
Deshalb schlagen wir vor, dass wir die Sache vernünftig angehen und gemeinsam überlegen, wie wir unsere beiderseitigen Interessen unter einen Hut bringen können. Eine denkbare Lösung wäre, dass Sie

- die Hecke zweimal jährlich schneiden auf eine Maximalhöhe von 1,60 m,
- den ...-Baum kräftig zurückschneiden (den Baum fällen und stattdessen einen nur mittelhoch wachsenden Obstbaum pflanzen).

Bitte geben Sie uns in den nächsten Tagen Nachricht.
Mit freundlichem Gruß
Familie Max Muster

Klatsch und Tratsch

(Wenn Sie einen Nachbarn anschreiben und konkret behaupten, dieser Nachbar habe dieses oder jenes über Sie verbreitet, dann müssen Sie auch Zeugen benennen, die zu ihrer Aussage stehen.)

Sehr geehrte Frau Mustermann,
unsere gemeinsame Nachbarin, Frau Müller und auch Frau Meier aus der Fleischerei Musterle, überbrachten mir die Nachricht, dass mein Mann eine Freundin in Düsseldorf haben soll (dass meine Tochter schon zum zweiten Mal sitzen geblieben sei, dass es »neulich« auf einer Party bei uns eine Schlägerei gegeben habe ...)
Als Überbringerin dieser und ähnlicher Nachrichten wurden Sie benannt.
Erstens sind diese Aussagen Unsinn. Zweitens geht es Sie selbst dann nichts an, wenn sie richtig sein sollten. Und drittens müssen Sie sich davor hüten, wegen übler Nachrede belangt zu werden. Das Zusammenleben mit Nachbarn verläuft besser, wenn sich jeder um seine eigenen Angelegenheiten kümmert. Bitte halten Sie sich daran.
Mit freundlichem Gruß
Anna Muster

Beobachtung durch den Nachbarn

Sehr geehrte Frau Mustermann,
aufmerksame Nachbarn sind wichtig, denn sie bemerken oft, dass sich finstere Gestalten in der Gegend herumtreiben oder dass irgendwo ein Feuer ausgebrochen ist. Die Frage ist nur, wann die Aufmerksamkeit in Neugierde umschlägt.
Jedenfalls haben wir den Eindruck, dass unsere Familie unter Ihrer genauen Sichtkontrolle steht. Sie schauen uns aus dem Fenster (hinter den Gardinen) zu, wenn wir uns im Garten aufhalten,
Sie blicken uns nach, wenn wir aus dem Haus gehen, Sie machen sich am Zaun zu schaffen, wenn wir uns sonnen (im Garten Kaffee trinken).
Wir meinen aber, dass Sie wichtigere Dinge zu tun haben sollten, als uns Ihre konzentrierte Aufmerksamkeit zu widmen. Bitte halten Sie sich etwas mehr zurück – es dient dem nachbarlichen Frieden.
In diesem Sinne grüßt Sie
Familie Muster

TEIL 2

PRIVATE BRIEFE

5. Kapitel

Kondolenzbriefe

Der französische Philosoph Alain hat einmal gesagt: »Ein je ausgefüllteres Leben man führt, desto weniger fürchtet man, es zu verlieren.« Das mag zwar für den Einzelnen stimmen, dennoch ist der Tod vor allem für die Hinterbliebenen ein Schock, der eine Art seelischen Ausnahmezustand mit sich bringt. Selbst wenn ein Kranker nach langem Leiden erlöst wird, ist dies für die Familie, die Freunde nur schwer zu begreifen.

Aus Erfahrung weiß jeder: Trauer ist ein Gemütszustand, der den Trauernden besonders verletzlich macht. Feinfühligkeit und Fingerspitzengefühl sind nötig, um Schmerz nicht zu vergrößern, sondern Trost zu spenden. Stehen Sie einem Trauernden gegenüber, so tun Sie gut daran, gewisse Verhaltensmaßregeln zu beachten, die in unserer Kultur und in unserer Zeit üblich sind. So ist es zum Beispiel eine Selbstverständlichkeit, ein Begräbnis in dunkler Kleidung zu besuchen. Denn Schwarz ist in unserer westlichen Welt das Symbol der Trauer. Diese Farbenwahl geht noch zurück auf die Antike: Schon die alten Griechen und Römer trugen zum Zeichen ihrer Trauer schwarze Kleidung. In einigen anderen Kulturen gelten andere Regeln: So war im alten Ägypten Gelb die Trauerfarbe, und in China und Japan trägt man bei einem Todesfall Weiß und Hellgrau.

Während wir heute unsere Trauer kaum mehr mit überlieferten Trauerfristen verbinden – Trauer orientiert sich ja auch nicht an Äußerlichkeiten, sie hängt von der inneren Einstellung ab – gelten für die Kondolenz doch noch gewisse Regeln, die schon aus Höflichkeit beachtet werden sollten. Für die trauernde Familie gewinnen Dinge an Bedeutung, die in den Augen Außenstehender eher belanglos sind. Sie sollten darauf Rücksicht nehmen. Sicher wollen Sie niemanden bewusst verletzen. Deshalb halten Sie sich am besten daran:

- Schicken Sie Ihren Kondolenzbrief nach dem Erhalt der Todesnachricht so schnell wie möglich. Länger als eine Woche sollten Sie nicht verstreichen lassen. Die einzige Ausnahme: Sie waren auf Reisen und haben deshalb erst später vom Todesfall erfahren. Dann sollten Sie dies in Ihrem Kondolenzbrief erwähnen.
- Ein Kondolenzbrief sollte immer handschriftlich verfasst werden. Auch hier ist nur eine Ausnahme erlaubt: wenn Ihre Handschrift wirklich völlig unleserlich ist. Aber selbst dann sollten Sie die Anrede und die Grußformel mit der Hand schreiben. Absolut tabu sind Kondolenzschreiben per Fax oder E-Mail.
- Wenn Sie vom Tod eines Freundes, Familienmitgliedes oder Geschäftspartners schriftlich informiert werden, müssen Sie schriftlich kondolieren. Eine Beileidsbezeugung am Telefon reicht dann nicht aus.
- Versuchen Sie – ob bei mündlicher oder schriftlicher Kondolenz – allgemeine Floskeln wie »mein Beileid« zu vermeiden. Bringen Sie Ihr Mitgefühl in Ihren eigenen Worten zum Ausdruck, etwa mit den Worten »Ich fühle mit Ihnen«, »Ich werde sehr an Sie denken« oder »Ich wünsche Ihnen die Kraft, diese schwere Zeit zu überstehen«.
- Wenn eine Kondolenzliste (manchmal ein Kondolenzbuch) ausliegt, tragen Sie sich darin ein – bitte mit leserlicher Handschrift. Vielen Trauernden hilft es ein wenig über die schwere Zeit hinweg, wenn sie nachlesen können, wer dem Toten auf seinem letzten Gang die Ehre gegeben hat.

Wie Sie Ihr Mitgefühl ausdrücken

De mortuis nihil nisi bene – »Über Tote soll man nur Gutes reden«: Das besagt schon eine Weisheit aus dem alten Rom. Man muss den Verstorbenen aber auch nicht verklären. Sicher ist es nicht leicht, in passenden Worten das eigene Mitgefühl auszudrücken. Hüten Sie sich dabei vor platten Sprüchen wie »Das Leben geht weiter« oder »Die Zeit heilt alle Wunden«. Auch religiöse Äußerungen (etwa: »Es war Gottes Wille«) sollten Sie vermeiden, vor allem wenn Sie nicht wissen, wie der Trauernde zu Religion im Allgemeinen steht. Trauen Sie sich dagegen durchaus zu, etwas mehr zu sagen als nur das übliche »Mein Beileid«. Diese beiden Worte sind wirklich nur eine leere Formel. Geben Sie lieber offen und ehrlich zu, dass Ihnen momentan die Worte fehlen, sagen Sie ruhig: »Mir fehlen die Worte, um dich/Sie zu trösten.« Das wirkt anteilnehmender und mitfühlender als leere Floskeln.

Ein Beileidsbrief ist der schriftliche Ausdruck der Trauer, die Sie zusammen mit den Hinterbliebenen empfinden. Er wird sofort nach Erhalt einer Todesanzeige verfasst. Dabei ist es gleichgültig, ob Sie über den Todesfall persönlich informiert werden oder aus der Zeitung davon erfahren. In einem Kondolenzbrief – gerade innerhalb der Familie und bei guten Freunden – sollte etwas mehr darin stehen als nur »herzliches Beileid« oder gar nur Ihre Unterschrift unter einem vorgedruckten Beileidstext. Dieses Schreiben sollte eher eine Art Rückschau halten. Vielleicht gelingt es Ihnen, in schlichten Worten die Momente noch einmal aufzuzeigen, die man mit dem/der Verstorbenen erleben durfte. Standen Sie dem Toten und seiner Familie nicht sehr nahe und wollen Sie dennoch ausdrücken, dass Sie das Leid der Hinterbliebenen anrührt und betrifft, können Sie sich kürzer fassen. Aber auch hier bitte die üblichen Floskeln vermeiden.

Zitate für das Beileidsschreiben

Viele Menschen sind geneigt, in ihrem Beileidsschreiben Bibelzitate oder fromme Sprüche zu verwenden. Dagegen ist nichts einzuwenden, wenn Sie wissen, dass die Trauernden gläubig sind. Unter vielen anderen sind diese Bibelzitate für einen Kondolenzbrief geeignet:

- Die Tage deines Leidens sollen ein Ende haben. (Jesaja 60,20)
- Dein Wort ist meines Herzens Freude und Trost. (Jeremias 15,16)
- Unser Leben auf Erden ist wie ein Schatten. (Chronik 29,15)
- Heute wirst du mit mir im Paradies sein. (Lukas 23,43)
- Fürchte dich nicht, denn ich habe dich erlöst, ich habe dich bei deinem Namen gerufen, du bist mein. (Jesaja 43,1)
- Selig die Toten, die im Herrn sterben von jetzt an; ja, spricht der Geist, sie sollen ausruhen von ihren Mühen, denn ihre Werke begleiten sie. (Offenbarung 14,13)
- Für alles gibt es eine Stunde, und für jedes Vorhaben unter dem Himmel eine Zeit: Zeit fürs Gebären und Zeit fürs Sterben. (Prediger 3,1–8)
- In seinem Unglück wird der Gottlose umgestoßen, aber der Gerechte ist noch in seinem Tode geborgen. (Sprüche 14,32)
- Auch wenn ich wandere im Tal des Todesschattens, fürchte ich kein Unheil, denn Du bist bei mir; Dein Stecken und Dein Stab, sie trösten mich. (Psalm 23,4)
- Wer an den Sohn glaubt, hat ewiges Leben, wer aber dem Sohn nicht glaubt, wird das Leben nicht sehen. (Johannes 3,36)

Auch die nachfolgenden Zitate sind für Beileidsschreibens geeignet – sie vermögen durchaus Trost zu spenden.

- Wenn's etwas gibt, gewaltiger als das Schicksal, so ist's der Mensch, der's unerschüttert trägt. (Emanuel Geibel)
- Wenn man das Dasein als Aufgabe betrachtet, dann vermag man es immer zu ertragen. (Marie von Ebner-Eschenbach)

- Wer sich mit Liebe wappnet, überwindet Zorn, Elend, Übermacht und Missgeschick. (Michelangelo Buonarroti)
- Der Schmerz ist ein heiliger Engel, und durch ihn sind die Menschen größer geworden als durch alle Freuden der Welt. (Adalbert Stifter)
- Schmerz und Freude liegen in einer Schale; ihre Mischung ist des Menschen Los. (Johann Gottfried Seume)
- Nur der verwandte Schmerz entlockt uns die Träne, und jeder weint eigentlich für sich selbst. (Heinrich Heine)
- Uns lehrt eigener Schmerz, der anderen Schmerzen zu teilen. (Johann Wolfgang von Goethe)
- Trotz allem Freundeswort und Mitgefühlsgebärden bleibt jeder tiefe Schmerz ein Eremit auf Erden. (Nikolaus Lenau)
- *Tu ne cede malis, sed contra audentior ito!* Weiche dem Unheil nicht, sondern mutiger geh ihm entgegen! (Vergil)
- Wenn etwas gewaltiger ist als das Schicksal, so ist es der Mut, der es unerschüttert trägt. (Emanuel Geibel)
- Von guten Mächten wunderbar geborgen, erwarten wir getrost, was kommen mag; Gott sei mit uns am Abend und am Morgen, und ganz gewiss an jedem neuen Tag. (Dietrich Bonhoeffer)
- Wenn jemand stirbt, nicht das allein ist Tod. Tod ist, wenn jemand lebt und es nicht weiß. (Rainer Maria Rilke)
- Nur durch die Liebe und den Tod berührt der Mensch das Unendliche. (Alexandre Dumas d.J.)
- Ein ewig Rätsel ist das Leben, und ein Geheimnis bleibt der Tod. (Emanuel Geibel)
- Aller Tod in der Natur ist Geburt, gerade im Sterben erscheint sichtbar die Erhöhung des Lebens. (Johann Gottlieb Fichte)
- Das, was wir Tod nennen, ist in Wahrheit der Anfang des Lebens. (Thomas Carlyle)
- Denn die Liebe verlieren: das ist dein Tod. (Aurelius Augustinus)
- Der Tod, den die Menschen fürchten, ist die Trennung der Seele vom Körper. Den Tod aber, den die Menschen nicht fürchten, ist die Trennung von Gott. (Aurelius Augustinus)

- Ach, es ist so dunkel in des Todes Kammer/tönt so traurig, wenn es sich bewegt/und nun aufhebt seinen schweren Hammer/und die Stunde schlägt. (Matthias Claudius)
- Trennung ist wohl Tod zu nennen, denn wer weiß, wohin wir geh'n, Tod ist nur ein kurzes Trennen auf ein baldig Wiederseh'n. (Joseph Freiherr von Eichendorff)
- Der Tod ist nichts Schreckliches. Nur die fürchterliche Vorstellung vom Tode macht ihn furchtbar. (Epiktet)
- Das Leben ist der Traum, den der Tod träumt. (Ernst Augustin)
- Der Tod ist kein Untergang, sondern ein Übergang: vom Erdenwanderweg hinein in die Ewigkeit. (Thascius Daecilius Cyprianus)
- Der Tod ist kein Abschnitt des Daseins, sondern nur ein Zwischenereignis, ein Übergang aus einer Form des endlichen Wesens in eine andere. (Karl Wilhelm Freiherr von Humboldt)
- Niemand weiß, was der Tod ist, ob er nicht für den Menschen das größte ist unter allen Gütern. (Platon)
- Liebe ist Vorwegnahme des Endes im Anfang, daher Sieg über das Vergehen, über die Zeit, also über den Tod. (Hugo von Hofmannsthal)
- Denn wir sind nur die Schale und das Blatt: Der große Tod, den jeder in sich hat, das ist die Furcht, um die sich alles dreht. (Rainer Maria Rilke)
- Niemand kennt den Tod, es weiß auch keiner, ob er nicht das größte Geschenk für den Menschen ist. Dennoch wird er gefürchtet, als wäre es gewiss, dass er das schlimmste aller Übel sei. (Sokrates)
- Wenn der Tod mir Blut und Glieder stillt, sprecht mit Lächeln euer Trauerwort! Still in flüchtig Trümmer sinkt ein flüchtig Bild; und was ich bin und war, lebt fort und fort. (Hermann Hesse)
- Der Tod ist ein Bote des Lebens, und dass wir jetzt schlafen, das zeugt vom nahen gesunden Erwachen. Sterblichkeit ist Schein, ist wie die Farben, die vor unserem Auge zittern, wenn es lange in die Sonne sieht. (Friedrich Hölderlin)

- Der Tod ist nicht für schlimm zu achten, dem ein gutes Leben vorangegangen. (Aurelius Augustinus)
- Tod bedeutet Aufgeben; wenn man aufgibt, geht man unter; wenn man weitermacht, bleibt man lebendig. (Camilo José Cela)
- Lern in der Zeit dein Urbild finden/geht dem Leben Hand in Hand/es gilt den Stoff zu überwinden/Tod ist des Lebens höchstes Unterpfand. (Richard Dehmel)
- Aus der Enge in die Weite/drängt die Seele, lockt das Leben./ O entfalte, Herz, dein Streben/eh's der Tod ins All befreite! (Richard Dehmel)
- Es gibt kein Totengedenken ohne Todesgedenken; kein Todesgedenken aber ohne Lebensgedenken. (Albrecht Goes)
- Unter allen Leidenschaften der Seele bringt die Trauer am meisten Schaden für den Leib. (Thomas von Aquin)
- Im Buche des Lebens hat fast jedes Blatt einen Trauerrand. (Paul Nikolaus Cossmann)
- Sterben ist das Auslöschen der Lampe im Morgenlicht. Nicht das Verlöschen der Sonne. (Rabindranath Tagore)
- Für mich ist die größte Entfaltung menschlichen Lebens, in Frieden und Würde zu sterben, denn das ist die Ewigkeit. (Mutter Teresa)
- Es ist ein glücklicher Teil unseres Lebens, dass wir sterben dürfen. Es geht ja nichts verloren. Alles, was wir gedacht und versucht haben, lebt in anderen weiter. (Dietmar Schönherr)
- Es heißt nicht sterben, lebt man in den Herzen der Menschen fort, die man verlassen muss. (Samuel Smiles)
- Von Gott kommt alles her, der lässt auch im Sterben die Seinen nicht verderben; sein' Hand ist nicht zu schwer. (Johann von Rist)
- Wir trennen uns nur, um inniger einig zu sein, göttlicher friedlich mit allem, mit uns. Wir sterben, um zu leben. (Friedrich Hölderlin)
- Ein Mensch wird nicht sterben, solange ein anderer sein Bild im Herzen trägt. (Antonio Ferreira)

Sieben Tabus für den Kondolenzbrief

- Beileidsbriefe werden niemals offen oder als Postkarte verschickt.
- Beileidsbriefe sollten nicht durch eine Stempelmaschine laufen, sondern werden mit Briefmarken frankiert.
- Verwenden Sie kein schwarz umrandetes Papier – das ist den Angehörigen vorbehalten. Lediglich der Briefumschlag kann einen schwarzen Rand tragen.
- Verwenden Sie kein Geschäftspapier, sondern einen normalen weißen Briefbogen. Oder aber einen geschäftlichen Briefbogen, der für repräsentative Zwecke vorgesehen ist: Er trägt niemals den Hinweis auf eine Bankverbindung oder Ähnliches.
- Wer als Privatperson kondoliert, benutzt kein buntes oder verziertes Papier, sondern ebenfalls weißes Briefpapier.
- Die Anschrift »An das Trauerhaus« ist nicht mehr üblich. Schreiben Sie einfach an »Familie …« oder »Frau/Herrn …«
- Beileidsbriefe stehen für sich allein. Sie werden nicht mit Anlagen oder anderen Nachrichten zusammen verschickt.

Die richtige Sprache

So wie wir den Tod und das Sterben scheuen, haben wir auch oft Angst davor, das Wort »Tod« und das Wort »Sterben« auszusprechen. Aber: Bitte hüten Sie sich vor Schwülstigkeiten, übertrieben bildhafter Sprache und saloppen Ausdrücken: Sie wirken albern oder verleiten – was noch schlimmer ist! – zum Lachen. Und das wiederum kann die Gefühle der Betroffenen verletzen. Es wird zwar keiner auf die Idee kommen, zu sagen: »Er musste ins Gras beißen!«, aber auch schon Umschreibungen wie »das Auge bricht« oder »zur Grube fahren« oder »sein letztes Stündlein hat geschlagen« sind ein zweifelhafter Ersatz. Es gibt genügend bessere Umschreibungen.

Wer sich in einem Brief an seine trauernden Mitmenschen wendet, sollte daran denken, ihnen nicht mit einem Schwall leeren Geschwätzes zur Last zu fallen. Oberstes Gebot für einen Kondolenzbrief ist also die Sorgfalt in der Wahl der Worte. Die Muster für Trauerbriefe, die im Anschluss folgen, sind sicherlich keine Wort für Wort kopierbaren Vorlagen. Dafür sind Menschen und Lebensumstände zu verschieden. Doch die Beispiele sollen Ihnen aufzeigen, auf welche Art man einem nahe stehenden Verwandten kondoliert, wie man der Witwe eines guten Freundes seine Trauer ausdrückt. Die Beispiele können nur Richtschnur sein, in welchem Ton man einem Trauernden schreibt. Und sie bergen außerdem eine Fülle von Möglichkeiten – Sätze, Redewendungen, Trostworte, Beileidsbekundungen –, mit denen Sie im Einzelfall sicher die richtigen Worte finden werden. Zurückhaltung ist in jedem Fall richtig. Das gebieten schon die Trauer um den Verstorbenen und auch die Scheu vor dem Tod.

Der Trauerbrief

In einer Traueranzeige in der örtlichen Presse erreichen Sie nur die am Ort wohnenden Familienmitglieder und Freunde. Wenn Ihr Familien- und Freundeskreis über die Gemeinde hinaus verstreut ist, müssen Sie möglicherweise mehrere Anzeigen in mehreren Zeitungen aufgeben. In solchen Fällen kann es ratsam sein, nicht nur eine Traueranzeige zu gestalten, sondern eher Trauerbriefe zu verschicken.

Ein Trauerbrief muss sich an alle Personen richten, die von dem Todesfall betroffen sind. Überlegen Sie genau, ob Sie alle Anschriften vorliegen haben. Ist dies der Fall, kann ein Trauerbrief nicht nur persönlicher und intimer sein als eine Anzeige, sondern auch erheblich preiswerter. Normalerweise ist der Text von Todesanzeige und Trauerbrief derselbe. Anzeige und Trauerbrief sind nicht mit einem Kondolenzschreiben zu vergleichen – sie sollen nicht das tief empfundene Leid ausdrücken. Diese Angaben sind wichtig:

- das Todesdatum,
- der Name des Verstorbenen; bei Frauen kann zusätzlich der Mädchen- oder ggf. Witwennamen genannt werden,
- die akademischen Grade und Auszeichnungen des oder der Verstorbenen,
- der Beruf – vor allem dann, wenn der Verstorbene sehr stolz auf seinen Beruf/sein Amt war oder dieser eng mit seiner Persönlichkeit verknüpft war,
- die Namen der Angehörigen, wobei Sie natürlich frei entscheiden können, ob Sie nur die Namen der engsten Familienmitglieder oder aber mehrere nennen wollen; durchaus üblich ist in Todesanzeigen die Formulierung: »Im Namen aller Angehörigen« oder »Im Namen der Familie«. Die Reihenfolge der Namen ist wichtig: An erster Stelle steht üblicherweise der Ehepartner, dann folgen die Kinder (nach dem Alter) mit Ehepartnern und Enkeln (beziehungsweise Urenkeln), dann die eventuell noch lebenden Eltern und Schwiegereltern, danach die Geschwister (ebenfalls nach dem Alter) mit Ehepartnern. Lebensgefährten werden nicht anders platziert als Verheiratete. Eine Ausnahme wäre es allerdings, wenn die Eltern des/der Verstorbenen noch lebten. Dann können die sie vor der/dem Lebensgefährte/in genannt werden,
- die Anschrift des Trauerhauses, damit die Kondolenzschreiben an eine bestimmte Adresse gerichtet werden können,
- Datum, Zeit und genauen Ort der Bestattung, Trauerfeier oder Totenmesse. Wenn Sie dies nicht wünschen, genügt ein Hinweis: »Die Beerdigung findet im engsten Familienkreis statt.« Geben Sie jedoch die genauen Daten bekannt, gilt dies als allgemeine Einladung, an der Trauerfeier teilzunehmen. Dies gilt übrigens auch für den so genannten Leichenschmaus: Wird der Zeitpunkt in der Anzeige genannt, ist die Einladung allgemein gültig. Dies ist oft noch auf dem Lande üblich.

Absolut unüblich ist es, vor den Namen des/der Verstorbenen den Zusatz »Frau« oder »Herr« zu setzen. Hier gilt dasselbe wie bei der Vor-

stellung: Man würde seinen Ehepartner auch nicht als »Herrn …« vorstellen, sondern immer sagen: »Dies ist mein Mann, Herbert …«
Die Formel »in memoriam« gehört nicht in die Todesanzeige, sondern eher in die Jahres-Gedenk-Anzeige, die in katholischen Regionen üblich ist.
Man gebraucht heute durchaus eine klare Sprache. Bezeichnungen wie »unser lieber Heimgegangener« sind dagegen nicht mehr üblich. Das Gleiche gilt für Ausdrücke wie »das Zeitliche segnen«, »den Weg allen Fleisches gehen« und »von hinnen geschieden«.

Es gibt eine ganze Reihe von Formulierungen, die in schlichter Form ausdrücken, welches furchtbare Ereignis die Familie getroffen hat:

- Ein erfülltes Leben ist zu Ende gegangen.
- Ein Lebenskreis hat sich geschlossen.
- Ein erfülltes Leben ist vollendet. Uns bleibt die Erinnerung.
- Mit tiefem Dank nehme/n ich/wir Abschied.
- Traurig nehme/n ich/wir Abschied.
- Geliebt und unvergessen.
- Ein Leben voller Güte und Selbstlosigkeit ist vollendet.
- In liebevoller Erinnerung nehme/n ich/wir Abschied.
- Im gesegneten Alter von 97 Jahren starb …
- Wenige Tage nach Vollendung seines/ihres 88. Lebensjahres starb heute …
- Wir trauern um …

Zusätze über die Todesursache, eine schlichte Mitteilung (etwa ein Bibelspruch) oder die Bitte um eine Spende für eine karitative Organisation bleiben Ihnen überlassen. Ebenso der Hinweis, ob Sie bei der Trauerfeier beziehungsweise am Grab Kondolenzbekundungen wünschen. Hier einige Beispiele:

- Nach langem, mit großer Geduld ertragenem Leiden …
- Erlöst von Schmerzen.
- Wenn der Tod Erlösung ist, weicht die Trauer der Dankbarkeit.

- Im Tod hat er/sie Erlösung gefunden.
- Es war kein Sterben, es war Erlösen.
- Plötzlich und unerwartet, für uns alle unfassbar ...
- Sie/er wurde mitten aus dem Arbeitsleben gerissen.
- Ein plötzlicher Tod hat ihn/sie aus unserer Mitte gerissen.
- Infolge eines Herzinfarkts/Schlaganfalls/Unfalls ...
- Auf Wunsch des Verstorbenen kann anstelle von Blumen eine Spende an ... Bankkonto ... Bankleitzahl ... gegeben werden.
- Im Sinne des Verstorbenen wird anstelle von Blumen oder Kränzen um eine Spende für ... auf das Konto ... bei der ... Bank gebeten.
- Es war der Wunsch meiner/s Frau/Mannes, wenn Sie statt Blumen- oder Kranzgaben der ... eine Spende zukommen lassen. Konto ... Bankleitzahl ... bei der ... Bank.
- Wir bitten Sie, am Grab nicht zu kondolieren.
- Bitte verzichten Sie auf die Kondolenz am Grab.
- Wir bitten darum, auf das Aussprechen des Beileids am Grab zu verzichten.

Dankschreiben

Ob ein Dank persönlich ausgesprochen wird oder ob gedruckte Dankeskarten verschickt werden, bleibt jedem selbst überlassen. Kein Trauergast sollte sich herabgesetzt fühlen, sondern vielmehr Verständnis auch für gedruckte Karten zeigen: Die Hinterbliebenen haben vieles zu regeln und finden deshalb kaum Zeit, einzelne Briefe zu beantworten. Eine Danksagung muss deshalb nicht unmittelbar nach der Trauerfreier verschickt werden. Allzu viel Zeit sollte man jedoch nicht verstreichen lassen, wenn man sich persönlich in einem Schreiben für die Anteilnahme bedanken möchte, und vergessen sollte man es keinesfalls. Eine Geste der Höflichkeit ist es, besonders persönliche und herzliche Beileidsbriefe auch selbst handschriftlich zu beantworten. Angehörige dagegen können durchaus eine allgemeine Dankesanzeige in der Zeitung drucken lassen.

Musterbriefe Tod und Trauer

Mitteilung über den Tod, Witwe an Schwager

Lieber Peter,
heute muss ich dir eine traurige Nachricht übermitteln. In der vergangenen Nacht ist mein lieber Mann, dein Bruder Walter, verstorben. Wie du ja weißt, mussten wir schon seit längerem mit seinem Tod rechnen – seine Krankheit hatte sich zusehends verschlimmert. Trotzdem hat uns dieses furchtbare Ereignis einen schweren Schlag versetzt, den wir so schnell nicht verkraften werden. Darum will ich dir von den näheren Umständen seines Todes auch lieber ein anderes Mal berichten – wenn die seelischen Wunden, die aufgerissen wurden, nicht mehr so tief sind, nicht mehr so schmerzen.
Es wäre mir ein großer Trost, wenn du zum Begräbnis kommen könntest, obwohl ich weiß, dass es für dich nicht leicht einzurichten ist. Trotzdem möchte ich dir sagen: Es findet am ... um ... auf dem Waldfriedhof statt. Vielleicht bist du – wenn du wirklich nicht kommst – dann in Gedanken bei uns und deinem verstorbenen Bruder.
In tiefem Schmerz
Maria

Mitteilung über den Tod, Mutter an Onkel des Toten

Lieber Peter,
nur schweren Herzens kann ich dir diesen Brief schreiben, denn ich habe dir eine schreckliche Nachricht mitzuteilen:
Gestern Abend wurden wir zu unserem Sohn Hans in die Klinik gerufen. Er hatte einen schweren Verkehrsunfall. Als wir im Krankenhaus ankamen, war Hans bereits verstorben. Gerade du wirst verstehen, wie groß der Schmerz und das Leid bei uns ist. Am kommenden Montag, den ..., werden wir Hans auf dem Waldfriedhof beerdigen. Auch ohne deine Zusage weiß ich, dass du alles daran setzen wirst, an unserer Seite zu sein. Ich bin froh darüber – weiß ich doch, wie sehr du deinen Neffen Hans geliebt hast. Und deine Anwesenheit wird ein kleiner Trost in unserem tiefen Leid sein.
Mit stillem Gruß
Maria

Mitteilung über den Tod, Bruder an Schwester zum Tod des Vaters

Liebe Maria,
vor nicht ganz drei Stunden ist unser lieber Vater gestorben. Der Tod war für ihn eine Erlösung – du weiß ja, wie sehr er in den letzten Monaten gelitten hat, wie sehr er sich nach der endlichen Ruhe gesehnt hat. Nun hat er seinen Frieden gefunden, den er sich so sehr wünschte. Er ist friedlich eingeschlafen, und Elsbeth und ich saßen bis zum Ende an seinem Bett.
In unserem tiefen Schmerz bleibt uns nur der Trost, dass er einen würdigen Tod hatte, dass wir in seiner letzten Stunden bei ihm waren.
Ich bitte dich: Komm so schnell wie möglich her. Wann das Begräbnis sein wird, kann ich jetzt noch nicht sagen: Papa wollte ja eine Feuerbestattung und die ist hier im Ort nicht durchführbar. Es sind etliche Formalitäten zu erledigen. Elsbeth und ich erwarten dich in den nächsten Tagen.
In Gedenken an unseren Vater einen stillen Gruß
von deinem Bruder Peter

Privater Beileidsbrief, Freundin an die Witwe

Liebe Petra,
der Tod deines Mannes hat mich mit großer Trauer erfüllt.
Ich habe ihn als einen Menschen kennen gelernt, dessen Meinung ich stets geschätzt und geachtet habe.
Es fällt mir schwer, dir Worte des Trostes auszusprechen. Solltest du Hilfe bei den jetzt zu treffenden Regelungen benötigen, so stehe ich dir jederzeit zur Verfügung.
Deine Maria

Privater Beileidsbrief, Freundin zum Tod der Mutter

Liebe Petra,
tief betroffen habe ich vom Heimgang deiner lieben Mutter gehört. Aus eigener leidvoller Erfahrung weiß ich, wie es ist, einen lieben Menschen zu verlieren. Ich kann mir gut vorstellen, wie es jetzt in dir aussieht. Doch sollte es dich trösten, dass deine Mutter nicht leiden musste. Nach einem langen und erfüllten Leben sanft einschlafen zu dürfen, ist ein Gnade.
In Gedanken wird deine Mutter immer bei dir und deiner Familie bleiben. Mit meinem Fühlen und Denken bin ich in diesen Tagen bei dir.
Deine Maria

Privater Beileidsbrief, Nachbarn zum Unfalltod eines Sohnes

Sehr geehrte Familie Müller,
tief erschüttert habe ich vom schrecklichen Unfall gehört, dem Ihr Sohn zum Opfer fiel. Wie es zu diesem Unglück kam, werden wir wohl nie genau erfahren. Ebenso wenig werden wir begreifen können, warum Gott diesen jungen Menschen so früh zu sich genommen hat.
Mit meinen Gedanken bin ich bei Ihnen.
Mit stillem Gruß
Ihr Peter Müller

Privater Beileidsbrief, Nachbarn an den Witwer

Sehr geehrter Herr Müller,
es ist noch gar nicht lange her, dass Sie mir sorgenvoll von der schweren Krankheit Ihrer Frau erzählten. Sie ahnten bereits, dass die Bemühungen der Ärzte das Schicksal nicht mehr ändern konnten. Heute las ich nun die Todesanzeige im Badener Tagblatt, die mich sehr erschütterte. Ich nehme Anteil an Ihrem großen Leid. Die Liebe zu Ihren beiden Kindern wird Ihnen hoffentlich die Kraft geben, das Geschehene gefasst zu ertragen.
Mit stillem Gruß
Peter Meier

Privater Beileidsbrief, Nachbarin an die Witwe (verspätet)

Sehr geehrte Frau Müller,
erst jetzt erfuhr ich vom Ableben Ihres Mannes. Ich möchte Ihnen mein aufrichtiges Beileid ausdrücken.
Ich weiß, wie schlimm es ist, einen geliebten Menschen zu verlieren.
Darum versichere ich Sie meines tiefsten Mitgefühls.
Mit stillem Gruß
Maria Meier

Privater Beileidsbrief, Bekannter an Witwe eines Unfallopfers

Sehr geehrte Frau Müller,
mit großem Bedauern erfuhr ich, dass Ihr Mann den Verletzungen erlegen ist, die er sich durch einen Verkehrsunfall zugezogen hatte.
Ich kann aus eigenen leidvollen Erfahrungen mitfühlen, wie hart Sie dieser Schicksalsschlag getroffen hat.
Tief berührt möchte ich Ihnen deshalb mein Beileid ausdrücken.
Ihr Peter Meier

Privater Beileidsbrief, Nachbarn zum Tod der Großmutter

Sehr geehrte Familie Müller,
wir erlauben uns, Ihnen unser tief empfundenes Beileid zum Ableben Ihrer Mutter, Schwiegermutter und Großmutter zu übermitteln.
Wir versichern Ihnen unser tiefstes Mitgefühl.
Mit stillem Gruß
Familie Meier

Privater Beileidsbrief, Bekannter an Witwer (verspätet)

Lieber Herr Müller,
erst heute erfuhr ich vom Tode Ihrer Frau – die Nachricht hat mich sehr betroffen gemacht.
Leider hatte ich nur einmal die Freude, ein längeres Gespräch mit Ihrer Frau führen zu können – vor etwa einem halben Jahr anlässlich Ihres Richtfestes. Sie wirkte auf mich sehr lebensbejahend und optimistisch. Auch schien sie genau zu wissen, was sie wollte. Aus Gesprächen mit Ihnen weiß ich, wie nahe Sie beide sich standen und dass Sie besonders ihre lebensfrohe Art so sehr an ihr mochten.
Es scheint so ungerecht, einen geliebten Menschen zu verlieren, und es mag Ihnen im Augenblick schwer vorstellbar sein, diesen schmerzlichen Verlust je überwinden zu können. Ich hoffe, dass Ihnen die kommenden schweren Tage durch Erinnerungen an das glückliche gemeinsame Leben mit Ihrer lieben Frau erleichtert werden.
Ich spreche Ihnen meine tief empfundene Teilnahme aus.
Peter Meier

Offizieller Beileidsbrief, Arbeitskollegen an Witwe

Sehr geehrte Frau Müller,
die Nachricht vom Todes Ihres Mannes hat uns alle sehr betroffen gemacht. Wir haben mit ihm einen kompetenten Kollegen und verständnisvollen Vorgesetzten verloren. Ihr Mann wird uns fehlen. Wir werden sein Andenken stets in Ehren halten.
Im Namen aller Kolleginnen und Kollegen
Maria Müller

Offizieller Beileidsbrief, Arbeitskollegen an Witwe nach plötzlichem Tod

Sehr geehrte Frau Meier,
die Nachricht vom Ableben Ihres Mannes traf alle Mitarbeiter und auch mich als Vorgesetzte unvermittelt und schmerzlich.
Wir haben Ihren Mann, Michael Meier, als freundlichen, hilfsbereiten und verantwortungsvollen Kollegen kennen gelernt, der seine Aufgaben sorgfältig erledigte und nie Anlass zu Kritik gab.
Dieser Verlust reißt sowohl menschlich als auch beruflich eine große Lücke in unsere Gemeinschaft. Wir trauern mit Ihnen.
Im Namen aller Kolleginnen und Kollegen
Maria Müller

Offizieller Beileidsbrief, Vorgesetzte an Witwe

Sehr geehrte Frau Schneider,
wenn wir über eine Wiese gehen und eine Blume pflücken, fragen wir die Blume nicht, ob sie gepflückt werden möchte. Genauso plötzlich und unerwartet, wie wir die Blume gepflückt haben, kann es passieren, dass jemand, der uns sehr nahe steht, von uns geht. Es ist in einer solchen Situation immer schwierig zu verstehen, warum gerade wir betroffen sind.
Auch ich kann Ihnen nur mein tiefes Mitgefühl aussprechen.
Eine Erklärung für diesen Schicksalsschlag habe ich leider auch nicht. Ich bin zutiefst betroffen und bestürzt, denn Ihr Mann war nicht nur mir immer eine wertvolle Unterstützung und ein hervorragender Ratgeber, sondern auch allen Mitarbeiterinnen und Mitarbeitern ein hilfsbereiter und erfahrener Kollege, der eine große Lücke hinterlassen wird.
Ich möchte Ihnen auf diesem Wege, auch im Namen der gesamten Belegschaft, mein aufrichtiges Beileid aussprechen. Wir werden Ihren Mann alle sehr vermissen.
Mit stillem Gruß
Maria Meier

Offizieller Beileidsbrief, Arbeitskollegen an Witwer nach Unfalltod

Lieber Herr Müller,
der Tod Ihrer Frau hat uns sehr erschüttert. Wir trauern mit Ihnen und Ihrer Familie und sind selbst untröstlich über den Verlust eines herausragenden Menschen, der uns allen in den vielen Jahren seiner Betriebszugehörigkeit ans Herz gewachsen ist. Wir haben eine wahre Freundin verloren, die sich stets eingesetzt hat für das Wohl unseres Unternehmens. Gerade in harten Zeiten hat sie uns Mut gemacht. Und mehr: Sie hat uns durch ihren starken Willen und ihre unermüdliche Tatkraft einen Weg gezeigt, alle Schwierigkeiten und Krisen zu meistern.
Umso fassungsloser stehen wir an dem Platz, an dem sie noch am Tage des Unfalls ihren Aufgaben nachging, wie immer mit beispielloser Hingabe, hohem Verantwortungsbewusstsein und großer menschlicher Wärme. Ihr ausgezeichneter Sachverstand, ihre selbstverständliche Hilfsbereitschaft und zuverlässige Freundlichkeit werden uns in der täglichen Arbeit fehlen. Darum fühlen wir mit Ihnen in Ihrer Trauer. Sicherlich ist der Verlust des geliebten Menschen, mit dem man über viele Jahre gemeinsam durchs Leben gegangen ist, nicht zu ersetzen. Doch ist es wohl ein Trost, in dieser mühsamen Zeit Kinder und enge Freunde um sich zu haben, mit denen man Schmerz und Erinnerung teilt. Wir hoffen, dass Ihnen zumindest dieser Trost gegeben ist und bekunden unser tiefes Mitgefühl.
Petra Müller war eine gute Kollegin und bei jedermann sehr beliebt. Wir werden ihren Humor, ihre Offenheit und ihre Fähigkeit, Menschen zusammenzuführen vermissen und sie immer im Gedächtnis behalten. Trotzdem: Wir alle werden lernen müssen, ohne Petra weiterzuleben, ohne ihre Klugheit und ihr Fachwissen, ohne ihre Ratschläge und ihre Hilfe – vor allem aber ohne ihre Menschlichkeit.
Wir sind Ihrer Frau für ihre Arbeit sehr dankbar. Wo immer wir helfen und beraten können, stehen wir jetzt und in Zukunft zu Ihrer Verfügung. Wir werden ihr Lebenswerk stets in Erinnerung bewahren und versuchen es in ihrem Sinne fortzuführen. Und wir sind uns sicher, dass Sie die anteilnehmende Unterstützung erfahren, die Ihnen über diese schmerzliche Zeit hinweghilft.
Mit aufrichtiger Teilnahme und in tiefer Verbundenheit
Unterschriften der Kollegen

Offizieller Beileidsbrief, Firmeninhaber an Witwe

Liebe Frau Müller,
tief erschüttert stehen wir vor einem unfassbaren Schicksal. Ihr Mann, unser Kollege Walter Müller ist durch einen tragischen Unfall jäh aus unserer Mitte gerissen worden.
Wir, die Belegschaft der ... GmbH, stehen unter dem Eindruck des furchtbaren Schocks dieses Geschehnisses. Wir arbeiteten täglich mit ihm, er war uns stets ein freundlicher, allzeit aufgeschlossener und hilfsbereiter Kollege. Sein Rat war allseits geschätzt und sein Fachwissen verschaffte ihm die Achtung und den Respekt aller Kollegen und Kunden. Sein Umgang mit anderen war geprägt von Einfühlsamkeit und Toleranz. Durch seine besondere Art, Menschen zu führen und auf sie einzugehen, hatte Ihr Mann für sich persönlich und auch für unser Unternehmen sehr viel Sympathie erworben.
Ein Kollege wie Walter Müller ist für uns unersetzlich. Wir wissen, was wir an ihm verloren haben und werden ihn niemals vergessen.
Wir sind in Gedanken bei Ihnen und Ihren Kindern und wünschen Ihnen Kraft und Mut in dieser schweren Zeit.
In tief empfundener Anteilnahme
Peter Meier
im Namen aller Kolleginnen und Kollegen der ... GmbH

Offizieller Beileidsbrief, Vereinskameraden an Witwe

Sehr geehrte Frau Meier,
Trauer und Schmerz können wir Ihnen nicht abnehmen.
Dennoch möchten wir Ihnen sagen, wie tief uns das Ableben Ihres Mannes erschüttert hat. Als Freunde und Sangesbrüder macht uns dieser Verlust zutiefst betroffen. Die Hilfsbereitschaft und Kameradschaft von Kurt wird uns fehlen, bei unseren Übungsstunden und Auftritten werden wir Ihnen schmerzlich vermissen. Erlauben Sie uns, Ihnen unser tiefes Mitgefühl und unsere Trauer auszusprechen. Wir werden Ihren Mann stets in ehrenvollem Andenken behalten.
In tiefempfundener Anteilnahme und Trauer
Vorstand und Mitglieder des MGV Harmonia

Kondolenz-Dankschreiben, Witwer an Nachbarn

Lieber Herr Müller,
für die Anteilnahme an meinem Schmerz über den Tod meiner lieben Frau möchte ich mich herzlich bei Ihnen bedanken.
Durch Ihre trostreichen Zeilen und Ihren persönlichen Zuspruch haben Sie mir die schweren Stunden etwas erleichtert.
Es tut gut zu wissen, dass man nicht allein ist.
In Dankbarkeit
Peter Meier

Kondolenz-Dankschreiben, nach Tod der Mutter an Nachbarn

Sehr geehrter Herr Müller,
Dank möchten wir allen sagen, die unserer lieben Mutter im Leben Zuneigung und Freundschaft schenkten, sie im Tod ehrten und uns in stiller Verbundenheit ihre Anteilnahme erwiesen haben.
In Dankbarkeit
Peter Meier

Kondolenz-Dankschreiben, Witwe an Bekannten

Lieber Herr Müller,
danke für Ihren lieben Zuspruch.
Ich denke immer, mein geliebter Mann ist nicht von mir, sondern mir lediglich vorausgegangen.
Dafür, dass ich so viele glückliche Jahre mit ihm verbringen durfte, danke ich Gott jeden Tag.
Ihre Maria Meier

Kondolenz-Dankschreiben, Witwe an Freund des Verstorbenen

Sehr geehrter Herr Müller,
Ihre trostreichen Worte zum Tod meines lieben Mannes haben mir sehr wohlgetan. Ich danke Ihnen dafür von Herzen.
Nicht nur der Mensch, mit dem ich mein Leben geteilt habe, ist von mir gegangen. Meine Kinder haben auch ihren Vater verloren, sodass ich nun ganz allein die Verantwortung für sie trage.
Ich danke Ihnen für die Hilfsbereitschaft, die Sie mir entgegenbrachten.
Ihre Maria Meier

Kondolenz-Dankschreiben, für Anteilnahme (privat)

Liebe Verwandte, liebe Freunde,
aus traurigem Anlass sitze ich hier und verfasse ein Dankschreiben an alle Freunde. Schwer ist mir ums Herz: Wir haben einen wertvollen, lieben und verständnisvollen Menschen verloren. Schwer war sein Leiden, schwer war sein Sterben.
Deshalb möchte ich, die ich die letzten Stunden mit unserem lieben Volker zugebracht habe, euch allen danken. Danken für eure Liebe, die ihr ihm erwiesen habt; danken für eure Anteilnahme und Trauer, die ihr bei der schlimmen Nachricht von seinem Tod empfunden habt. Während der langen Zeit, die wir zwischen Bangen und Hoffen, Angst, Ungewissheit und Freude über eine kleine Besserung seines Gesundheitszustandes verbracht haben, habt ihr ihm alle bewiesen, dass ihr echte Freunde seid. Keiner von euch wandte sich ab von seinem Leid, als diese heimtückische Krankheit sein Gesicht zeichnete, keiner von euch ließ Volker im Stich, wenn er jemanden brauchte, wenn er mit jemandem sprechen wollte. Auch er war uns ja ein guter und treuer Freund, auf den immer Verlass war und der sein Leben gern und in vollen Zügen genoss. Noch als es darum ging, Abschied zu nehmen von der Welt, von den Freunden, von der Familie, die er doch alle so sehr liebte, lächelte er tapfer, um uns sein großes Leid nicht zu offenbaren. Mögen unserem Volker auch jetzt, im Jenseits, Harmonie, Ruhe und Frieden beschieden sein.
Danke für eure Hilfe in einer schweren Zeit
Maria

Kondolenz-Dankschreiben, Anteilnahme (geschäftlich)

Sehr geehrte Damen und Herren,
voll Trauer musste ich Ihnen in der vergangenen Woche die Nachricht vom Tode Frau Meiers überbringen. Völlig überraschend war sie verstorben. Für die schöne, ergreifende Rede am Grab möchte ich besonders Pfarrer Mosser danken. Er hat Frau Meier ja auch lange Jahre persönlich gekannt und konnte viele private Erfahrungen aus der Zeit beisteuern, als er mit ihr noch das Kinderheim Sonnenschein betreute. Außerdem möchte ich all jenen danken, die – wie es der Wunsch unserer lieben Verstorbenen war – mit reichlichen Spenden dafür sorgten, dass es den Kindern im Heim »Sonnenschein« weiterhin gut geht. Wir werden dafür neue Spielsachen für die Kleinen kaufen.
Mit freundlichem Gruß!
Dagmar Müller
Kinderheim Sonnenschein

6. Kapitel

Entschuldigungsbriefe

Es kann im Supermarkt genauso passieren wie im Büro, es geschieht im Verein genauso wie daheim im Familienkreis:

- Vielleicht stoßen Sie jemanden mit dem Einkaufswagen an;
- vielleicht vergessen Sie, Ihrer Kollegin einen Anruf auszurichten;
- vielleicht rempeln Sie beim Ballspiel einen Sportkameraden und es kommt zu einem bösen Sturz;
- vielleicht vergessen Sie den 60. Geburtstag Ihrer Lieblingstante oder gar den zehnten Hochzeitstag, den Sie mit Ihrer Frau besonders schön feiern wollten!

Und nun ist also eine Entschuldigung fällig. »Der Anruf für die Kollegin«, denken wir uns im Büro, »das war bestimmt nichts Wichtiges! Das merkt doch keiner, dass ich den verschwitzt habe.« In vielen Fällen kommen wir vielleicht um eine Entschuldigung herum. Oder wir murmeln »Verzeihung« und damit wird die Sache – etwa im Supermarkt – ausgestanden sein. Aber: Selbst das fällt uns nicht leicht. Am liebsten würden wir uns schnell davonmachen, und noch besser wäre es, der andere hätte gar nichts bemerkt.
Vielleicht gesteht man sich innerlich ein: »Da habe ich Mist gebaut, dafür müsste ich mich eigentlich entschuldigen!« Man hat längst reuig eingesehen, dass man einen Fehler gemacht hat, dass man einen anderen verletzt hat, ohne es zu wollen, vielleicht ohne

es gleich zu merken. Erst die Reaktionen des anderen zeigen einem: Da habe ich jemanden beleidigt, da habe ich jemandem wehgetan. Ob man jemanden körperlich oder seelisch »verletzt«, ist egal – wenigstens eine mündliche Entschuldigung muss sein. Eigentlich ist das auch gar nicht so schwer. Zeugt es doch von innerer Größe, einen Fehler einzugestehen. Ganz gleich, wie schwer Ihr »Vergehen« ist – mit einem Zugeständnis geben Sie Ihrem Gegenüber sogar eine Chance: nämlich die, ebenfalls nicht perfekt sein zu müssen, auch mal einen Fehler machen zu können. »Niemand ist vollkommen!« – so lautet der Schlusssatz in einem berühmten Hollywood-Film.

Mit einem Brief wird vieles klar verständlich

In vielen Fällen genügt es allerdings nicht, einfach nur locker ein »Verzeihung« zu murmeln. Das wirkt unehrlich, so als ob man es gar nicht ernst meint. Weil es so vielen Menschen heute schwer fällt, eine Entschuldigung über die Lippen zu bringen, sollte man vielleicht zu einem ganz »altmodischen« Mittel greifen: zum Brief. Wenn Sie einen Entschuldigungsbrief schreiben

- können Sie alles klar und deutlich schildern,
- ist Ihre »Version« der Angelegenheit ohne Verzerrung dargelegt,
- können Sie sich in Ruhe die Worte überlegen, die Sie Ihrem »Kontrahenten« sagen wollen,
- haben Sie Zeit – besser vielleicht als im Gespräch – zu formulieren, sich auszudrücken, Ihre Gedanken in Worte zu fassen.

Natürlich müssen Sie bei einem Entschuldigungsschreiben nicht zu Kreuze kriechen (außer Sie haben wirklich etwas Furchtbares angestellt!). Aber ein paar freundliche Zeilen können einen heftigen Ehekrach vielleicht schneller beilegen als ein hingebrummtes

»'tschuldigung!«. Wie überall kommt es auch beim Entschuldigungsbrief auf die Form an. Manchmal wird man ihn ganz seriös abfassen müssen – an »offizielle Stellen« allemal. Vor allem ältere Menschen werden es zu schätzen wissen, wenn sie ein höflich formuliertes Schreiben bekommen und kein witziges Geschreibsel, das sie nicht ernst nehmen können, bei dem sie an der Echtheit der Entschuldigung zweifeln müssen. Es kommt immer ganz auf den Empfänger an. Kennt man jemanden sehr gut und muss sich bei ihm entschuldigen, macht man am Ende des Briefes vielleicht ein Versöhnungsangebot: Einem Raucher legt man zum Beispiel eine Zigarette bei – als kleine Friedenspfeife. Das Etikett einer Champagnerflasche signalisiert der Ehefrau: »Lass uns einen Versöhnungsschluck trinken!« Die freundliche Nachbarin, deren Garten vom Hund verwüstet wurde, lädt man – neben der echten finanziellen Entschädigung natürlich! – zur Sommerbowle ein, »um das Kriegsbeil zu begraben!«.
Sie sehen: Es gibt viele Möglichkeiten. Mit ein bisschen Nachdenken und gutem Willen fallen Ihnen bestimmt noch bessere ein. In den Musterbriefen finden Sie zahlreiche Beispiele, zu welchem Anlass und in welcher Form man seinen Entschuldigungsbrief abfassen könnte.

Die vergessene Verabredung

Peinlich, peinlich: Ein anderer hat umsonst auf Sie gewartet, hat sich vielleicht auf eine längere Autofahrt begeben, um zum vereinbarten Treffpunkt zu kommen. Besonders unangenehm ist die Situation, wenn man weiß, dass die Verabredung nicht nur einem gemütlichen Kaffeeklatsch dienen sollte. Sondern dass der andere, der ein Gespräch suchte, vielleicht einen guten Rat einholen wollte. Sie könnten den Eindruck vermittelt haben, der andere sei Ihnen unwichtig. Das gilt es in einem Entschuldigungsbrief auszuräumen.

Entschuldigung nicht eingehaltene Verabredung (privat), Version 1

Liebe Gerda, lieber Josef,
da habe ich euch nun extra von Bochum nach Düsseldorf fahren lassen, um mit euch eine wichtige Angelegenheit zu besprechen – und dann war ich ganz einfach nicht da. Es tut mir wahnsinnig Leid, und ich habe auch gar keine großartige Ausrede oder Entschuldigung für mein blödsinniges Verhalten. Nur so viel: Ich habe in dem ganzen Durcheinander mit Umzugsvorbereitung und neuem Job und dem Krach mit Moni ganz einfach vergessen, dass wir schon vor einer Woche ausgemacht hatten, uns zu treffen. Und dabei wäre es wirklich wichtig gewesen. Ich wollte dich, lieber Josef, nämlich wegen dem Ausbau des Badezimmers um Rat fragen. Weil du doch erstens mal ein paar Semester Architektur studiert hast, zweitens dein Onkel Fliesenleger ist und drittens du, liebe Gerda, einen guten Geschmack in Farben und Inneneinrichtung hast.
Meint ihr, wir können unser Treffen noch einmal versuchen? Ich bin dann ganz bestimmt daheim – fest versprochen. Den nächsten Termin streich' ich mir nämlich dick und schwarz im Kalender an und mache noch extra einen Zettel an die Pinnwand!
Ruft ihr mich an?
Euer Rolf

Entschuldigung nicht eingehaltene Verabredung (privat), Version 2

Liebe Marion,
ich habe dich am letzten Sonntag – wie man so schön sagt – versetzt. Aber völlig überraschend kamen meine Eltern zu Besuch. Und als ich dann daran dachte, dir noch Bescheid zu geben, dass du nicht ins Café König kommen sollst, war es schon zu spät: Du warst schon außer Haus. Ich konnte dich nicht mehr erreichen. Und weil Mama unbedingt einen Stadtbummel mit mir machen wollte, stimmte ich zu, in der Hoffnung, dich dort zufällig zu treffen. Aber es hat nicht sollen sein …
Bist du mir noch sehr böse? Ich weiß ja, du suchtest ein wichtiges Gespräch mit mir, wolltest vielleicht meinen Rat. Kann ich dir damit noch immer dienen? Dann ruf mich doch bitte an – ich bin morgen Abend bestimmt daheim.
Dein Kurt

Entschuldigung nicht eingehaltene Verabredung (geschäftlich)

Sehr geehrter Herr Schreiner,
vor etwa drei Wochen habe ich Sie – ganz dringend! – zu mir in die Hauptstraße bestellt, um endlich einmal die Regale im Bücherzimmer einpassen zu lassen. Ich erinnere mich noch: Ich hab's ganz besonders eilig gemacht! Und dann standen Sie und Ihre Mannen gestern vor verschlossener Tür – so hat mir meine Nachbarin berichtet. Verständlicherweise sind Sie verärgert: Mussten Sie doch vergeblich die 15 Kilometer zu uns aufs Dorf heraus fahren. Ich kann mich nur ausdrücklich und in aller Form bei Ihnen entschuldigen. Es kam mir ein dringender Termin in Hamburg dazwischen und ich dachte natürlich auch gar nicht mehr daran, Frau Berger von nebenan den Haustürschlüssel zu geben. Ich hoffe aber sehr, dass Sie sich noch einmal auf den Weg machen. Und dann bin ich auch ganz bestimmt da – versprochen! Ich rufe Sie in den nächsten Tagen an, um einen genauen Termin zu vereinbaren.
Mit freundlichen Grüßen!
Hermann Feldner

Vergessene Ehrentage

Sie haben einen Geburtstag, einen Ehrentag, ein Jubiläum vergessen? Eine Chance haben Sie immerhin: Sie können – zwar verspätet, aber immer noch! – nachträglich gratulieren. Je nachdem, wie nahe Ihnen der Mensch steht, wie gut Sie ihn kennen, können Sie das auch eher in humorvoller Weise tun – wie in den ersten beiden Musterbriefen.

Beim vergessenen Hochzeitstag wird's schwierig: Man hat ein wirklich wichtiges Datum im Leben vergessen – nämlich den Hochzeitstag. Der andere hat sich viel Mühe gemacht, hat liebevolle Vorbereitungen getroffen. Und alles umsonst! Es kommt sogar zum Krach zwischen den Eheleuten. Wie kann man sich da entschuldigen, wie kann man da wieder eine Versöhnung herbeiführen? Am besten mit Ehrlichkeit! Keine durchsichtigen Ausre-

den gebrauchen, sondern klipp und klar gestehen: Ich hab's aus den und den Gründen vergessen. Und wenn man sich liebt, wird die ganze Geschichte sich sicher wieder einrenken …
Auch ein Geschenk, das um Tage zu spät kommt, ist keine erfreuliche Sache. Umso besser, wenn man mit dem Beschenkten einen flapsig-humorigen Ton anschlagen kann, um sich zu entschuldigen, wie im Musterbrief auf Seite 159.

Entschuldigung vergessener Geburtstag, Version 1

Liebe Diana,
als ich gestern Abend wieder mal meine Fotoalben ordnete, fielen mir die Bilder von deinem letztjährigen Geburtstagsfest in die Hände. Was haben wir da für einen Spaß gehabt! Als ich jedoch aufs Datum auf der Fotorückseite blickte, fiel es mir wie Schuppen von den Augen: Du hast ja letzten Donnerstag Geburtstag gehabt!!
Und ich hab's vergessen!! Ich Trottel!
Aber ich habe einen Ausweg gefunden: Doppelt gefeiert hält besser. Was hältst du von einem Riesenpott Spaghetti, in meiner neuen Küche extra für uns beide zubereitet? Und dazu gibt's natürlich einen tollen Chianti. Willst du?
Dein Hartmut

Entschuldigung vergessener Geburtstag, Version 2

Lieber Horst,
man sollte öfters in seinen Kalender schauen. Dann hätte man nämlich bemerkt, dass du letzten Dienstag schon wieder ein Jahr älter geworden bist. Manche Leute verschweigen solch ein Datum – wer wird schon gerne älter?! Und instinktiv habe ich gefühlt, dass es dir wohl so geht. Deshalb ließ ich den eigentlichen Geburtstag verstreichen und gratuliere dir erst heute, sozusagen als »Nachbrenner«. Aber deshalb nicht weniger von Herzen kommend. Bestimmt verstehst du, was ich meine…
Alles Liebe und Gute von
deiner Judith

Entschuldigung vergessener Hochzeitstag

Lieber Heinrich,
mit Recht bist du seit gestern Abend auf mich nicht gut zu sprechen. Du hattest alles so liebevoll vorbereitet, hast dich sogar in die Küche gestellt und versucht, mein Lieblingsgericht – Sushi und Shashimi – zuzubereiten. Und es ist dir sogar gelungen, wie ich feststellen konnte. Leider, leider habe ich aber zunächst nicht meine Nase in die Küche gesteckt, sondern nur meine Blicke schweifen lassen. Und da fiel mir eben das Tohuwabohu in der Spüle auf, und nicht der festlich gedeckte Tisch im Wohnzimmer.
Lieber Heinrich, ich muss mich schämen: Ich hatte doch tatsächlich unseren zehnten Hochzeitstag vergessen. Und weil ich so müde und gestresst aus dem Büro kam, ärgerte ich mich nur darüber, wieso du dir einen Tag freigenommen hattest, ohne mir etwas davon zu sagen. Und dann kamst du mir auch noch fröhlich entgegen und wolltest mich nicht ins Wohnzimmer lassen, weil da »ein Geheimnis versteckt« sei. Selbst da habe ich noch nicht durchschaut, dass du mich nur ganz lieb überraschen wolltest. Erst als du wütend aus der Wohnung stürmtest, nachdem ich diesen blödsinnigen Krach angefangen hatte, und ich danach deine innigen Zeilen auf meinem Platz fand, fiel es mir wie Schuppen von den Augen. Was hatte ich nur angerichtet!
Seitdem haben wir außer einem frostigen »Guten Morgen« nichts mehr miteinander gesprochen. Und du hast draußen auf dem Wohnzimmersofa geschlafen.
Kannst du mir noch einmal verzeihen? Ich weiß, es ist keine großartige Entschuldigung, aber vielleicht eine Erklärung: Ich hatte gestern Mittag im Büro einen Riesenkrach mit meinem Chef. Und dies hat mich – weil er mir auch mit einer Abmahnung drohte – innerlich so aufgewühlt, dass ich gestern Abend an unseren Gedenktag überhaupt nicht mehr dachte.
Eigentlich hättest du ja Spätdienst gehabt – und dann hätte ich nämlich Gelegenheit gehabt, mein Geschenk an dich vorzubereiten: Ich habe es nämlich endlich geschafft, die Karten fürs Klassikkonzert zu ergattern. Vier Stunden bin ich morgens deswegen angestanden. (Deswegen war mein Chef auch so sauer!) Und die wollte ich dir hübsch verpackt nach deinem Dienst mit einer Flasche Schampus überreichen.
Sei mir doch wieder gut, ja? Und lass uns heute einen schönen Abend zu zweit genießen. Die Flasche steht immer noch kalt …
In Liebe
Tina

Entschuldigung verspätetes Geschenk

Lieber Hans-Walter,
ich bin doch ein rechter Schussel – aber das weißt du ja. Krampfhaft habe ich mir vorgenommen, ja nicht die Einweihung deiner ersten Zahnarztpraxis zu vergessen. Und prompt ist's natürlich doch passiert! Ich flehe dich – als alter Studienkollege – hiermit um Vergebung an. Und ich bin bereit, dir nachträglich auch noch das Geschenk zukommen zu lassen, das ich dir zugedacht habe. Dieses hatte ich nämlich vorsorglich schon besorgt ...
Und als weitere Buße darfst du mich auch gleich als einen der ersten Patienten behandeln. Na, ist das nichts? Wo ich doch Privatpatient bin ... Natürlich steht dir mein Behandlungsstuhl – falls du mal Zahnweh hast – auch immer zur Verfügung.
Ich bin ab Freitag wieder im Lande und rufe dich an!
Bis dann
Gerhard

Streit in der Familie

Es hat Streit gegeben. Böse Worte sind gefallen. Und nachher tun einem diese Worte Leid. Aber: Zurücknehmen kann man sie nicht mehr. Der andere hat ihren Klang noch im Ohr, ist deshalb verletzt, beleidigt. Nur eine Entschuldigung kann die Situation noch bereinigen. Was aber tun, wenn man »eigentlich« nicht mehr miteinander spricht? Da hilft oft nur noch ein Brief. In dem man alles zu erklären versucht, in dem man seine Fehler eingesteht, in dem man Besserung gelobt. Das gilt für einen Streit zwischen Eheleuten genauso wie für einen Krach zwischen Eltern und Kindern.

Entschuldigung Streit zwischen Kindern und Eltern

Liebe Mam, lieber Dad,
ihr seid ganz schön sauer auf uns. Und ihr habt ja recht: Es ist einfach nicht fair von uns, erst heilige Eide zu schwören, wir kämen spätestens um 12 aus der Disco nach Hause. Und dann war's halt doch

halb drei. Wir wissen auch, dass ihr nicht deswegen zornig seid, weil ihr kein Vertrauen zu uns habt. Dazu habt ihr uns ja auch zu verantwortungsbewusst erzogen. Wir würden bestimmt niemals angetrunken aufs Mofa steigen. Außerdem trinkt in unserer Clique sowieso kaum einer Alkohol – wenn überhaupt, dann mal eine Schorle oder eine Radlerhalbe. Aber nie mit Mofa!
Aber nun kommt das große Aber:
Es war halt wahnsinnig lustig gestern Abend. Aus der Disco sind wir schon um 11 abgehauen, weil's uns da zu blödsinnig war. Wir fuhren dann alle noch zu Michi, dessen Eltern hatten ein Grillfest im Garten, da durften wir noch mitmachen. Ihr seht also: Wir waren sogar »unter elterlicher Aufsicht«!
Natürlich hätten wir anrufen müssen, damit ihr euch keine Sorgen macht und damit ihr nicht glaubt, wir würden eure Freizügigkeit ausnutzen und euer Vertrauen missbrauchen.
Wir wissen schon: Wenn wir jetzt versprechen, dass so was nie wieder vorkommt, werdet ihr uns kaum glauben. Aber wir versuchen's wenigstens, so was nicht noch mal zu machen. Und wenn's wirklich mal wieder lustig wird und wir länger ausbleiben wollen, rufen wir nächstes Mal bestimmt an.
Großes Indianer-Ehrenwort!
Nun seid uns schon wieder gut!!
Denkt doch lieber mal dran, was Oma und Opa beim letzten Besuch von euren Streichen und Jugendsünden erzählt haben. Ihr wart auch keine Engel!
Vertragen wir uns wieder???
Marina & Tom

Entschuldigung Streit zwischen Eheleuten

Liebe Martha,
ich habe mich gestern Abend wegen deines Nudelauflaufs ganz blöde benommen. Erstens schmeckte er wirklich sehr gut, auch wenn ich das Gegenteil behauptet habe und zweitens weiß ich doch, wie viel du mit dem Haushalt um die Ohren hast. Vor allem in den letzten Wochen, seit Mutter bei uns zu Besuch ist. Mit meiner Mutter ist ja nun auch wirklich schwer auszukommen. Ich als ihr Sohn kann das wirklich nicht verleugnen. Und dass sie ihrer Schwiegertochter besonders Probleme macht, sehe ich schon auch. Ich hatte gar nicht mehr daran

gedacht, dass du ja morgens deine Arbeit für die Zeitung abliefern musstest und dann noch den ganzen Nachmittag mit Mutter im Kurpark unterwegs warst – sicherlich keine leichte »Aufgabe«. Mutter ist wegen ihrer Krankheit und so lange andauernden Genesungszeit derzeit besonders unleidlich und wenig umgänglich, wird auch schnell ungeduldig. Leider habe ich mich davon anstecken lassen. Aber allzu lange wird Mutters Besuch bei uns ja nicht mehr dauern: Dr. Schneider hat mir ja bei der letzten Untersuchung gesagt, dass sie schon auf dem besten Weg ist, ganz gesund zu werden und in etwa acht Tagen wieder nach Hause fahren kann. Dort hat sie mit Frau Meierle auch wieder eine gute Betreuung.
Liebe Martha, ich weiß, es ist keine leichte Zeit für uns beide. Aber sieh's doch bitte so: In gut einer Woche können wir es uns wieder schön und gemütlich machen und unsere Zweisamkeit wieder richtig genießen. Das verspreche ich dir hiermit ganz feierlich. Und darauf freue ich mich auch schon sehr.
Dein Hannes
PS: Deine Kochkünste – vor allem der Nudelauflauf – sind übrigens immer eine Wucht. Woher, glaubst du wohl, habe ich wieder das kleine Bäuchlein, dass du doch so sehr liebst, wenn wir keinen Krach haben?

Meinungsverschiedenheiten unter Freunden

Selbst zwischen den besten Freunden kann es mal zum Krach kommen: Sei es, dass man verschiedener Ansicht über bestimmte Dinge ist, sei es, dass man den Bogen einfach ein wenig überspannt hat. Je länger man jedoch schweigt, umso schwieriger wird es, wieder einen Anknüpfungspunkt zu finden. Jeder Tag, der verstreicht, ohne dass man miteinander spricht und die Angelegenheit aus dem Weg räumt, vertieft den Graben zwischen den Parteien. Mit einem Entschuldigungsbrief kann man verhindern, dass eine vielleicht langjährige Freundschaft in die Brüche geht.

Entschuldigung falsches Gastgeschenk

Liebe Kerstin, lieber Franz,
ich habe ja nicht gewusst, was ich mit meinem kleinen Gastgeschenk anrichten würde. Da wir uns nun schon seit eurer Verlobung kennen und wir am aktuellen Geschehen ja gemeinsam so lebhaft Anteil nehmen, dachte ich mir wirklich nichts Böses dabei, euch das neue Outing-Spiel »Szenen einer Ehe« mitzubringen. Dass ich damit einen ehelichen Gewittersturm auslösen würde, daran dachte ich nicht im Entferntesten. Ich darf jedem Einzelnen von euch beiden versichern, dass mir der jeweils andere nichts über euren Knatsch verraten hatte. Es war also wirklich keine Anspielung. Trotzdem möchte ich mich für diesen Fauxpas bei euch entschuldigen, auch wenn ich weder Vorsatz nach Fahrlässigkeit in meinem Handeln sehe und damit auch keinen Zwang zu einer Entschuldigung. Wenn ich es dennoch tue, dann deshalb, um euch zu sagen: »Ich bin euer Freund!« Ich bin ziemlich sicher, dass ihr das Spiel in die Ecke gestellt und in den vergangenen 48 Stunden noch nicht gespielt habt. Ich hab's mir jetzt selbst gekauft und damit gespielt. Ich kann euch nur raten, tut es auch, denn abgesehen vom Outing zeigt es auch ganz simple Möglichkeiten der Verständigung auf.
Ich hoffe und wünsche, ihr versteht euch bald wieder. Dann werdet ihr mich und meine Entschuldigung auch verstehen.
Euer Gerhard

Entschuldigung Freundin ausgespannt

Lieber Dietmar,
ich weiß, ich weiß! Ich habe mich schändlich benommen. Ich habe mich unserer Freundschaft nicht würdig erwiesen. Aber was soll ich dir über Gefühle erzählen, denen man machtlos ausgeliefert ist. Als ich Elke zum ersten Mal mit dir sah, packte mich spontan der Neid. Was für ein wunderbares Mädchen, dachte ich. Aber sie gehört meinem besten Freund. Schluss, aus! Und ich habe dir das Glück mit Elke wirklich gegönnt. Meine Gefühle habe ich einfach »weggesperrt«. Doch nach wenigen Wochen spürte ich irgendwie, dass eure Beziehung auf wackeligen Füßen stand. Und als Elke vor vier Wochen mit dir den großen Krach hatte, hat sie sich bei mir ausgeheult.
Glaub mir, auch da hatte ich nicht die Absicht, mich zwischen euch zu drängen. Und an diesem Abend ist auch gewiss nichts passiert, weswegen ich – oder Elke – ein schlechtes Gewissen haben müssten.

Doch nun ist es halt geschehen. Wir haben unser beider Gefühle füreinander entdeckt. Und Elke hat mir gesagt, dass sie mich schon länger mehr als sympathisch findet; dass sie sich deshalb große Gewissensqualen machte und dass deshalb auch die Beziehung zu dir in den letzten Wochen sehr belastet war. Wir können dieser unerquicklichen Situation nicht länger aus dem Weg gehen. Ich kann nur hoffen – zusammen mit Elke! –, dass du mit der Zeit über den Schmerz hinwegkommst und dass wir weiterhin die Freundschaft aufrechterhalten können, die uns jahrelang miteinander verband. Sicher wird es einige Zeit dauern, bis wir uns wieder unbefangen gegenübertreten können. Aber ich hoffe auf dein Verständnis!
Dein Klaus

Entschuldigung Auto ausgeliehen – Unfall

Lieber Thorsten,
ich fand es toll von dir, als du vor fünf Tagen spontan angeboten hast, mir deinen Wagen zu leihen. Ich weiß ja, wie sehr du an deinem Oldtimer hängst. Umso so schöner fand ich's von dir, dass du ihn mir anvertraut hast, um meine Mutter nach ihrem Unfall im Krankenhaus in Saarbrücken zu besuchen. Du kannst auch versichert sein: Ich bin mit dem Auto wirklich vorsichtig umgegangen.
Aber leider kam mir auf der Landstraße ein völlig Irrer entgegen. Zur Hälfte auf meiner Fahrbahn. Ich konnte dem Kamikaze-Fahrer zwar glücklicherweise mit knapper Not noch ausweichen – aber leider ist die ganze linke Seite deines Autos verkratzt. Geli saß mit im Wagen, die konnte sich glücklicherweise noch die Autonummer des Geisterfahrers merken.
Ich habe natürlich sofort die Polizei informiert. Die haben die Fahndung eingeleitet. Sie werden den Bösewicht sicherlich erwischen. Doch einstweilen bist du natürlich ohne dein geliebtes Fahrzeug. Deine Spezialwerkstatt, die ich ja durch dich kenne und wo ich den Wagen sofort hinbrachte, sagte mir, es werde einige Zeit dauern, bis du wieder damit herumkurven kannst. Denn es ist wohl nicht so einfach, für die Sonderlackierung genau den richtigen Farbton zu bekommen. Lieber Thorsten, ich kann dir gar nicht sagen, wie Leid mir das Ganze tut. Auch wenn ich nicht direkt schuld am Unfall bin und dir finanziell kein Schaden entsteht, fühle ich mich trotzdem moralisch irgendwie schuldig. Kannst du mir verzeihen?
Ganz zerknirscht
Manfred

Entschuldigung für Beleidigung

Lieber Peter,
kannst du mir mal sagen, wieso wir uns gestern Abend in Franz' Kneipe so furchtbar in die Haare gekriegt haben?? Meist sind wir doch politisch ein Herz und eine Seele. Aber gestern Abend haben wir uns wohl beide in irgendeine Idee verrannt, waren dann auch nicht mehr fähig, einander zuzuhören. Und dann bin ich natürlich ausgerastet, weil ich überhaupt nicht einsehen konnte, wieso du als Grundschullehrer eine solch gegensätzliche Meinung vertreten kannst und meine Ansichten völlig ablehnst …
Mittlerweile habe ich mich wieder beruhigt. Und vor allem auch eine Nacht drüber geschlafen. Das heißt: Geschlafen habe ich eigentlich wenig, unser Gespräch ging mir denn doch noch zu sehr im Kopf herum. Und heute Morgen denke ich mir, dass ich mich vor allem gegen Ende unseres Streites ziemlich im Ton vergriffen habe. Wie komme ich denn dazu, ausfallend und persönlich zu werden, wo es doch um eine berufliche Angelegenheit ging? Nur weil du anderer Ansicht bist als ich? Die ein bis zwei Pils zu viel sind zwar keine Entschuldigung für mein Verhalten, aber vielleicht eine Erklärung …
Ich möchte dich in aller Form für mein »Ausrasten« um Verzeihung bitten. Ich weiß, dass ich gestern Dinge zu dir gesagt habe, die unsere Freundschaft empfindlich stören könnten. Trotzdem: Es wäre doch schade, wenn wir fünf Jahre gute Freundschaft durch dick und dünn wegen eines Abends ad acta legen müssten, oder?
Reuevoll
Irene

Entschuldigungen für die Schule

Geradezu klassisch ist ein Entschuldigungsbrief für die Schule! Seit Jahrhunderten gehen Kinder ungern zum Unterricht, und ebenso lange währt die Tradition, den Unterricht zu schwänzen oder mit allen möglichen Mitteln zu versuchen, von den Eltern einen Entschuldigungsbrief zu bekommen. Doch natürlich gibt es auch ernsthafte Gründe, nicht zum Unterricht zu kommen.

Entschuldigung für die Schule, Prüfungsangst

Liebe Frau Dr. Neumüller,
es ist ja kein Geheimnis, dass unser Junior Karl-Georg gestern nicht zum Unterricht kam. Es steht sicher schon im Klassenbuch. Es ist auch kein Geheimnis – für uns seit heute Mittag nicht mehr –, dass gestern eine Mathe-Arbeit anstand. Ausgerechnet Mathe, der Schwachpunkt unseres Sprösslings und ausgerechnet da fehlte er. Seien Sie versichert, dass diese Entschuldigung nicht das Produkt unreflektierter elterlicher Fürsorge ist, sondern das Ergebnis echter Sorge. Stellen Sie sich vor, Karl-Georg, der notorische Frühaufsteher, liegt um acht Uhr, mithin eine Viertelstunde nach Schulbeginn noch im Bett: bleich und schwitzend. Da konnten wir ihn nicht losschicken. Der Arztbesuch ergab, dass dem Bengel physisch nichts fehlte, dass aber wohl die Psyche wegen der drohenden Mathe-Arbeit ihre gesundheitlichen Auswirkungen hatte.
Er war also tatsächlich krank. Sollten Sie es im Hinblick auf das Versetzungszeugnis für ratsam halten, dass er diese versäumte Arbeit nachschreibt, wären wir Ihnen sehr verbunden, wenn Sie ihm die Chance dazu gäben.
Mit freundlichen Grüßen!
Dr. Meierhofer und Frau

Entschuldigung für die Schule, Krankheit

Sehr geehrter Herr Dr. Schlacksinger,
sicherlich vermissten Sie gestern meinen Sohn Harald im Englischunterricht in der ersten Stunde. Doch schon morgens litt Harald unter heftigem Nasenbluten und ich brachte ihn deshalb gleich zum Arzt. Ich hoffe, mein Sohn kann den versäumten Unterricht in Kürze nachholen.
Mit freundlichen Grüßen
Helene Schmaucher

Entschuldigung für die Schule, Hochzeit der Schwester

Sehr geehrter Herr Dr. Zeckner,
meine Tochter Elisabeth nahm gestern Morgen nicht am Unterricht teil. Vielleicht hat Ihnen Elisabeth erzählt, dass ihre älteste Schwester Therese und Herr Dr. Julius (aus der Kanzlei Julius & Söhne) am nächsten Samstag heiraten. Elisabeth wird bei der Hochzeitsfeier eine der beiden Brautjungfern sein. Gestern Morgen bat uns Kaplan Richert aus der Herz-Jesu-Kirche zu einer Probe der Zeremonie. Ich hoffe, Sie haben Verständnis dafür, dass Elisabeth daran teilnehmen musste. Mein Mann und ich würden uns übrigens sehr freuen, wenn Sie, verehrter Herr Dr. Zeckner, als ehemaliger Lehrer unserer Ältesten am kommenden Freitag zum Brautempfang gegen 10 Uhr in unser Haus in der Paracelsiusallee 53 kommen würden. Dürfen wir Sie erwarten?
Mit freundlichen Grüßen
Magda Hartlinger

Entschuldigung für die Schule, zerbrochene Scheibe

Sehr geehrte Frau Dr. Biermann,
unser Sohn Tobias hat uns gestern Abend gebeichtet – unter Tränen! –, was er in der Turnstunde angestellt hat. Selbstverständlich werden wir die zu Bruch gegangenen Scheiben bezahlen.
Wir hätten allerdings nie gedacht, dass Tobi solche Aggressionen entwickelt – vor allem auch seinen Schulkollegen, und dabei besonders dem kleinen Martin gegenüber. Mit Martins Eltern haben wir bereits gesprochen.
Vielleicht können Sie als erfahrene Pädagogin uns einen Rat geben. Wir wären Ihnen dankbar, wenn Sie uns helfen könnten, aus unserem Tobias einen anständigen Menschen zu machen, der Achtung seinen Mitmenschen gegenüber hat.
Können wir mit Ihnen einen Gesprächstermin vereinbaren?
Mit freundlichen Grüßen!
Grete und Hans Schilling

Einladungen absagen

Entschuldigen müssen Sie sich auch, wenn Sie eine Einladung nicht wahrnehmen können – oder wollen. Natürlich sollte man gerade im letzteren Fall eine höfliche Ausrede gebrauchen. Sie wollen ja niemanden unnötig verletzen oder beleidigen? Ausreden sollen Ihnen hier allerdings keine geliefert werden, die müssen Ihnen schon selber einfallen. Schließlich ist da jeder »Fall« verschieden. Nur eines sollten Sie bitte bedenken: Ihre Ausrede – gerade bei einer Absage in der Verwandtschaft oder näheren Nachbarschaft – sollte hieb- und stichfest sein. Nichts ist nämlich peinlicher, als dass die Notlüge nachher auffliegt …

Entschuldigung, Absage beim Fest des Nachbarn

Liebe Schäfers,
endlich mal wieder ein schönes Fest, dachten wir, als wir eure Einladung zum Grillabend bekamen. Und: Hoffentlich nicht am übernächsten Wochenende, wo doch unsere Oma ihren 80. feiert. Unsere schlimmsten Befürchtungen haben sich bestätigt. Ihr feiert genau dann. Wie sollen wir nur dieses Wochenende mit frohem Herzen überstehen? Wie können wir nur zwanglos mit der lieben Jubilarin feiern, ohne daran zu denken, wie lustig es jetzt bei euch wäre? Aber was sollen wir machen? Der Ehrentag unserer Großmutter lässt sich halt nicht verschieben. Und die Verwandtschaft achtet schon sehr auf vollzähliges Erscheinen. So können wir nur hoffen, dass ihr uns ein paar Schmankerln übrig lasst. Die können wir ja an einem anderen schönen Sommerabend verspeisen. Grüßt die anderen von uns!
Eure Hippendonks

Entschuldigung, Absage innerhalb der Familie

Liebe Juliane,
von deinen lieben Eltern erfahren wir, dass du am nächsten Sonntag das Fest der Heiligen Firmung erleben wirst. Natürlich würden wir gerne mit dir und deinen Eltern und allen anderen Gästen zusammen diesen Tag feiern, aber Onkel Otto hat an diesem Tag Dienst und so können wir nicht kommen.
Nimm doch bitte auf diesem Weg unsere Segenswünsche zu diesem Fest entgegen und denke ein bisschen an uns, wenn du das kleine Geschenk betrachtest, das hier beiliegt.
Wir hoffen, dass ihr alle einen fröhlichen, aber dennoch besinnlichen Tag habt. Grüße deine Eltern von uns.
In Liebe
Tante Herta und Onkel Otto

Entschuldigungen in der Nachbarschaft

»Es kann der Frömmste nicht in Frieden leben, wenn es dem Nachbarn nicht gefällt …« Dieses Sprichwort kennt wohl jeder. Und man sollte es sich zu Herzen nehmen – aber in der Form, dass man mit seinen Nachbarn in Frieden und Eintracht leben sollte. So schwer ist das doch gar nicht. Man braucht ein wenig Verständnis, ein wenig Toleranz und ein wenig Auf-einander-Zugehen. Und natürlich den Mut, sich bei einem »Vergehen« zu entschuldigen. Ganz gleich, ob es wegen »ruhestörendem Lärm« zu Differenzen in der Nachbarschaft kommt, ob es wegen einer Sachbeschädigung Streit gibt oder weil man vergessen hat, die Blumen zu gießen.

Entschuldigung, Sachbeschädigung im Garten

Liebe Frau Webersdörfer,
schon seit vielen Jahren leben unsere beiden Familien in friedlicher Eintracht nebeneinander, aber zum Glück nicht nebeneinander her. Unsere Kinder haben zusammen im Garten gespielt, sind zusammen groß geworden, haben zusammen so manchen Streich ausgeheckt ... Nun sind sie aus dem Haus, und meine Frau und ich haben uns entschlossen, unseren Lebensabend nicht allein zu verbringen. Und deshalb haben wir uns einen kleinen Hund zugelegt, dessen Manieren noch ein bisschen zu wünschen übrig lassen und der noch etwas Erziehung braucht.
Wir wissen, liebe Frau Webersdörfer, dass Sie Ihren Garten mit all seinen wunderschönen Blumen hegen und pflegen. Umso mehr tut es uns Leid, dass unser kleiner Fido unsere Abwesenheit letzten Donnerstag dazu nutzte, in Ihrem Rosenbeet »großen Schaden« anzurichten. Das tut uns sehr Leid – und wir werden uns auch bemühen, dafür Sorge zu tragen, dass Fido künftig die Grenzen seines Reviers einhält. Vielleicht können wir Ihnen mit einem neuen Rosenstock der Gärtnerei Knappsack eine kleine Entschädigung für Fidos Buddeleien bieten.
In der Hoffnung auf weitere gute Nachbarschaft
Familie Schröter

Entschuldigung, Sachbeschädigung am Auto

Lieber Herr Hagedorn,
immer habe ich Ihr gepflegtes Fahrzeug bewundert! Umso mehr bedauere ich, dass ich dieses Bild von einem Auto ein wenig angekratzt habe. Leider hat ein kleiner Moment der Unachtsamkeit schon genügt, und es war passiert! Beim Einparken »traf« meine Stoßstange auf Ihren Kotflügel.
Natürlich übernimmt meine Versicherung den Schaden. Leider kann Sie Ihnen den Schreck und den Ärger nicht nehmen. Aber ich hoffe, dass diese kleine Schramme nicht auch unser nachbarschaftlich-freundschaftliches Verhältnis angekratzt hat.
Mit freundlichem Gruß
Otto Wacker

Entschuldigung, Sachbeschädigung – Blumengießen vergessen

Liebe Frau Wimmerig,
ich hoffe, Sie haben einen schönen Urlaub verbracht. Und hoffentlich wird die Erinnerung an die vier Wochen an der Riviera die Enttäuschung über Ihre nicht mehr vorhandenen Grünpflanzen überdecken. Sie wissen ja, wie das ist: Man arbeitet den ganzen Tag, träumt vom Urlaub, beneidet die ebendort sich Befindlichen und ist froh, wenn man abends einfach seine Ruhe hat. Alles, was einen dann noch belastet, schiebt man vor sich her. Und der Haushalt und die Kinder wollen auch noch versorgt sein.
Siedend heiß kamen mir – leider zu spät! – Ihre Blumen in den Sinn, wohl befürchtend, dass diese nicht mehr zu retten seien. Alle Wiederbelebungsversuche fruchteten nichts. Ob ich Sie mit einer Einladung zu einem Abendessen ins Akropolis oder in den Goldenen Hirschen wieder versöhnlich stimmen kann?
Ich würde mich darüber freuen.
Herbert Marwien

Entschuldigung Ruhestörung

Lieber, verehrter Herr Dr. Kloeppler!
Wir alle brauchen unseren Schlaf. Manchmal allerdings gibt es Anlässe, die einem den Schlaf rauben. Und wenn es Sie tröstet: Auch wir hatten in der vergangenen Nacht nicht die Gelegenheit, pünktlich zu Bett zu gehen. Aber das haben Sie ja bemerkt. Natürlich hatten wir Grund zu einem Fest: Hatten wir doch gestern unseren zehnten Hochzeitstag und dies mussten wir natürlich mit guten Freunden gebührend feiern. Seien Sie deshalb nicht allzu böse. Und vielleicht können wir Sie mit einer kleiner Nachfeier besänftigen: Kommen Sie doch heute Abend einfach mal auf einen Schluck guten Rotwein zu uns. Wir würden uns freuen!
Ihr Peter Lennert

Entschuldigung, Schlüssel für den Notfall

Liebe Hanna,
Sie haben mir vor drei Wochen, als Sie in Urlaub gingen, Ihren Wohnungsschlüssel übergeben. Für den Notfall, wie Sie sagten. Und ich habe mich sehr über das Vertrauen gefreut, das Sie mir damit entgegenbrachten.
Leider habe ich eine Riesendummheit gemacht und damit das in mich gesetzte Vertrauen schwer enttäuscht: Als in der letzten Woche der Kaminfeger da war, habe ich ihn in Ihre Wohnung gelassen – ohne daran zu denken, dass dies wirklich kein »Notfall« war. Und ich habe zudem noch versäumt, Ihnen davon zu erzählen. So mussten Sie nach Ihrer Rückkunft annehmen, ich hätte »einfach so« Ihre Wohnung betreten, vielleicht sogar, um in Ihren Sachen herumzustöbern. Und darüber waren Sie – das kann ich gut verstehen – »sauer« und verärgert. Sie können versichert sein, dass ich Ihre Abwesenheit aber nicht zu unrechtem Tun ausgenutzt habe. Der Kaminfeger war auch keinen Augenblick allein in Ihren Räumen. Während seiner kurzen Arbeit stand ich immer dabei.
So müssen Sie also wirklich nicht befürchten, ein Fremder habe sich unbeaufsichtigt in Ihrer Wohnung aufgehalten.
Liebe Hanna – ich hoffe, ich habe Ihnen jetzt alles zu Ihrer Zufriedenheit erklärt. Ich bitte Sie nochmals um Entschuldigung. Und ich hoffe außerdem, das peinliche Missverständnis ist damit aus dem Weg geräumt. Können wir wieder gute Nachbarinnen sein?
Ihrer Maria Lederer

Entschuldigung, zu viel getrunken

Liebe Frau Mahrer,
ich kann nur hoffen, Sie nicht so verärgert über mein Verhalten am letzten Sonnabend sind, dass Sie diesen Brief gleich in den Papierkorb werfen.
Geben Sie mir bitte die Gelegenheit, mich für den Vorfall auf Ihrem Gartenfest ehrlich bei Ihnen zu entschuldigen. Natürlich gibt es kaum Gründe dafür, sich so daneben zu benehmen wie ich es in Ihrer Gegenwart und in Anwesenheit Ihrer Freunde getan habe. Ich sollte eigentlich in der Lage sein – als erwachsener Mensch! – meine Alkoholverträglichkeit richtig einzuschätzen und gerade eben unter Stress, wenn ich wenig gegessen habe und zudem noch Antibiotika einnehmen muss, nicht ein oder leider mehrere Gläser zu viel zu trinken.

Leider habe ich mich nicht im Griff gehabt – ganz im Gegenteil. Ich bedauere wirklich sehr, dass ich durch mein unbedachtes Verhalten Ihnen und Ihren Gästen den harmonischen Abend verdorben habe.
Ich möchte Sie dafür in aller Form um Entschuldigung bitten!
Außerdem möchte ich Ihnen versichern, dass dieser Ausrutscher eine einmalige Angelegenheit bleiben wird. Nehmen Sie doch den beiliegenden Blumenstrauß als kleines Zeichen meiner großen Reue.
Mit schuldbewussten Grüßen
Hans-Herbert Oller

»Halboffizielle« Entschuldigungen

Natürlich muss man sich nicht nur im privaten Bereich, bei Nachbarn und Freunden oder innerhalb der Familie entschuldigen. Auch im geschäftlichen Umgang miteinander wird man hin und wieder zugeben müssen, dass man einen Fehler gemacht oder etwas versäumt hat. Ob nun eine Verabredung nicht eingehalten wurde, ob ein Handwerksmeister nicht liefern kann oder ob eine Rechnung nicht termingerecht bezahlt wurde – all das sind Gründe für einen formellen Entschuldigungsbrief.

Entschuldigung Rechnung nicht bezahlt, Version 1

Lieber Meister Wurmlinger,
da kommt mir heute mit der Post Ihre zweite Mahnung ins Haus, gleich noch mit acht Euro Mahngebühr versehen. Da bin ich erst erschrocken, dann hab ich geflucht und dann hab ich gesucht. Sie haben ja recht: Die Rechnung von der letzten Autoreparatur ist tatsächlich noch offen. Das habe ich völlig vergessen, nicht zuletzt, weil ich mich so gefreut habe, wie Sie das mit dem kaputten Kotflügel hingekriegt haben. Und dann ist die Rechnung irgendwie in die beruflichen Papierberge geraten und immer weiter nach unten gewandert. An eine erste Mahnung von Ihnen kann ich mich allerdings nicht erinnern.
Um es kurz zu machen: anbei der Scheck über die fällige Summe.
Aber die acht Euro kriegen Sie nicht. Ich sag Ihnen auch, warum: Seit

über zehn Jahren bin ich bei Ihnen Kunde, und Sie wissen, dass ich weder zahlungsunwillig noch zahlungsunfähig bin. Aber Sie und ich wissen, wie sehr Sie sich bisher gegen mein Angebot des Bankeinzugsverfahrens gesperrt haben. Dabei würde das die Sache für beide Seiten erheblich vereinfachen. Reden Sie endlich mit Ihrer Bank. Wenn Sie wirklich auf den acht Euro bestehen, dann schlage ich Ihnen vor, dass wir sie gemeinsam beim nächsten Straßenfest vertrinken.
Mit freundlichen Grüßen!
Artur Windisch

Entschuldigung Rechnung nicht bezahlt, Version 2

Sehr geehrter Herr Miester,
gerade eben entdeckte ich bei Durchsicht meiner Kontoauszüge und beim »Sichten« meiner Urlaubspost, dass ich doch tatsächlich Ihre Rechnung von Anfang März völlig vergessen habe. Und heute haben wir schon den 3. Juli! Die ganze Angelegenheit ist mir sehr peinlich. Umso mehr, als ich bei Ihnen doch schon seit Jahren Kunde bin und ich sehr darauf achte, meine »Schulden« sofort zu bezahlen. Ich kann nur hoffen, dass Sie mir meine Schludrigkeit noch einmal nachsehen und mich weiterhin zu Ihrem Kundenstamm zählen. Ich war mit dem Heizungseinbau Ihrer Firma vor drei Jahren ja sehr zufrieden und bin auch sehr angetan von Ihrem Herrn Schlickmann, der ja zweimal jährlich bei uns im Haus die Wartungen durchführt. Um die Bezahlung der noch offen stehenden Summe zu beschleunigen, lege ich Ihnen einen Verrechnungsscheck bei.
Mit freundlichen Grüßen
Henry Neumann

Entschuldigung Rechnung nicht bezahlt, Version 3

Sehr geehrter Herr Dr. Bohrmann,
schon die dritte Mahnung für Ihre Zahnarztrechnung vom 3. Mai haben Sie mir ins Haus geschickt. Es ist mir sehr peinlich, aber ich muss Ihnen mitteilen, dass ich mich derzeit in einem finanziellen Engpass befinde. Leider kann ich daher Ihre Rechnung noch nicht in voller Höhe begleichen. Natürlich hätte ich Sie darüber schon früher

informieren müssen. Aber ich habe mich geschämt – wer gibt schon gerne zu, dass er momentan kein Geld hat?!
Ich möchte mich bei Ihnen dafür ausdrücklich entschuldigen. Ich bin aber guter Dinge und erwarte in etwa drei Wochen eine größere Summe (ein Sparvertrag wird glücklicherweise fällig!). Es wäre schön, wenn Sie mir entgegenkommen könnten und mir einen Teil des Rechnungsbetrags noch bis dahin stunden würden.
Um meinen guten (Zahlungs-)Willen zu zeigen, überweise ich Ihnen morgen früh wenigstens die Summe von Euro 500,– als »Anzahlung«.
Ich hoffe, Sie sind damit einverstanden.
Mit freundlichen Grüßen
Marie Meier

Entschuldigung für zu späte Lieferung

Sehr geehrte Frau Scherfler,
sicher warten Sie schon seit einigen Tagen auf meinen Anruf: Ich soll Ihnen ja am nächsten Montag die fertig geschliffenen zwölf Sektkelche liefern. Leider kann ich diesen Termin nicht einhalten. Und dafür möchte ich Sie nicht nur um Verzeihung, sondern auch um Ihr Verständnis bitten: Die Glasfirma hat nämlich pleite gemacht. Ich versuche seit etwa drei Wochen, wenigstens in der Form ähnliche Gläser aufzutreiben – leider vergebens. Mein letzter Versuch ist heute Morgen gescheitert.
Sie sagten mir ja, dass Sie die Gläser als Hochzeitsgeschenk für Ihre Nichte wollen. Bis zur Hochzeit sind es noch etwa zwei Wochen, ich habe folgenden Vorschlag:
Kommen Sie in den nächsten Tagen möglichst bald zu mir ins Geschäft. Wir finden unter meinem Angebot sicher andere Sektkelche, die Ihnen gefallen. Diese würde ich dann auf jeden Fall termingerecht fertig stellen. Dafür opfere ich gerne ein paar Abende und das Wochenende. Schließlich sind Sie eine meiner besten und treuesten Kundinnen!
Ich höre von Ihnen?
Auf Ihren Anruf oder Ihren Besuch wartet
Klaus Heitinger

7. Kapitel

Liebesbriefe

Die Geliebte des Autors Henry Millers, Anais Nin, selbst Künstlerin und Schriftstellerin, hat einmal gesagt: »Was man nicht schwarz auf weiß besitzt, existiert nicht!« Grund genug, um Liebesbriefe zu schreiben. Und um welche zu bekommen, natürlich! Es gibt wohl keinen Menschen, dem es nicht so geht: Ob man 16 ist oder 60 – ein Liebesbrief verursacht Herzklopfen und Kribbeln im Bauch. Kaum jemand, der sich nicht angerührt fühlt durch die Zeilen, die ein Liebender schreibt. Selbst wenn ein Brief gar nicht an uns selbst gerichtet ist, wenn Sprache und Stil ungewohnt sind, weil das Geschriebene aus längst vergangenen Zeiten stammt: Die Liebesbriefe berühmter Männer und Frauen – seien sie Dichter, Schriftsteller, Maler, Musiker, Schauspieler oder Politiker gewesen – bewegen uns zutiefst.

Worte vergehen, ein Brief bleibt bestehen

Wenn Sie in einem Brief Ihre Liebe gestehen, haben Sie ein paar unschätzbare Vorteile:

- Sie können in Ruhe überlegen, auf welche Weise Sie dem/der anderen Ihre Gefühle mitteilen.
- Sie sind nicht nervös und stammeln nicht herum.

- Sie lassen sich nicht durch äußere Umstände verunsichern: Es ist beim Schreiben nämlich egal, wie Sie aussehen, ob Sie »richtig« angezogen sind, ob Sie gerade einen Pickel auf der Stirn haben oder nicht …

Selbstverständlich kann man sich auch mit einem Liebesbrief lächerlich machen oder gar auf Widerwillen stoßen: Wenn Sie

- schwülstig und übertrieben formulieren,
- sich selbst und Ihre Sprache verleugnen, um mehr zu scheinen, als Sie wirklich sind,
- »klauen« und etwas als eigenes Werk darstellen, was ganz klar von einem anderen (gar einem berühmten Autor) stammt,
- Ihren Brief in einer Form abfassen, die unverschämt und fordernd ist,
- vulgär werden.

Kurz: Wenn Sie sich nicht an die Spielregeln halten, kann es durchaus passieren, dass Sie mit Ihrem anscheinend gefühlvollen Brief nicht auf Gegenliebe stoßen, sondern eher Unwillen erregen oder vielleicht sogar einen Lacherfolg ernten. Allerdings sollte das niemals so weit führen, dass der Empfänger des Briefes Ihre Gefühle verletzt: Wer das tut, hat Ihre Liebe einfach nicht verdient. Wenn Sie jedoch aggressiv um Ihre Liebe werben und die Gefühle anderer brüskieren, dann dürfen Sie sich nicht wundern, dass so etwas auf Sie zurückschlägt. Halten Sie sich also an das alte Sprichwort: »Wie man in den Wald hineinruft, so schallt es heraus!«

Wichtige Spielregeln für Liebesbriefe

Es gibt keine offizielle »Etikette«, keinen »Knigge« für Liebesbriefe. Eine auf Computer ausgedruckte Liebeserklärung kann genauso romantisch sein wie ein Briefchen auf duftendem rosa

Papier. Entscheidend ist, ob der Angeschriebene darin Liebe findet und sie auch in dieser Form akzeptiert. Auf die Idee und den Inhalt kommt es an. Machen Sie sich keine Sorgen: Es ist wirklich nicht so schwer, einen Liebesbrief zu schreiben! Die Fähigkeit, Liebe zu äußern, drückt sich in der Fantasie aus: Wie sage ich es der/dem Geliebten? Wie kleide ich Liebe in Worte, die so ankommen, wie ich sie absende? Die nicht missverstanden werden, die nicht plump oder aufdringlich wirken?
Diese Spielregeln für Liebesbriefe helfen Ihnen weiter:

- Schreiben Sie ruhig lustig und humorvoll, wenn Sie auch sonst kein Kind von Traurigkeit sind. Übertreiben Sie aber nicht: Das kann ins Auge gehen.
- Seien Sie nicht um jeden Preis witzig, wenn Sie eigentlich eher ein ernsthafter Mensch sind. Selbst wenn Ihr/e Angebetete/r als Ulknudel gilt: Er/sie muss sich nicht unbedingt von einem charakterlich eher gesetztem Menschen abgestoßen fühlen. Denken Sie an die alte Weisheit: »Gegensätze ziehen sich an!« Und vielleicht ist er/sie ja gar nicht so witzig und leichtfertig, wie er/sie in der Öffentlichkeit auftritt …
- Beachten Sie aber auch das weise Sprichwort: »Gleich und gleich gesellt sich gern!« Selbst wenn die Liebe alles zu besiegen scheint: So manches Hindernis entsteht aus allzu unterschiedlichen Charaktereigenschaften und kann Ihnen viele Steine in den Weg legen.
- Schreiben Sie ruhig etwas Albernes, wenn Ihnen danach ist: Liebe ist keine bierernste Angelegenheit. Wer sich über dieselben Dinge amüsiert, wer gemeinsames Lachen herausfordern kann, hat unter Umständen schon viel gewonnen.
- Stehen Sie in Ihrem Liebesbrief zu sich selbst. Verleugnen Sie Ihre Fehler nicht, schönen Sie nicht irgendeinen Makel.
- Stellen Sie sich aber auch nicht schlechter dar, als Sie sind. Jeder Mensch hat positive Seiten.
- Hüten Sie sich davor, die eigene Person allzu sehr anzupreisen. Sie sind auf keiner Werbeveranstaltung für sich selbst, Sie be-

werben sich auch nicht um einen Job. Sondern Sie teilen einer/m anderen mit, was Sie für sie oder ihn empfinden.

- Haben Sie keine Angst vor einen Korb! Er muss nicht Ihnen persönlich gelten – Sie wissen ja hoffentlich: Liebe lässt sich nicht erzwingen. Wenn er/sie nicht dasselbe empfindet, kann man nichts machen. Das hat bestimmt nichts mit Ihrer Person oder Ihrem Charakter zu tun. Wenn Sie sich zu sehr getroffen fühlen, sollten Sie Ihr Selbstbewusstsein trainieren.
- Sprechen und schreiben Sie in Ihrer eigenen Sprache, in Ihren eigenen Worten. Selbstverständlich können Sie einen Dichter oder Autor für sich sprechen lassen. Aber weisen Sie darauf hin – vielleicht mit dem Hinweis: »Dieses Gedicht (dieser Satz) von … drückt genau aus, was ich sagen will …«
- Haben Sie keine Scheu vor umgangssprachlichen Ausdrücken oder Dialekt. Wenn Sie es verstehen, im urbayerischen Slang Ihre Liebe zu gestehen, kommt das vielleicht eher an, als wenn Sie sich hochdeutsch verkünstelt abquälen.
- Legen Sie nicht resigniert den Kugelschreiber aus der Hand, wenn Ihnen kein literarisch hochwertiges Werk gelingt. Eine ehrliche Aussage kommt meist schlicht und bescheiden daher – und übertrifft gerade durch ihre Intensität alle Äußerlichkeiten.
- Wenn Ihnen jedoch die Gabe des Schreibens gegeben ist, sollten Sie diese nutzen.
- Schludern Sie nicht, sondern legen Sie beim Verfassen eines Liebesbriefs Sorgfalt und Mühe an den Tag. Der/die Empfänger/in wird es sicherlich zu schätzen wissen, wenn der Form und dem Inhalt der liebevollen Zeilen anzumerken ist, dass sie ein liebevolles Mitdenken, Aufmerksamkeit und Interesse widerspiegeln.
- Ein Kennzeichen dafür kann zum Beispiel die Originalität sein, außergewöhnliche Kosenamen zu erfinden, die in enger Beziehung zu einer Eigenschaft oder einem Merkmal des Partners stehen. Aber Vorsicht: Schreiben Sie nicht gleich »Moppelchen«, wenn Ihr/e Angebetete/r ein paar Pfunde zuviel mit sich

herumträgt. Solch eine Vertrautheit müssen Sie sich erst verdienen …

- Überraschungen mag (fast) jeder. Wie wär's: Suchen Sie nach einem ungewöhnlichen Zeitpunkt, nach einer außerordentlichen Art und Weise, in der Ihr/e Geliebte/r Ihren Brief bekommt.
- Ebenso wichtig: die Auswahl und Ausstattung des »Materials«, aus dem die Liebesbotschaft besteht. Liebeserklärungen kann man nämlich nicht nur in einem normalen Brief machen. Man kann seine Liebe auf einer Papierserviette niederschreiben, auf einem Bierfilz oder einem großen Ahornblatt. Auch ein Papiertaschentuch, der Rand einer Zeitung oder ein Streichholzbriefchen wurden schon dafür verwendet. Auf die Idee und den Inhalt kommt es an.
- Lassen Sie Ihre Gefühle sprechen – aber seien Sie gerade beim ersten Brief nicht allzu deutlich, gehen Sie nicht zu sehr ins Detail – vor allem nicht in sexueller Hinsicht! Schließlich wollen Sie ja niemanden verschrecken …
- Eines sollten Sie nie vergessen: Die Verliebtheit erweist sich vor allem im wiederholten »Zwischendurch«. Nicht also mit den großartigen Blumenarrangements zum Hochzeits- oder Jahrestag, nicht nur in teuren Geschenken an Weihnachten und Geburtstagen, die ihres Wertes wegen die Größe der Liebe beweisen sollen. Im kleinen, schlichten oder auch großen, extravaganten Hinweis »Ich liebe dich!« liegt das Denken an den anderen. Und dies ist nicht unbedingt vom Geldbeutel abhängig. Sondern – Sie ahnen es schon – von Ihrer Fantasie.

Frisch verliebt

Frisch verliebt steckt man meist in der Phase, in der man am ehesten Liebesbriefe schreibt. Und meist beruht das auch auf Gegenseitigkeit – will heißen: Es entspinnt sich ein reger Briefwechsel zwischen den Verliebten. Es müssen nicht immer Liebesschwüre sein – da finden sich eher Liebesbriefe und Liebeserklärungen an den unmöglichsten Orten: in der Butterdose im Kühlschrank, auf der Shampoo-Flasche im Badezimmer oder unterm Scheibenwischer des Autos:

Liebesbrief Notiz am Auto, Version 1

Vorsicht Liebster – noch nicht gleich losfahren!
Du weißt doch: Man muss immer erst schauen, ob der Wagen auch verkehrstüchtig ist. Dein Auto ist vielleicht in Ordnung, aber ich hoffe, du bist ebenso wenig verkehrssicher wie ich. Denn wenn dein Herz ebenso wild pumpert wie meines, wenn ich an dich denke – dann solltest du dich eigentlich nicht hinters Steuer setzen …
Schade, dass ich heute Morgen so früh losmusste und dir gar nicht richtig »Auf Wiedersehen« sagen konnte. Gegen die Frühschicht kann ich zwar nichts machen, aber ich wollte dir mit dieser kleinen Liebesbotschaft wenigsten den grauen Morgen versüßen. Ich freue mich schon auf heute Abend – komm gesund und munter durch den Tag.
Deine dich liebende Maus

Liebesbrief Notiz im Auto, Version 2

Halt! Noch nicht das Auto starten!
Dass ich dir dieses Briefchen aufs Lenkrad geklebt habe, hat seinen guten Grund. Wir haben uns gestern Abend ein bisschen gezofft, weil ich heute Abend wieder mal für den Fußballverein unterwegs bin. Du weißt, das ist mir wichtig, auch weil ich mir beruflich etwas vom Vereinsboss verspreche. Durch dieses Briefchen sollst du allerdings auch schriftlich wissen, dass mir trotzdem nichts und niemand wichtiger ist als DU.
Ich will's aber nicht bei schriftlichen Bekenntnissen bewenden lassen, die du im Morgenstress kurz vor der Fahrt zur Arbeit liest. Deshalb werde ich die Fußballbesprechung um neun Uhr heute Abend verlassen und mich zu unserem kleinen Elsässer Restaurant begeben. Den Platz in der Ecke habe ich für uns reservieren lassen, und das Glas Champagner wird dir serviert werden, wenn du (sicherlich vor mir) ankommst. Du wirst doch da sein? Ich freue mich schon jetzt ganz doll auf dich und diesen Abend.
Sei ganz lieb umärmelt.

Liebesbrief Treff im Supermarkt

Da sind wir uns schon seit Monaten immer samstags an der Kasse im Supermarkt begegnet. Haben uns auch meist angelächelt, hin und wieder etwas verschlafen, manchmal auch ein bisschen verkatert. Und dann war's wie in der Fernsehwerbung: Wir griffen beide nach demselben Paket Frühstücksflocken. Ein kurzer Blick genügte – und wir waren uns einig: Lass uns doch gemeinsam frühstücken! Zunächst mal im Café an der Ecke. Und dann – endlich – kam auch die Frage auf: Bei wem frühstücken wir nun – bei mir oder bei dir? Ich kann dir nur sagen: Solange du mich morgens sooo verwöhnst ... Und damit meine ich wahrhaftig nicht nur Kaffee, frische Brötchen und die feine Orangenmarmelade. Ich hätte niemals gedacht, dass ich – als Alkoholgegnerin – Champagner am Sonntagmorgen im Bett so genießen kann. Dank dir für diese Erfahrung – und auch für die schönen Stunden.
In Liebe ...

Liebesbrief Baggersee

Hallo, mein Glitzerfischlein,
dem Himmel sei Dank, dass er uns einen solchen Prachtsommer beschert hat. Nur bei mehr als 30 Grad war es wohl möglich, dass sich zwei Menschen völlig unabhängig voneinander einen Tag stehlen, um ihn am Baggersee zu genießen. Eigentlich war mir total nach Alleinsein, als ich mich morgens ins noch taunasse Gras legte. Aber dann warst du plötzlich da – eine wunderschöne junge Frau in einem erotischen, einteiligen Badeanzug. Ich wollte nicht immer hinschauen und brauchte eine ganze Weile, bis ich eine einigermaßen unauffällige Bauchlage fand, die nach Dösen aussah, aber das Guckäugeln aus der Armbeuge heraus ermöglichte. Irgendwann muss ich dann doch eingedöst sein mit kleinen heftigen Tagträumen, denn ich erschrak ziemlich, als jemand direkt neben mir »Entschuldigung« sagte.
Ja, und da warst du mit der Bitte, dir wegen der starken Sonne den Rücken einzuölen.
Wie's dann weiterging, weißt du ja. Aber ich muss dir noch mal sagen, wie aufgeregt ich war und noch aufgeregter wurde, als ich deine Haut zum ersten Mal berührte. Das war ein irres Feeling und es kann nicht nur an dem wundervollen Sonnenöl gelegen haben. Ich spürte Haut, wie ich nie zuvor Haut gespürt hatte. Und ich guckäugelte immer mehr, als du den Halsverschluss des Badeanzugs wegen besserer

Ölung gelöst hast. Ich kann nicht mehr genau sagen, wann bei mir die Sicherung durchgeknallt ist: beim Einölen und Fühlen oder beim Gucken. Aber das spielt ja jetzt keine Rolle mehr. Ich wollte es dir nur sagen, weil wir über diesen Teil unserer Begegnung bisher nicht geredet haben. Wir hatten uns ja so viel zu sagen an diesem Tag, an diesem Abend, in dieser Nacht. Auch an dem bewusst zwischengeschalteten »erotikfreien« Tag war dafür keine Zeit. Und wenn ich mir überlege, wie viel noch zu sagen übrig ist, dann musste ich das einfach schreiben, natürlich unterbrochen von der Zustandsbeschreibung: »Ich bin verliebt, ich bin wahnsinnig verliebt in dich.« Jetzt freue ich mich auf unser erstes gemeinsames langes Wochenende. Der Gedanke, über 60 Stunden mit dir in meiner Behausung zusammen zu sein, macht mich ganz meschugge. Ich hab schon dreimal aufgeräumt und – ich habe ein seidenes Bettlaken gekauft. Streichelbussi bis Freitag.

Liebesbrief Weihnachtsmarkt

Mein Liebster,
mich hatte es ja ganz schön »erwischt« in der letzten Woche. Sogar unser lang geplantes gemeinsames Wochenende ist an meinem Schnupfen und der Husterei gescheitert. Das tat mir soo Leid – aber jetzt weiß ich, es hat mir auch gut getan. Nicht nur, weil ich meine böse Erkältung endlich auskuriert habe (hoffentlich!). Sondern auch, weil ich sonst nicht eine deiner schönsten Liebeserklärungen erlebt hätte. Du hättest mir kein schöneres Nikolausgeschenk machen können als deinen kurzen Besuch an meinem »Krankenlager«. Ich hatte mich gerade eingemummelt und auf ein trauriges »Alleine-Wochenende« eingestellt, da hörte ich den Schlüssel im Türschloss. Du kamst nachts hereingeschlichen, gingst leise in die Küche und brachtest mir aus der Thermoskanne einen Becher Glühwein und dazu frischen Honiglebkuchen ans Bett. »Weil ich doch mit dir nicht auf den Weihnachtsmarkt gehen konnte …« Da hab ich wieder einmal gemerkt, wie gut du mir tust, wie sehr du an mich denkst, wie oft du mir etwas Gutes tust. Sei sicher: Wenn du eine Erkältung einfängst, komm ich ebenfalls vorbei – mit der altbewährten Hühnersuppe aus Omas Rezeptbuch, die jeden Schnupfen vertreibt.

Liebesbrief, auf den zweiten Blick

Nun ist es doch passiert, meine Liebste.
Über viele Monate habe ich geglaubt und es mir zugleich geschworen: »Das passiert nie wieder.« Ich verliebe mich nie wieder, das ist eh alles nur »chemisch« und ich lasse mir meine Chemie von keiner Frau mehr durcheinander bringen. Die Erotik ist schön, aber vergänglich, und wenn sie weg ist, dann entdeckt man, dass man in der eigenen Wohnung keinen Platz mehr hat. Überall steht – meist unsichtbar – »besetzt«. Die eigene Küche wird zum Auswärtsspiel, die Lieblingsbücher werden von anderen verdrängt und die Seelenmusik muss man sich bei Freunden anhören. So war es in der Vergangenheit meist.
Aber dann kamst du, zierlich, unaufdringlich, im grauen Cashmere-Outfit mit der kleinen Perlenkette und hast mir in vielerlei Hinsicht Platz bei dir angeboten. Ich habe dieses Angebot zögernd, sehr zögernd angenommen und bin jetzt bei dir, will bei dir sein und wenn es geht auch bleiben. Ja, ich weiß, es ist zu früh für solche Ideen. Aber du weißt ja, die Bekehrten sind die Schlimmsten. Das gilt nicht nur bei ehemaligen Rauchern. Das gilt auch für einen, der sich nie mehr verlieben wollte, und dem es jetzt doch passiert ist.
Ich möchte dich länger lieben als nur heute und morgen.

Liebe auf Distanz

»… es waren zwei Königskinder, die hatten einander so lieb;
sie konnten zusammen nicht kommen, das Wasser war viel zu tief…«

Sicher kennen Sie diese alte Volksweise. Und obwohl wir heute alle möglichen modernen Kommunikations- und Verkehrsmittel haben: Es kommt auch in unserer Zeit vor, dass Liebende getrennt sind. Sei es, dass der eine seinen Beruf in einer anderen Stadt ausübt; sei es, dass Geschäftsreisen das Paar oft trennen – Liebe auf Distanz ist gar nicht einmal so selten. Aus welchem Grund auch immer: Der Abschied fällt einem nie leicht. Umso schöner ist es dann, wenn man vom geliebten Menschen ein Zeichen findet – und sei es nur ein kleiner Zettel im Koffer, im Waschbeutel, im Fotokoffer, in der Tasche des Anzugs, auf dem steht: »Ich liebe dich!« Ein solches Brieflein, das die wenige Mühe, die es macht, immer lohnt, kann man an den unterschiedlichsten und verrücktesten Stellen unauffällig verstecken.

Liebesbrief, rote Rosen

Nervös bin ich schon den ganzen Tag, seit ich grußlos, weil verpennt, aus dem Haus zur Arbeit stürzte. Nichts ging mir von der Hand heute Morgen, das Mittagessen in der Kantine schmeckte auch nicht, obwohl es Rinderrouladen gab, mein Leibgericht. Am Wetter kann es nicht liegen und an der bevorstehenden Geschäftsreise auch nicht. Erst als ich mir in aller Ruhe eine Kanne Tee zubereitete, sah ich klarer: Die Abschiedsumarmung, der Abschiedskuss fehlen mir. Ich habe dich nicht mehr auf den Lippen. Und eigentlich hatte ich ganz fest vorgehabt, dir heute Morgen zu sagen, wie sehr ich dich liebe. Ich sage es jetzt mit den drei Rosen (eine für gestern, eine für heute und eine für morgen), die dir der Blumenladen dankenswerterweise vorbeibringen wird.
Bis morgen Abend, Liebes

Liebesbrief, neuer Job

Mein Schatz,
ich weiß, ich weiß: Wir hatten ausgemacht, dass ich meine Fortbildungsseminare nicht mehr so oft »auswärtig« halte. Und du musst zugeben: Ich habe mich schon ganz schön gebessert. Aber in den nächsten drei Monaten wird es noch einmal hart – für uns beide.
Du darfst nämlich nicht meinen, mir fielen der Abschied und die Trennung von dir und unserer Kleinen jedes Mal leicht – ganz im Gegenteil!
Wir haben vor drei Jahren gemeinsam entschieden, dass ich in meinem Job bleibe und dass du »Hausmann« spielst. Und wenn du ehrlich bist (aber das bist du ja eigentlich immer!), gibst du auch zu: Es macht dir Spaß. Das ist auch nicht – ich weiß es wohl! – der Casus Knaxus. Sondern eben mein vieles Herumreisen.
Ich kann dir aber versprechen: Ab August wird's anders. Denn ich habe mir die folgende Überraschung eigens für diesen Liebesbrief an dich »aufgespart«. Ich hoffe, du freust dich ebenso sehr wie ich:
In drei Monaten nämlich wird hier in Landshut das neue Fortbildungs-

zentrum in Betrieb genommen – und dann halte ich die Seminare nur noch hier ab. Das habe ich mir auch vertraglich zusichern lassen. Und weil ich für die jetzige Schulung in Frankreich bin, sei gewiss: Ich bringe eine schöne Flasche Schampus mit, damit wir unser Wiedersehen und meinen neuen Vertrag gebührend feiern können ...
Es umarmt dich ganz fest deine ...

Liebesbrief Spaziergang

Liebster,
gestern bin ich wieder mal auf dem Deich spazieren gegangen. Du weißt schon, jene Kilometer entlang, die wir bis vor einem Jahr immer gemeinsam mit unserem Hasso abgewandert sind. Dabei ist mir wieder einmal aufgefallen, wie sehr ich unsere gemeinsamen Spaziergänge vermisse. Nicht nur unser Hund freut sich nämlich ganz närrisch, wenn du alle vier Wochen zur Türe hereinkommst, sondern ich mindestens genauso sehr. Ich kann's halt leider oft nicht so zeigen (Hasso wedelt eben ganz wild mit dem Schwanz!), und vier Wochen Abwesenheit lassen mich manchmal ganz schön »fremdeln«. Glücklicherweise erkennst du das und fühlst dich nicht zurückgewiesen, sondern lässt mir mein halbes Stündchen »Eingewöhnungszeit«. Am schlimmsten ist es jedoch, wenn ich schon am Sonntagmorgen daran denken muss, dass du abends wieder zum Bahnhof fährst. Ich weiß, diese ständige Trennungszeit belastet dich ebenso wie mich – und ich bemühe mich deshalb immer, dir den Sonntag so schön und fröhlich wie nur möglich zu machen. Aber manchmal ist das verdammt schwer! Ich denke auch heftig darüber nach, ob ich mir nicht auch einen Job im »wilden Süden« in Bayern suche. Unsere Liebe war und ist stark genug, diese ständigen Trennungen zu überstehen – sie wird sicher auch stark genug sein, einen gemeinsamen Neuanfang »in der Fremde«, die dir ja gar nicht mehr so fremd ist, zu wagen. Ich wünsche mir sehr, dass du ebenso empfindest wie ich – aber eigentlich weiß ich es schon.
Alle Liebe sendet dir ...

Liebesbrief, gemeinsames Lied

Liebster,
Im Autoradio spielen sie gerade »unser« Lied. Und so kommt mir in den Sinn, wie wir uns damals kennen gelernt haben, wie wir unsere Liebe entdeckten, wie wir es lernten, miteinander umzugehen, miteinander zu leben, miteinander zu lachen und einander zu lieben – und wie wir jetzt miteinander das ständige Pendeln von einem Ort zum anderen überwinden.
Liebster, manchmal hab ich es schon arg satt, jeden Freitagnachmittag und jeden Montagmorgen im Stau zu stecken. Wenn ich nicht so tief und viel für dich empfände und mich nicht wiedergeliebt wüsste – ich glaube, ich hätte schon aufgegeben. Aber diese Wochenenden mit dir, die geben mir so viel Kraft, so viel Energie, dass ich damit die ganze Woche über auskomme. Vor allem natürlich auch deshalb, weil ich weiß: Unsere Trennung dauert nicht mehr allzu lange. Erst einmal steht unser gemeinsamer Urlaub an – und den werden wir ganz allein zu zweit genießen, gell? Und dann sind es ja nur noch sechs Monate, bis du deinen neuen Job hier in Stuttgart antrittst und wir endlich wieder vereint sind!
Du kannst dir gar nicht vorstellen, wie sehr ich mich schon darauf freue, dich wieder tagtäglich bei mir zu haben, dich nicht nur am Wochenende, sondern eben auch im Alltag – mit all den kleinen Alltagstücken – zu erleben. Immerhin haben wir schon eine ganze Menge Gewohnheiten erfolgreich überwunden – selbst die berühmte Zahnpastatube hat uns nicht auseinander gebracht. Wir haben uns erfolgreich zusammengerauft, uns beide kann ganz gewiss nichts mehr so schnell auseinander bringen.
Das wünscht sich von ganzen Herzen …

Liebesbrief, langes Wochenende

Hoch vom Norden her, küsst dich dein Teddybär!!
Es war so schön, wieder einmal ein ganzes langes Wochenende daheim zu sein, wirklich. Ich habe es und dich und alles soooo genossen. Aber wie schon so oft auf der Fahrt in den Norden hat mich auch diesmal die Frage beschlichen, ob es denn nur die wochenlange Trennung ist, die unser Zusammensein dann so schön, so unbeschreiblich schön macht, oder ob wir es sind und unsere Liebe, die uns so abtauchen und mit so viel Kraft wieder auftauchen lässt. Eine Antwort habe ich noch nicht gefunden, aber mir tausendmal gesagt und nun

sag ich dir auf diesem Weg, wie sehr ich dich liebe. Und weil mir das alles viel zu lange dauert bis zur nächsten Heimreise: anbei ein Flugticket München–Hamburg und zurück fürs übernächste Wochenende. Keine Angst: Ich bin nicht leichtsinnig, und ich habe auch nicht im Lotto gewonnen oder Schwarzgeld gehortet. Die Fluglinien machen es möglich, dass du fast so schnell hier sein wirst wie meine Gedanken bei dir.
Ich freue mich, mich mal nicht am Bahnhof von dir verabschieden zu müssen, sondern dich am Flughafen umarmen zu können.

Romantik in der Ehe

Es mag Ihnen kitschig vorkommen: Aber Liebesbriefe sind eines von vielen guten Rezepten, um die Gefühle warm zu halten. Selbst wenn Sie schon ein paar Jahre im ehelichen Trott gelebt haben – es ist niemals zu spät, einen Neuanfang zu machen. Holen Sie sich die voreheliche Romantik zurück und schreiben Sie Ihrer/m Liebsten wieder einmal. Vielleicht fällt es Ihnen anfangs schwer, so einfach »ohne Anlass« Ihre Gefühle zu äußern. Dann wählen Sie für Ihren ersten Liebesbrief eben einen ganz persönlichen Gedenktag aus: den Tag, an dem Sie beide sich kennen lernten, den Hochzeitstag, den Geburtstag Ihrer/s Liebsten, Weihnachten oder Ostern. Sicher fällt das Schreiben Ihnen leicht, wenn Sie solch einen »Aufhänger« haben. Für alle »fortgeschrittenen« Liebesbriefschreiber/innen gibt es 1001 Gründe, der/dem anderen die eigenen Gefühle mitzuteilen.

Liebesbrief Erinnerung an die Schulzeit

Mein liebwerter Schatz,
lange hab ich dich nicht mehr so genannt. Im Alltag nennen wir uns zwar »Schatz«, aber wie oft geschieht das – gerade nach einem harten Arbeitstag – eher mechanisch, so ganz ohne den liebevollen Hintergrund, den dieses Wort doch eigentlich hat. Gerade heute aber fiel mir wieder unsere Schulzeit ein: Ich brachte unseren Kleinen mit dem Bus zur Schule – wie lange bin ich nicht mehr im Schulbus mitgefahren: Das muss 15 Jahre her sein! Ich habe mich erinnert: Wir drängelten und schubsten genauso wie die Kids das heute tun. Ihr Buben

habt den Mädels mit Vorliebe den Ranzen irgendwo festgebunden und euch schief gelacht, wenn wir dann ausstiegen und dabei regelmäßig erst einmal Pfadfinderknoten lösen mussten ... Daran hab ich mich also erinnert – und dabei fiel mir natürlich ein, wie wir beide uns immer an der Bushaltestelle getroffen haben in der Anfangszeit unserer Liebe. Ich hatte mich zwar in dich verguckt, aber ich hätte damals nicht zu träumen gewagt, dass unsere Liebe die Schulzeit und sogar das Studium überdauert – und wir jetzt schon seit fast sieben Jahren eine glückliche Familie sind. Und natürlich, dass unser »Schatz« auch seinen Grund hat: Du hast mich zuerst so genannt, weil du meintest, mit mir hättest du einen echten Schatz gefunden. Ich habe diese »Erklärung« nie vergessen, und weil auch du mir lieb und teuer warst und unsere Gefühle füreinander so kostbar, nannte und nenne ich dich ebenfalls »Schatz«. Kürzlich habe ich ein schönes Wort gelesen: »Die Erinnerung steht immer dem Herzen zu Diensten.« Das ist mir heute wieder eingefallen – und darum dieser Brief an dich. In meinem Herzen bist du immer gegenwärtig, selbst wenn das in unserem Familienstress manchmal untergeht.
In aller Liebe

Liebesbrief, zwei Teile

Guten Morgen, du Teil von mir.
Es ist also wahr, dass man nach »tausend Ehejahren« noch neue Facetten der Liebe entdecken kann. Was ist da bloß gestern Abend passiert, nach dem gemeinsamen Abendessen im Garten?! Am Essen kann es nicht gelegen haben, denn Essen wie dieses mit gemeinsamer Vorbereitung voller Freude haben wir zuhauf erlebt. Auch der Wein kann nicht schuld sein, denn unser Brunello ist ein lang vertrauter Freund in allen Lebenslagen. Der Abend selbst, so angenehm warm und ausnahmsweise »mückenfrei«, hatte sicherlich seinen Anteil an der Stimmung, die durch die aufziehenden dunklen Wolken einen ganz eigenen Reiz erhielt. Der Nachtvogel, der da tirilierte (und es war bestimmt keine Nachtigall), brachte uns zu Shakespeare und wir landeten bei »Kiss me Kate«. Da schien es mir fast frivol, als du eine Anleihe bei »Annie get your gun« machtest: Red nicht vom Mond, den du mir schenkst. Wenn du dran denkst, tu es doch. Dann hast du, liebes Käthchen, aber nicht gewartet, bis ich deiner Aufforderung nachkam. Du hast mich ganz einfach geküsst – ganz einfach. Und du hast auch nicht aufgehört, als der Himmel seine Schleusen geöffnet

hat. Mein Gott, hat das geregnet, mein Gott, hast du geküsst. Sogar deine Frisur war dir egal, als wir dann im Regen herumtobten. Und dann erst das Abtrocknen ...
Wollen wir uns nicht bald wieder einen zwitschernden Nachtvogel und einen Regen bestellen? Ich trockne dich auch gern immer wieder ab.

Liebesbrief Traumprinz

Mein Lieber,
Träume sind Schäume, sagt ein altes Sprichwort. Doch das kann ich nicht bestätigen: Meine Träume haben sich erfüllt. Mit 14 malte ich mir aus, wie schön es sein würde, meinen Traumprinzen zu treffen. Obwohl ich wusste, dass es einen Traumprinzen nicht gibt. Aber ich ging auf die Suche – und nach vielem Herzeleid, nach etlichen Reinfällen, fand ich – dich. Ganz und gar nicht wie ein Traumprinz sahst du aus: weder blond noch groß, weder mit starken Schultern noch mit einem prächtigen Schloss. Aber du hast mich anders verzaubert – und so bin ich dein Dornröschen geworden. Ich hoffe sehr, dass es mir auch geht wie im Märchen: Unsere Liebe soll nimmer enden, und ich möchte niemals aus dem schönen Traum erwachen, der auch Dornröschen 100 Jahre lang schlafen ließ ...

Liebesbrief Morgenpost

Wir sind wie ein Brief, meine Liebste.
Dieses Bild ist mir gerade hier am Schreibtisch bei der Morgenpost eingefallen, und ich muss es dir gleich schreiben. Nach Jahr und Tag weiß ich, dass ein Brief – wie wir – aus zwei Teilen bestehen muss, will er komplett sein: aus dem Umschlag und dem Briefbogen.
Je länger ich darüber nachdenke, desto mehr gefällt mit dieses Bild. Es gefällt mir vor allem, weil wir beide da nicht auf die Rolle als Briefbogen oder Umschlag festgelegt sind. Mal fühle ich mich bei dir so gut aufgehoben wie der Brief in einem zärtlichkeitsgefütterten Umschlag, dem schon mehr die alte Bezeichnung »Couvert« gerecht wird, mal bist du bei mir gut aufgehoben. Natürlich sind wir keine ganz frische Post mehr, aber wir wissen, was es bedeutet und bewirkt, den alten Brief immer mal wieder hervorzuholen und ihn wieder sorgsam zu verwahren – bis zum nächsten Mal. Vielleicht ist das schon bald. Ich umarme dich wie ein Umschlag und gebe mich dir wie einen gerade verfassten Liebesbrief.

Liebesbrief, im dreizehnten Jahr

Mein Bär –
so hab ich dich immer genannt. Denn du bist groß und stark und wuschelig wie ein Teddybär. Nun machst du dir Sorgen: Du hast einen kleinen Rettungsring um die Körpermitte und dein Haar – auf das du immer so stolz warst – lichtet sich. Du glaubst, du seiest nicht mehr attraktiv, kaufst dir sogar heimlich Haarwuchsmittel. Doch lass dir sagen, Liebster: Deine kleine Glatze stört überhaupt nicht. Im Gegenteil! Sie macht dich sogar richtig sexy! Du bist eben jetzt nicht mehr der perfekte Mister Universum, sondern eben ein Mensch wie alle anderen um uns herum – und genau deshalb umso liebenswerter. All deine positiven Eigenschaften werden nun nicht mehr von deinem Äußeren »überstrahlt«. Und positive Eigenschaften – an denen ermangelt es dir wahrhaftig nicht! Wie sehr liebe ich deine Angewohnheit, mit mir auf dem Sofa zu kuscheln – auch nach 13 Jahren Ehe noch. Für uns ist die 13 wahrhaftig keine Unglückszahl – aber das wissen wir beide ja längst. Wie sehr liebe ich auch dafür, dass du nicht meckerst, wenn ich wieder mal vergesse, die Kaffeemaschine für den nächsten Morgen vorzubereiten. Wie sehr mag ich's, wenn du von der Nachtschicht nach Hause kommst und mir frische Brötchen mitbringst – weil du eben nach all den Jahren immer noch weißt, wie ich den Duft frisch gebackener Semmeln liebe ... Nicht immer kann ich mich für deine liebevollen Gesten revanchieren, aber ich möchte dir heute mit diesem Brief sagen, dass ich keine deiner zärtlichen »Liebesbeweise« je vergessen oder übersehen habe.
In Liebe ...

Liebesbrief Lebenssommer

Die Äpfel reifen im Garten, meine Liebe,
und als ich heute Morgen so unter unserem Baum stand, der so alt ist wie unsere Ehe, haben mich die immer roter werdenden Apfelbäckchen an dich erinnert. An dich in unseren ersten Liebestagen, als dich selbst kleinste Gesten und Worte erröten ließen, an dich im Sommer unseres gemeinsamen Lebens, wo du mir noch immer jungmädchenhaft entgegenkommst mit einer Wangenröte, die jede Kosmetik verbietet. Mir fällt beim Thema Äpfelchen noch eine ganze Menge ein, aber das ist nichts zum Schreiben, sondern zum Tun – vielleicht heute Abend. Dieses Briefchen leg ich dir auf die Waschmaschine, weil du die ja noch anwerfen wolltest, während ich auf Arbeit bin. Es soll dir nur sagen, wie gegenwärtig du mir bist, mein Lebenssommer-Äpfelchen.

Liebesbrief Plätzchen

»Alle Jahre wieder ...«
kommt nicht nur das Christuskind, sondern schleichst du dich in die Speisekammer, um an den Plätzchen zu naschen. Und wenn du dich wieder in unser warmes Ehebett kuschelst, noch schnell die Brösel vom Schlafanzug wischst und dann ganz schuldbewusst sagst:
»Ich hab nur den Hund noch mal rausgelassen« – dann weiß ich, wie sehr ich dich und deine liebeswerten Eigenschaften brauche. In der Adventszeit denke ich mir immer: Er ist halt doch ein großer Bub! Und gerade deshalb liebe ich dich immer noch so. Weil du es verstanden hast, in manchen Dingen Kind zu bleiben: in der Art, wie du staunen kannst, wie du dich freust – auch über die kleinen Dinge des Lebens. Und natürlich in der Art, wie du dich immer wieder in mich verliebst.
Gemeinsam haben wir viel geschafft in den langen Jahren unserer Ehe: Drei Kinder, die alle wohlgeraten sind; unser Haus, das nach etlichem Um- und Anbau unser Traumhaus geworden ist – und unsere Liebe, die uns auch in harten Zeiten zusammenstehen ließ. Es war mir ein Bedürfnis, dir das einmal »zwischendurch« zu sagen, zu schreiben – nicht nur an den Gedenktagen, die wir beide ja nach 25 Jahren immer noch feiern. Das Zwischendurch fiel mir ein, als ich den Teig knetete für deine Lieblingsplätzchen. Ich hab dann gleich ein Blech mehr gebacken, damit du in den nächsten Wochen bis Heiligabend noch recht oft »den Hund rauslassen« kannst ...
Guten Appetit – und all meine Liebe ...

Späte Liebe

Zu keiner Zeit ist der Mensch gerne allein. Immer sucht man seine Ergänzung, seine andere Hälfte, sein zweites Ich. In den so genannten »mittleren Jahren«, im Sommer des Lebens, in der Blüte seiner Jahre aber empfindet man das Alleinsein oft als besonders hart. Sei es, dass man nach einer Trennung oder Scheidung wieder allein leben muss, oder dass man bis jetzt immer als Single gelebt hat und nun endlich einen Partner haben möchte, mit dem man sein Leben teilt.

Senioren, verliebt wie Teenager – das ist ja heute wahrlich keine Seltenheit mehr. Mit 60 oder 65 fängt das Leben oft erst richtig an: Man hat genügend Reife und Erfahrung und auch das nötige Kleingeld, um sein Leben so richtig zu genießen. Wie in jedem Lebensalter gilt auch jetzt: Bei Liebesbotschaften ist die Fantasie gefragt. Suchen Sie nicht lange nach einem Anlass für Ihren Brief. Denn alles, wirklich alles, eignet sich als Aufhänger für das Geständnis der tiefen Gefühle, die Sie für einen anderen Menschen hegen. Selbst aus einem Missgeschick kann man einen Liebesbrief zaubern.

Liebesbrief Autopanne

Lieber ...,
was hab ich geflucht – obwohl eine Dame das ja bekanntlich nicht tut! – vor zwei Wochen, als mein Auto an der roten Ampel einfach ausging und nicht mehr anspringen wollte. Und wie ein Rohrspatz hab ich auf alle Autofahrer geschimpft, die einfach nicht anhielten und mich in meinem Missgeschick am Straßenrand stehen ließen. Bis da ein Radfahrer daherkam – und das waren Sie. Sie halfen mir schieben und sind auch gleich zur Telefonzelle geeilt, um den ADAC anzurufen. Der »gelbe Engel« ließ ganz schön auf sich warten – doch Sie haben mir die Wartezeit versüßt: mit heißem Kaffee aus Ihrer Thermoskanne, mit einem Croissant aus der nahe gelegenen Bäckerei. So viel Hilfsbereitschaft erlebt man selten in heutiger Zeit – umso mehr wusste ich sie zu schätzen. Dafür möchte ich Ihnen heute nochmals danken. Nicht ein gelber Engel, aber ein guter Geist haben mir damals wohl die Idee eingegeben, Ihnen nicht nur Ihre Adresse und Telefonnummer zu entlocken, sondern Sie auch zu einem Abendessen einzuladen. Zunächst nur aus einem Grund: Sie waren mir so sympathisch, dass ich es nicht nur bei einem bloßen Dankeschön für Ihre Hilfe belassen mochte. Unser Gespräch an diesem Abend war dann so erfrischend, so leicht und heiter und dennoch so intensiv. Sie haben es wohl ähnlich empfunden, denn seither ist kein Tag verstrichen, an dem wir nicht wenigstens am Telefon miteinander geplaudert haben. Und wie oft erst haben wir uns getroffen – nennen wir doch das kleine Café an der Ecke schon unsere Stammcafé!
Ich muss Ihnen heute etwas gestehen: Ich habe mich ein wenig in Sie verliebt. Und meine Hoffnungen sind groß, dass Sie nach den ver-

gangenen 14 Tagen ähnlich empfinden. Oder habe ich Ihre Worte gestern Abend falsch gedeutet? Ihr Handkuss schien mir jedenfalls mehr als nur Sympathie anzudeuten ...
Sei es, wie es sei: Ich freue mich sehr auf unseren heutigen Theaterabend und hoffe, dass ich mit meinem offenen Worten nicht etwa zu forsch war. Darüber wäre untröstlich
Ihre ...

Liebesbrief gemeinsamer Kuraufenthalt

Dem Himmel sei Dank, meine Liebe, dass es diesen Doktor gibt, und dass er bei der Betreuung seiner Patienten unkonventionelle Wege geht. Eine Heiserkeit hatte mich in sein Wartezimmer geführt, wo ich Sie dann zum ersten Male sah: eine wunderschöne ältere Dame. Sie wirkten schon ein bisschen deplatziert. Eigentlich so gar keine Wartezimmer-Patientin, mehr schon eine Privatpatientin, die sich eigentlich vom Arzt zu Hause besuchen lässt. Ich wurde grenzenlos neugierig. Nach meiner Untersuchung fragte ich den Arzt nach Ihnen. Er sagte so gut wie nichts, außer dass Sie eine Dauerpatientin seien, die mindestens zweimal pro Woche komme. Nach einiger Zeit bekam ich durch Beobachtung vom Café gegenüber heraus, dass Sie recht regelmäßig zum Doktor gingen. Da ging ich einfach auch ins Wartezimmer, wenn ich Sie dort wusste und schon bald führten wir, wie Sie sich erinnern, herrliche Gespräche. Wir ließen andere Patienten vor. Meist verdrückte ich mich, wenn Sie drin beim Arzt waren, aber manchmal ließen Sie mich vor und ich musste den Doktor sehen. Bei einer dieser Nicht-Untersuchungen fragte ich erneut nach Ihnen. Diesmal war er auskunftsfreudiger. Auf meine letzte Frage, was Ihnen fehle, sagte er: »Ihr fehlt gar nichts, genauso wenig wie Ihnen. Sie ist halt bloß allein, genau wie Sie.«
Was dann passierte, wissen Sie ja. Er verschrieb Ihnen eine Kur in Bad Ischl und mir auch. Wie er es hinkriegte, dass wir zeitgleich dort waren, weiß ich bis heute nicht. Wichtig ist, dass wir uns dort in jeder Hinsicht entdeckten. Seither haben wir kein Wartezimmer mehr gesehen, keines bei einem Arzt. Gleichwohl kommt mir meine Wohnung jetzt wie ein Wartezimmer vor, in dem ich die Zeit verbringe, bis wir uns wiedersehen. Falls es Ihnen ähnlich geht, sollten wir darüber nachdenken, ob wir nicht eines dieser Wartezimmer auflösen. Wie denken Sie darüber? Sie können mir die Antwort ja übermorgen geben, wenn wir uns sehen ...
In tiefer Verehrung Ihr ...

Liebesbrief Heiligabend

Lieber, guter Weihnachtsmann ...
haben wir als Kinder immer gesungen. Die Stimmung in der Adventszeit, der Nikolaustag, der Weihnachtsmarkt auf unserem schönen historischen Marktplatz – all das gehört für mich seit meiner Kindheit einfach zu Weihnachten. Seit Jahren schon gehört es auch dazu, in der Glühweinbude auszuhelfen – und dabei ist mir in diesem Jahr wirklich der Weihnachtsmann begegnet! Erst hielt ich es nur für Kinderspaß, als Sie mir am Nikolaustag ein kleines Päckchen überreichten. Als ich es zu Hause öffnete, war dann meine Überraschung groß: Die ersten Honiglebkuchen dieses Winters, und dazu ein solch reizender Brief! Ich fühlte mich fast wieder wie ein junges Mädchen: mit klopfendem Herzen und errötet ob Ihrer lieben Worte und Komplimente. Vielen Dank dafür.
Nun kennen wir beide uns ja auch schon eine ganze Weile. Ich hab Sie immer sehr sympathisch gefunden, aber nicht zu hoffen gewagt, dass Sie in mir mehr sehen als eine Clubkameradin. Wie sehr habe ich mich getäuscht und wie froh bin ich, dass Sie sich einen »Stoß« gaben und mir endlich Ihre Gefühle gestanden. So darf ich Ihnen heute sagen: Ja, ich empfinde genauso. Und: Ich möchte gerne mit Ihnen Heiligabend verbringen. Ich freue mich schon sehr auf die gemeinsamen besinnlichen Stunden.
Ihre ...

Liebesbrief, spät gefunden

Liebste Freundin,
ich denke, ich darf mir diese Anrede erlauben, nachdem wir über die gemeinsame Liebe zum Theater, zur Musik und den Freuden des Lukull endlich auch uns als Gemeinsamkeit zu entdecken beginnen. Der Freundin darf ich anvertrauen, wie sehr es mich berührt, in ihr die Liebste gefunden zu haben. Der Liebsten möchte ich versichern, dass die Freundin die unerschütterliche Garantie gegen jede Flüchtigkeit sein wird. Leicht haben wir es uns nicht gemacht, aber unsere addierten Lebensjahrzehnte haben uns wohl auch ein bisschen vorsichtig gemacht. Ich will dir heute gestehen, dass ich nicht geglaubt habe, mir würde in meinen späten Tagen noch einmal so etwas Unvergleichliches passieren. Wenn ich unvergleichlich sage, dann hat das besondere Bedeutung, denn »bis zu uns« habe ich immer verglichen – im Beruf und im Privatleben. Selbst gegebene oder durch die Gesell-

schaft geprägte »Messlatten« habe ich an alles und an jeden gelegt, auch an mich. Und das hat mich, wie ich seit dir weiß, eingeengt. Jetzt fühle ich mich so unendlich frei oder sollte ich besser sagen, dass ich eine ungeahnte Tiefe in mir fühle?!
Während ich dir diese Zeilen schreibe, noch voll des Dich-Fühlens, spüre ich deine Hand, die sich nicht rein zufällig wie in den Filmen sondern so zärtlich bestimmt auf meine Hand legte, nachdem wir uns im Laufe des Theaterabends immer dabei ertappt hatten, wie wir uns verstohlen aus den Augenwinkeln ansahen. Da, ja da war's passiert. Du ließest mich wissen: »Me voilà!« und warst damit ein bisschen mutiger und schneller als ich. Als wir uns dann tief in die Augen sahen, wussten wir »es« und wir wussten, dass wir alle Zeit dieser Welt haben würden. Aber auch wenn wir all diese Zeit haben, mir wird schon jetzt das Warten lang. Ich freue mich unbändig auf dich, auf uns. Me voilà.
Dein ...

Liebesbrief Wanderung

Lieber ...,
»Alte Lieb' und alter Span brennen leichtlich wieder an«, sagt ein Sprichwort. Und ich kann sicher behaupten: Es hat Recht! Wie froh bin ich, dass ich mich entschlossen habe – nach langem Zögern und Zaudern und nur auf gutes Zureden meiner besten Freundin! – an der VHS-Wanderung durch die Weinberge teilzunehmen. Schließlich war das Wetter so gar nicht danach! Und im drohenden Regen durch die Reben zu laufen – das war so gar nicht nach meinem Geschmack. Doch schon nach ein paar Kilometern wusste ich: Das Sonnenlicht war gar nicht nötig! Ich hatte die Sonne an meiner Seite, denn dein strahlendes Lächeln, deine Freundlichkeit und dein Interesse daran, mich aus meiner Schlecht-Wetter-Laune zu reißen, machten den Regentag zu einem strahlenden Erlebnis. Ich komme mir wieder vor wie mit 17, ich weiß jetzt, dass einen die Liebe auch mit fast 70 noch treffen kann – und ich danke Gott dafür, dass ich noch so offenen Auges und Herzens durch die Welt gehe, um zu erkennen: Da ist einer, dem ich vertrauen kann, der mich mit all meinen Fehlern liebt und mit dem ich die letzten Jahre verbringen will.
So viel an Gemeinsamkeiten, an Übereinstimmungen, an gegenseitig liebevollen Gefühlen habe ich seit meiner Jugend nicht mehr erlebt. Lieber, du weißt, dass ich meinen Mann vor mehr als sieben Jahren

verlor. Er war die große Liebe meiner Jugend. Niemals hätte ich gedacht, dass mir solche Gefühle noch einmal begegnen, dass ich noch einmal bereit bin, das Wagnis einzugehen, mein Leben mit einem Menschen zu teilen. Du und dein Wesen, dein Charakter, deine Persönlichkeit haben mich anderen Sinnes gemacht – dafür liebe ich dich ganz besonders.
In liebevoller Verbundenheit …

Liebesbrief, mit Zitat von Goethe

O du, meine schöne Herbstzeitlose,
ich denke, besser kann ich dein Bild in meinem Herzen nicht beschreiben. Dabei geht es mir wirklich nur ums Bild dieser wunderschönen Blume inmitten gefallener Blätter, und nicht darum, dass man diese Pflanze wegen ihrer giftigen Eigenschaften am besten nicht anfassen soll. Nein, giftig würde ich dich und dürfte dich in meiner Gegenwart niemand nennen. »Unnahbar« würde ich noch gelten lassen, auch wenn wir die Schwelle der Unnahbarkeit schon überschritten haben. Aber die Nähe, nach der ich mich so sehne, haben wir trotz der vielen schönen Dinge des gemeinsamen Erlebens noch nicht geschafft. Liegt es daran, dass ich im Glauben an die Gunst der Stunde manchmal zu fordernd bin, oder stehen dir die Erinnerungen an die Männer deiner Vergangenheit im Weg? In diesem Punkt bist du, der sonst sprudelnde Wortquell, seltsam zurückhaltend. Du versiegst förmlich. Es sind nun schon fast zwei Jahre, die wir – im Wortschatz jüngerer Menschen – »miteinander gehen«.
Wir haben alle Stationen der Zuneigungs-Topographie miteinander begangen, nur den Gipfel haben wir nicht geschafft. Es mag in deinen Augen unschicklich sein, wenn ich dir auf diesem Weg sage: »Lass uns bitte nicht mehr allzu lange warten.« Ich weiß auch nicht, ob du es schicklicher empfindest, wenn ich unseren »alten Freund« Johann Wolfgang von Goethe zitiere, der in ähnlicher Situation schrieb: »Ich bin zu alt, um nur zu spielen, zu jung, um ohne Wunsch zu sein.«
Aber sei's drum. Goethe hat für mich gesprochen, Liebste. Magst du nicht doch mit mir zum Gipfel?

8. Kapitel

Glückwunschbriefe

Mit kleinen Sachen Freude machen – das sollte doch eigentlich gar nicht so schwer sein, oder? Aber leider ist »Zeit ist Geld!« das Motto unserer Zeit. In all der Hektik und in all dem Stress haben wir die Fähigkeit verloren, Kleinigkeiten zu genießen. Wie viel einfacher geht es doch anders: Wir schenken lieber Großartiges, Dinge, die »etwas hermachen«. Und wir glauben fälschlicherweise, damit echte Freude zu wecken beim Beschenkten.
Genauso ist es auch mit dem Schreiben von Briefen.

- Warum einen Glückwunsch auf Briefpapier formulieren, wenn man überall bunt bedruckte Geburtstagskarten kaufen kann?
- Warum sich überlegen, wie man einem nahe stehenden Menschen einen lieben Gruß zum Jubiläum sendet, wenn man das viel schneller und einfacher durch die deutsche Post und ein Glückwunschtelegramm erledigen lassen kann?
- Warum nicht anrufen und direkt mit dem Betreffenden plaudern? Man kann ihm die besten Wünsche sagen, man kann ihm mitteilen, wie sehr man ihn vermisst. Und das in und nach aller Welt – in Kleinkleckersdorf genauso wie in Vancouver, nach Hamburg genauso wie nach Peking.
- Warum sich also mühen, warum etwas schreiben?

Warum ein Glückwunschbrief sinnvoll ist

Wenn Sie in die entsprechende Abteilung eines Warenhauses gehen, finden Sie meterlange Regale mit entsprechenden Karten für alle möglichen Glückwunsch-Anlässe. Weiß denn noch irgendjemand es zu schätzen, einen persönlich formulierten Glückwunschbrief zu bekommen? Ich glaube: Ja! Und es gibt vielerlei Gründe dafür, einen zu schreiben:

- Man kann in einem Glückwunschbrief genau auf die Person eingehen, an die der Brief gerichtet ist.
- Man kann seine Beziehung zum Beglückwünschten in einem Brief besser ausdrücken als auf einer vorgedruckten Karte – mag sie noch so originell oder witzig sein.
- Mann kann im Glückwunschbrief besser auf das persönliche Geschenk eingehen, das außer dem Brief vielleicht überreicht oder verschickt wird.
- Und zu guter Letzt: Es gibt wohl kaum jemanden, der sich nicht über ein persönliches Schreiben freut!

Sie wissen nicht, was Sie einem bestimmten Menschen schenken sollen? Schenken Sie ihm die eine Stunde, die Sie für einen guten Brief an ihn benötigen – so hat einmal ein kluger Mann gesagt. Denn ein solches Geschenk wird immer willkommen sein und viele andere – weit kostspieligere – an Wert übertreffen. Es ist ja nicht der materielle Wert, der ein Geschenk so wertvoll macht. Es ist nicht das Geld, das ein Gegenstand kostet, der ihn für den Beschenkten lieb und unvergesslich macht.

Form und Gestaltung eines Glückwunschbriefs

Es zählt die Idee, die dahinter steht! Das heißt auch, nicht einfach nur einen weißen Bogen Briefpapier zu nehmen.

- Spielen Sie mit Farben, mit Formen, mit Mustern. Es gibt heute eine solch große Auswahl, dass Sie Ihre Glückwunschbriefe ganz individuell abfassen und gestalten können.
- Machen Sie sich Ihr eigenes Briefpapier, Ihre eigenen Briefkarten. Eine gepresste Blüte, ein getrocknetes Blatt, auf einen dazu passenden bunten Bogen geklebt – schon haben Sie Ihre ganz persönliche Note gefunden. Und verschicken als Gruß vielleicht sogar ein kleines Meisterwerk, das der Empfänger sich lange aufbewahrt, vielleicht sogar einrahmt.

Wenn Sie ein bisschen nachdenken, sich in die Situation des Beglückwünschten hineinversetzen, werden Ihnen ganz von selbst Ideen für den Text kommen. Und diese Ideen sind es, die den Empfänger anrühren. Es kommt nicht auf wohlgesetzte Worte oder einen fast literarischen Briefstil an:

- Wenn die kleinste Enkelin der Großmutter zum Geburtstag gratuliert, in Worten, wie sie ein Kind gebraucht, wird dies das Herz der Oma mehr anrühren als eine vorgedruckte Karte.
- Wenn eine Mutter zum Muttertag ein gekritzeltes Gedicht mit einem selbst gemalten Bild geschenkt bekommt, wird sie das sicher nicht vergessen. Aber eine Packung Pralinen, mit dem Aufdruck »Für die liebe Mutter« ist sicherlich schnell aus dem Gedächtnis verschwunden.

Am Anfang fällt Ihnen das vielleicht noch schwer. Deshalb finden Sie in diesem Kapitel etliche Beispiele, zu welchem Anlass man Glückwünsche versenden kann. Sicherlich sind nicht alle Anlässe erwähnt, sicherlich fallen Ihnen noch ein paar mehr ein. Sie sollen die Vorlagen auch nicht Wort für Wort übernehmen. Die Musterbriefe sind lediglich als Anregung zu sehen. Als Anregung auch, welche Vielfalt an Gelegenheiten es gibt, das ganze Jahr, das ganze Leben eines Menschen hindurch.

Persönliche Gedenktage

Glückwunsch zur Geburt eines Kindes (von Freunden)

Liebe Anna, lieber Klaus,
die schönste Mitteilung, die wir in der heutigen Post fanden, war die originelle Karte, mit der ihr uns die Geburt eures Stammhalters Matthias anzeigt. Wir gratulieren euch zu diesem großen Ereignis von ganzem Herzen! Und wünschen natürlich dem Kleinen, aber auch seiner Mama alles Gute!
Ihr lieben Zwei! Euer eigenes Leben wird sich natürlich jetzt von Grund auf verändern: Ihr seid nicht mehr »nur« ein Ehepaar, sondern eine richtige Familie. Sicher werdet ihr bald merken: So ein kleines Kind im Haus bringt viel Ungewohntes mit sich – und nicht immer wird es nur fröhlich zugehen. Kinder machen neben aller Freude auch Sorgen. Aber das soll euch jetzt, wo Matthias gerade eben erst zur Welt gekommen ist, nicht belasten! Wir wünschen euch jedoch, dass es immer nur kleine, nicht allzu große Sorgen sein mögen. Auf jeden Fall sollt ihr – dafür drücken wir euch ganz fest die Daumen – mit eurem Kleinen immer Frohsinn im Haus haben. Euch dreien für die nahe und ferne Zukunft alles Gute!
Eure Fischers
PS: Sagt uns bitte, wann es euch am besten passt, den neuen Erdenbürger und die strahlenden Eltern einmal zu besuchen.

Glückwunsch zur Geburt eines Kindes (von der Patin)

Liebe Monika, lieber Peter!
Erst knapp drei Jahre ist es her, da wurde euer Stammhalter Josef geboren. Ich erinnere mich noch genau, wie stolz Peter auf seinen Erstgeborenen war. Und jetzt hat der kleine Josef ein Schwesterchen bekommen: Manuela. Sicherlich ist er genauso stolz darauf wie seine Eltern.
Zu eurer kleinen Tochter möchte ich euch ebenfalls alles Gute wünschen! Vor allem, dass sie genauso gesund und kernig ist wie ihr Bruder, der ja ein robuster kleiner Kerl geworden ist. Besonders schön finde ich es, dass – wie Mama mir sagte – ihr euch überlegt habt, mich zur Patentante für die kleine Manuela auszuwählen. Das ist eine große Ehre für mich – schließlich bin ich doch gerade erst 18 geworden. Und nun soll ich schon so etwas Seriöses wie »Patentante« sein. Seid sicher, ich werde meine Aufgabe ernst nehmen und schon darüber »wachen«, dass es meinem Patenkind an nichts fehlt …
Wann kann ich denn »meine« kleine Manuela besichtigen? Und: Wisst ihr denn schon, wann die Taufe sein wird? Schließlich muss ich mir ja jetzt schon ein passendes Geschenk überlegen …
Nochmals: Alles Gute euch vieren.
Ganz stolz
Manuela

Glückwunsch zum Geburtstag – Vergesslichkeit

Lieber Rolf-Werner!
Kaum zu glauben, schon wieder ist ein ganzes Jahr rum. Dabei meinte ich, es wäre erst gestern gewesen, als ich dir das letzte Mal zum Geburtstag gratuliert habe. Das ging alles so schnell, dass ich ganz vergessen habe, wie alt du jetzt eigentlich bist …
Bis zur Fete, alles Gute, deine Ute!

Glückwunsch mit Sprichwort zum Geburtstag

Lieber Herr Bauer,
ein altes Sprichwort sagt: »Gewitter im Märzen gehen dem Bauer zu Herzen.« Ich will hoffen, dass nicht nur an Ihrem Jubeltag, dem 14. März, die Sonne strahlt, sondern auch Ihr kommendes Lebensjahr warm und hell und froh verläuft. Herzlichste Glückwünsche!
Ihre Frau Neuendecker

Glückwunsch zum 16. Geburtstag

Lieber Ralf!
Das Mofa zu deinem 16. Wiegenfeste steht schon vor der Tür, wie ich gehört habe. Die nächste Tankfüllung spendiere ich dir dann, damit du oft bei mir vorbeischauen kannst.
Einen besonders schönen Geburtstag wünscht dir
deine Tante Elfi

Glückwunsch zur Volljährigkeit (von der Schwester)

Liebe Marina,
na, endlich hast du's geschafft und bist auch volljährig! Lange genug gedauert hat es ja. Kam dir das letzte Jahr bis zum 18. Geburtstag auch erheblich länger vor als die Zeit davor? Mir ging's jedenfalls vor vier Jahren so. Und ich kann mich erinnern, wie sehnsüchtig ich meinen 18. Geburtstag herbeigesehnt habe. Ich kann dir nur sagen: So furchtbar viel ändert sich gar nicht. Unsere lieben Eltern haben uns glücklicherweise schon vorher mit genügend Verantwortung betraut, das mussten wir nicht erst pünktlich zum Stichtag »18. Geburtstag« lernen. Leider kann ich zu deiner großen Volljährigkeitsfete, die du bei uns im Garten feiern willst, nicht kommen. Du weißt ja: Die Zwischenprüfungen stehen an. Und da ist jeder Tag enorm wichtig. Sei dir aber sicher, dass ich an deinem Ehrentag ganz fest an dich denken werde. Und Punkt 11.30 vormittags – zu deiner Geburtstunde, auf die Mama ja immer so großen Wert legt – werde ich ein Schlückchen Sekt auf dich trinken. Den schmuggeln wir aus dem Studentenwohnheim in die Vorlesung an der Uni ein ...
Nochmals: Alles Gute! Sei herzlich umarmt von
deiner Schwester Malwine

Glückwunsch zum 20. Geburtstag (von gleichaltrigem Freund)

Beethoven starb mit 57 Jahren,
Mozart wurde nur 35 Jahre alt,
James Dean wurde im Alter von 24 Jahren dahingerafft,
und jetzt feierst du auch schon deinen 20. Geburtstag.
Alles Gute und: Nutze die Zeit!
In Freundschaft, dein Michael

Glückwunsch zum 22. Geburtstag

Lieber Heinz-Georg!
Eine echte Schnapszahl feierst du dieses Jahr, der hoffentlich noch viele weitere folgen. Tatsache ist, dass du heute zweiundzwanzig Jahre alt wirst und dich darauf vorbereiten kannst, bald in den Club »Altes Eisen« aufgenommen zu werden. Tatsache ist auch, dass wir uns das bei all deiner Energie und Lebensfreude gar nicht vorstellen können. Und es ist natürlich eine Tatsache, dass wir alle dir von ganzem Herzen gratulieren und dich lieben!
Deine »Familienbande«

Glückwunsch zum Geburtstag – Schnapszahl

Alle elf Jahre aufs Neue ein besonderer Grund zum Feiern:
Mit 11 warst du gerade ins Gymnasium gekommen.
Mit 22 hast du geheiratet.
Und mit 33?
Oder mit 44?
Wir sind heute schon gespannt, liebe Christina. Und wir wünschen dir für den morgigen 33. Geburtstag alles Gute und Schöne.
Deine »alten« Schulfreundinnen, die noch viele andere Geburtstage mit dir feiern wollen

Glückwunsch zum 35. Geburtstag

Lieber Ernst-Diether,
ich kann es wirklich kaum glauben, aber du wirst tatsächlich schon 35! Und wenn ich mir überlege, dass wir ein Fünftel dieser Zeit zusammen sind, so kann ich nur hoffen, dass wir einander auch in zehn Zehntel deiner Lebensjahre noch lieben. Auf die kommenden 35 Jahre also!
In Liebe, deine Mechtild

Glückwunsch zu einem »runden« Geburtstag

Höchstes Glück ist kurzes Blitzen,
Fühl's und sprich: Auf Wiederkehr!
Ließ' es dauernd sich besitzen,
Wär es höchstes Glück nicht mehr.
Alles Gute zu deinem »runden« Geburtstag
von deiner Isolde

Glückwunsch zum 40. Geburtstag (von Vereinsfreunden)

Lieber Andreas,
boshafte Menschen würden sagen: Endlich ist er so alt geworden, wie er schon lange aussieht. So etwas würde mir natürlich nie über die Lippen kommen. Gott bewahre! Allerdings: Ganz Unrecht haben diese boshaften Menschen nicht! Feierst du heute wirklich schon deinen 40. Geburtstag? Na denn, lass dir sagen, mein Guter: Jünger werden wir bekanntlich alle nicht – aber für dieses hohe Alter bist du wirklich noch top drauf. Und du schaffst beim Kegeln ja auch immer noch alle Neune – was willst du mehr!?
Unser Verein »Allzeit gut Holz« hat mich auserkoren, dir deshalb zum Geburtstag ein ganz besonderes Geschenk darzubringen:

einen Gutschein

Und zwar darfst du im nächsten Monat jeden Dienstag kostenlos mitkegeln. Und du bekommst beim anschließenden Umtrunk auch immer drei Getränke frei. Na, ist das nichts?!
Auf jeden Fall: Ein Hoch und ein kräftiges Prost auf dich!
Deine Vereinskameraden
i. A. Peter Niklasch

Glückwunsch zum 50. Geburtstag (von Vereinskameraden)

Lasst die Glocken hell erklingen,
lasst alle Engelschöre singen.
Lasst nichts so öde wie es war,
denn Franz wird heut' fünfzig Jahr!
Herzlichen Glückwunsch, deine »Alle Neune«.

Glückwunsch zum 60. Geburtstag (von Nachbarn)

Lieber Herr Molten,
eben erfahre ich von unserer gemeinsamen Nachbarin, Frau Murmann, dass Sie heute Ihren 60. Geburtstag feiern. Schade, dass ich vorher nichts davon gewusst habe. So kann ich Ihnen nur von Herzen alles Gute wünschen – vor allem Gesundheit.
Zwar komme ich nicht mehr dazu, Ihnen ein großartiges Geschenk zu besorgen. Aber vielleicht macht Ihnen ein selbst gebackener Obstkuchen auch mehr Freude. Deshalb habe ich es mir nicht nehmen lassen, unseren Apfelbaum zu »plündern« und mich gleich in die Küche an den Backofen zu begeben.
Ich hoffe sehr, lieber Herr Molten, dass Sie uns noch viele weitere Jahre »erhalten« bleiben. Gott sei dank sind Sie ja wieder gesund und können sich jetzt richtig gut erholen. Treffen wir uns bald einmal nachmittags auf eine Geburtstags-Nachfeier bei mir im Garten? Frau Murmann kommt auch – und dann werden wir beide Sie mal so richtig mit Kaffee und Kuchen verwöhnen.
Darauf freut sich
Hermine Walter

Glückwunsch mit Rechenaufgabe zum Geburtstag

Lieber Franz!
Mal angenommen, ich wäre heute doppelt so alt, wie mein Vater war, als er die Hälfte deiner jetzigen Lebensjahre hatte. Du wiederum wärest dann knapp drei Jahre jünger als ich. Wie alt bist du jetzt? Nicht kapiert? Macht nix, ich auch nicht. Aber immerhin hast du ja einen Computer – kann dir der beim Rechnen helfen?
Trotzdem alles Gute zum Geburtstag, vergiss die Mathematik für heute und lass dich feiern
dein Rudi

Glückwunsch zur Konfirmation

Liebe Katharina,
mit deiner Konfirmation steht dir ein schöner und festlicher Tag bevor, zu dem wir dir – damit wir auch nicht zu spät damit kommen – schon heute herzlich gratulieren.
Beides, die feierliche Einsegnung in der Kirche und auch das Familienfest, sind erste Höhepunkte im Leben, die einem unvergesslich bleiben. So wünschen wir dir und deinen Eltern eine schöne Feier. Wir hoffen, dass du zum Andenken mancherlei Nützliches und Schönes geschenkt bekommst.
Unser Beitrag zu deiner Konfirmation liegt bei: Verwende den Schein dafür, dir etwas zu kaufen, was dir ganz persönlich Freude und Spaß macht: vielleicht eine CD, ein Video oder etwas zum Anziehen. Du kannst den Betrag natürlich aber auch auf dein Sparkonto geben. Dann vermehrt er sich sogar.
Alles Liebe und Gute für die kommende Zeit!
Deine Tante Elfriede

Glückwunsch zum Schulanfang

Lieber Kai,
nun ist es endlich so weit:
du darfst deinen tollen bunten Ranzen nehmen und jeden Tag in der Schule etwas Neues lernen. Ab Montag bist du dann ja eigentlich auch kein »Kind« mehr – jedenfalls kein kleines, und deine große Schwester braucht dich dann nicht mehr aufzuziehen –, sondern ein ABC-Schütze, ein Schüler. Dazu kann ich dir nur gratulieren. Auch wenn man das erst viel später erkennt: Die Schulzeit ist die schönste im Leben.
Jedenfalls wünsche ich dir, dass du freundliche Lehrer bekommst und nette Freunde findest und am Lernen Spaß hast. Und im nächsten Jahr kannst du deine Briefe dann schon selber lesen, Mutti muss sie dir dann nicht mehr vorlesen. Ist das nicht toll?
Alles Gute – und anbei ein kleines Taschengeld für den ersten Schultag von deiner Patentante Moni

Glückwunsch zum Schulübertritt

Lieber Caroline,
mit großer Freude habe ich von deinen Eltern gehört, dass du die Aufnahmeprüfung ins Gymnasium bestanden hast. Nach den Ferien wirst du also die Schule wechseln. Das finde ich großartig und ich möchte dir recht herzlich gratulieren. Du weißt ja, dass ich gerne Tierärztin geworden wäre – mir war das damals nicht möglich, denn meine Eltern konnten das Schulgeld nicht bezahlen. Du hingegen hast jetzt die große Chance, das Abitur zu machen und dann genau den Beruf zu ergreifen, den du dir einmal wünschst. Auch wenn das auf der einen Seite mehr Arbeit bedeutet, als vielleicht deine jetzigen Freundinnen haben; auch wenn du dich an einen neuen und längeren Schulweg gewöhnen musst; auch wenn du neue Lehrer und neue Mitschülerinnen haben wirst – du bist in einem Alter, in dem dir das noch nicht allzu schwer fällt. Lass dich nur nicht entmutigen. Deine Eltern wissen ja auch, dass aller Anfang schwer ist und du sicher nicht gleich lauter Einsen nach Hause bringen kannst. Trotzdem: Bemühen darum solltest du dich schon.
Denk bitte auch immer dran: Wenn du einmal Kummer hast, den du mit deinen Eltern vielleicht nicht besprechen kannst oder willst: Deine Großeltern sind immer für dich da. Wir drücken dir für deinen neuen Lebensweg ganz fest die Daumen!
In Liebe Omi und Opa

Glückwunsch zum Schulabschluss

Liebe Inge,
Du bist ja immer ganz gerne in die Schule gegangen – im Gegensatz zu mir, leider. Dir ist es auch nicht so schwer gefallen, zu lernen und immer aufs Neue weiterzustudieren. Dennoch wirst du froh sein: Jetzt hast du's geschafft. Du hast dein Abitur in der Tasche und hast sogar – wie Mutter mir schrieb – schon einen Studienplatz in Aussicht.
Dazu möchte ich dir ganz herzlich gratulieren. Ich weiß ja, wie sehr du es dir immer gewünscht hast, einen guten Notendurchschnitt zu bekommen, damit du auch sofort an die Uni gehen kannst. Hat denn dein Peter es auch so gut geschafft? Denn sicher wollt ihr ja zusammenbleiben und vielleicht sogar an derselben Hochschule studieren.
Melde dich doch wieder einmal bei mir! Du weißt ja, ich kann nicht mehr so oft nach Hause zu den Eltern fahren: Seit der kleine Bastian da ist, genießen wir unser Familienleben zu dritt umso mehr. Und Bastian ist auch noch zu klein, als dass man ihn mit auf die lange Reise von Hamburg nach Berchtesgaden nehmen könnte.
Es umarmt und drückt dich jedenfalls ganz fest
dein Bruder Norbert

Glückwunsch zur Gesellenprüfung

Lieber Herr Ritter, lieber Bernhard –
hoffentlich darf ich Sie noch mit dem Vornamen ansprechen? Aber Ihre Eltern und wir waren so lange Nachbarn, da nehme ich mir diese Freiheit einfach.
Mit großer Freude habe ich erfahren, dass Sie Ihr Examen bestanden haben – und sogar noch mit der Beurteilung »sehr gut«. Ihre Eltern haben sich darüber so gefreut, dass sie meine liebe Frau und mich gleich zu einem Gläschen Sekt eingeladen haben, als sie von Ihnen telefonisch Bescheid bekamen. Und so möchte ich Ihnen – zusammen mit meiner Frau – ebenfalls von ganzem Herzen zu dem gelungenen Abschluss gratulieren. Jetzt stehen Ihnen wirklich alle Wege offen. Und wir denken auch, Sie werden sich Ihren Herzenswunsch erfüllen können und erst einmal ein paar Jahre im Ausland in Ihrem Beruf Erfahrungen sammeln. Hoffentlich können Sie sich aber erst einmal einen kleinen, erholsamen Urlaub gönnen, ehe es in die praktische Arbeit geht. Unser Wunsch für Ihre Zukunft lautet: Weiter so!
Mit den besten Wünschen
Adi Ferrer und Frau

Jubiläum

Ein Jubiläum ist natürlich immer ein besonderer Anlass zum Feiern. Das kann die Silber- oder die Goldene Hochzeit sein, aber auch die zehnte Wiederkehr einer Firmengründung oder ein Berufsjubiläum.

Glückwunsch zum zehnjährigen Berufsjubiläum

Liebe Gabi,
Habe ich das richtig mitbekommen? Bist du tatsächlich schon seit zehn Jahren bei uns in der Firma? Es kommt mir vor, als sei es erst gestern gewesen, als du dich uns vorstelltest. Aber wie auch immer – eine Bereicherung für die Belegschaft warst und bist du auf alle Fälle ...
Auf gute Zusammenarbeit auch weiterhin, dein Rudi!

Glückwunsch, fünf Jahre eigenes Geschäft

Liebe Roswitha!
Als du vor fünf Jahren deine Boutique eröffnetest, hätte ich nie geglaubt, dass du einmal eine so erfolgreiche Geschäftsfrau werden würdest. Wie freue ich mich heute für dich, dass ich mich damals irrte ...
Viel Glück für die Zukunft und auch weiterhin einen »goldenen Riecher« für gute Geschäfte wünscht dir in Freundschaft
deine Bärbel

Glückwunsch zu Erfolg im Job

Lieber Luigi!
100 verkaufte Gebrauchtwagen!
Diese Zahl muss man sich mal vorstellen – bedeutet dies doch auch, dass es aufgrund deiner verkäuferischen Qualitäten nun 100 zufriedene Kunden des Autohauses Felgenbeißer mehr auf der Welt gibt. Du bist und bleibst unser bester Verkäufer.
Weiter so, Luigi!

Glückwunsch, fünf Jahre im Topjob

Liebe Christina!
Du hast dich mit deinem Selbstbewusstsein, deiner Energie und deiner Durchsetzungskraft fünf Jahre an der Spitze des Managements deiner Firma halten können. Erinnerst du dich noch an deinen ersten Tag? Heute vor fünf Jahren. Wir gratulieren dir ganz herzlich.
Deine Mama und dein Papa

Hochzeit

Wenn zwei sich gefunden haben und ihren Lebensweg gemeinsam weitergehen wollen, ist das sicher ein Grund für Glückwünsche. Und hier gibt es eine Riesenauswahl an vorgedruckten Karten. Machen Sie sich gerade deshalb die kleine Mühe und »erfinden« Sie Ihren eigenen Glückwunschbrief.

Glückwünsche als Hochzeitsgedicht

Liebe Petra, lieber Horst,
Die Zukunft soll euch reich beschenken,
das wünschen wir euch heut'.
Das Glück soll euch auch oft bedenken,
wie alle netten Leut'.
Die Ehe wird euch Höhen bringen,
doch wohl auch manche Tiefen.
Das Gute kann man nicht erzwingen,
nichts lässt sich einfach so hoch hieven.
Umschifft nur mit Erfolg die Klippen,
das ist's, was ich euch so sehr wünsch'.
Dann könnt ihr euch im Glücke wippen
und seid mit Unglück nicht im Clinch!
Das wünschen euch von Herzen Maria und Klaus

Hochzeitjubiläen

Schon im Frühmittelalter lässt sich der Brauch finden, die Feier des Ehejubiläums mit einem Gottesdienst zu begehen. Die Hochzeitsjubiläen haben je nach lokaler Tradition eigene Namen und Bräuche. Man beschenkt einander und begeht das Fest mit Freunden. Und so werden die einzelnen Hochzeitjubiläen genannt:

- 1 Jahr: Baumwollene Hochzeit. Man schenkt Praktisches, also etwa baumwollenes Tuch.
- 5 Jahre: Hölzerne Hochzeit. Die Ehe scheint Bestand zu haben. Man schenkt Beständiges, also etwa Holzgeschnitztes.
- 6 1/2 Jahre: Zinnerne Hochzeit. Die Ehe sollte von Zeit zu Zeit wieder aufpoliert werden. Geschenke, die dies ebenso brauchen, gibt es ja zahlreich über Zinn hinaus.
- 7 Jahre: Kupferne Hochzeit. Die Ehe scheint so beständig zu sein, dass sie Patina (Altersschmuck) anzusetzen verspricht. Man schenkt Kupferpfennige als Unterpfand des Glücks.
- 8 Jahre: Blecherne Hochzeit. Die Ehe hat ihren alltäglichen und nutzbringenden Weg gefunden. Ein beliebtes Geschenk sind zum Beispiel Kuchenformen.
- 10 Jahre: Rosenhochzeit. Die Ehe, jetzt ruhig und rund, kann sich über die Rosen wieder der Martern des 1. Hochzeitstages erinnern. Es ist schon ein Fest mit Gästen, die den Eheleuten wichtig sind.
- 12 1/2 Jahre: Petersilienhochzeit. Die Ehe soll grün und würzig bleiben. Das, was zu diesem Tag an Schmackhaftem verzehrt wird, bringen die Gäste mit.

- 15 Jahre: Gläserne oder Kristallene Hochzeit. Die Ehe soll in den Beziehungen zwischen Mann und Frau durchsichtig und klar sein.
- 20 Jahre: Porzellanhochzeit. Glänzend und zugleich empfindlich ist die Ehe geworden.
- 25 Jahre: Silberne Hochzeit: Die Ehe, die nun ein viertel Jahrhundert dauert, hat ihren bleibenden Wert unter Beweis gestellt. Das Fest vereint die Verwandten, das Jubelpaar trägt Silberkranz und Silbersträußchen. Zur Silberhochzeit ist ein »Dankgottesdienst« möglich.
- 30 Jahre: Perlenhochzeit. Die Ehejahre reihen sich aneinander wie die Perlen einer Kette.
- 35 Jahre: Leinwandhochzeit. Wie gute Leinwand hat sich die Ehe als unzerreißbar erwiesen. Manches ist allerdings aufgebraucht; der Wäscheschrank muss neu aufgefüllt werden.
- 37 1/2 Jahre: Aluminiumhochzeit. Die Ehe und das Glück waren dauerhaft.
- 40 Jahre: Rubinhochzeit. Das Fest der Liebe hält und trägt immer noch. Der Ehering bekommt mit dem Rubin den Edelstein der Liebe und des Feuers.
- 50 Jahre: Goldene Hochzeit. Wie Gold hat die Ehe allem standgehalten und sich als fest und kostbar erwiesen. Manche Ehepaare wechseln neue Ringe.
- 60 Jahre: Diamantene Hochzeit. Nichts kann die Ehe mehr angreifen, sie ist unzerstörbar geworden.
- 65 Jahre: Eiserne Hochzeit
- 67 1/2 Jahre: Steinerne Hochzeit
- 70 Jahre: Gnadenhochzeit
- 75 Jahre: Kronjuwelenhochzeit

Glückwünsche mit Hochzeitsgeschenk (von den Großeltern der Braut)

Liebe Sandra, lieber Fabian,
zu eurer Hochzeit wünschen wir euch natürlich nur das Allerbeste. Möget ihr glücklich euren gemeinsamen Lebensweg beschreiten. Doch neben Glück wünschen wir euch, dass alle Ziele, die ihr euch für euer Leben gesteckt habt, in Erfüllung gehen. Solltet ihr dabei sogar ein wenig Reichtum erlangen, ist das bestimmt nicht verkehrt. Vor fünf Jahren habt ihr euch kennen- und lieben gelernt. In dieser Zeit musstet ihr einige Missverständnisse aus dem Weg räumen, euch regelrecht zusammenraufen. Doch jetzt seid ihr euch in vielem einig. Man sieht euch wahrlich an, wie harmonisch eure Partnerschaft ist. Doch vergesst auch in Zukunft nie, häufig miteinander zu reden. Lasst euren Partner an schönen wie auch unangenehmen Dingen teilhaben. Sorgt so für gegenseitiges Verständnis. Nur wer nicht mehr miteinander spricht, läuft Gefahr, sich auseinander zu leben. Wir sind uns sicher: Ihr zwei werdet euren Weg machen!
Lange haben Oma und ich überlegt, wie wir euch zu eurer Hochzeit eine besondere Freude machen können. Da ihr schon einige Zeit einen gemeinsamen Haushalt habt, fehlt es an praktischen Dingen kaum. Nein, wir wollen euch ein paar unvergessliche Tage schenken – in der Stadt der Liebe. Wir haben für euch beide einen Gutschein organisiert, ein romantisches Hotelzimmer mit der Fahrt erster Klasse in einem Zugabteil. Lasst euch – wann immer ihr wollt – von dieser bezaubernden Weltmetropole mitreißen. Dieses Geschenk soll euch ewig in Erinnerung bleiben!
Das wünschen sich Oma und Opa

Glückwünsche Fußballhochzeit (vom Vereinskamerad des Bräutigams)

Liebe Marietta, lieber Fabian,
heute habt ihr das wichtigste Tor in eurem Leben geschossen. Einen Elfmeter der Liebe. Wir alle gratulieren euch dazu recht herzlich. Denn zusammen habt ihr wirklich das große Los gezogen. Vielleicht musst du, liebe Marietta, dem Fabian ab und zu auch mal die gelbe Karte zeigen. Dann heißt es: »Vorsicht, meine Liebste nicht noch einmal ärgern!« Doch ein paar kleine Verwarnungen gehören wohl zum Ehealltag. Doch vor einem hüte dich, lieber Fabian – reize sie niemals

so sehr, dass sie Rot zieht. Denn schließlich sollt ihr ab sofort viele Jahre auf dem Feld der Ehe stehen. Ich wünsche euch dafür eine gute Kondition, viel Durchhaltevermögen – und Glück gehört sowieso dazu.
Dein Tobias

Glückwünsche Silberne Hochzeit

Liebe Christa, lieber Robert,
Ihr könnt wirklich stolz auf auch euch sein:
Drei Kinder habt ihr großgezogen.
Ein Haus habt ihr gebaut.
Sogar einen ganzen Wald habt ihr gepflanzt – in eurem wunderschönen Garten in Wilkerrode.
Wie selten ist es doch geworden, dass in einer Zeit, in der man überall nur von Scheidungen und Trennungen liest und hört, ein Paar 25 Jahre miteinander verheiratet ist. Und dabei auch noch glücklich zu sein scheint!
Dazu – und auch für die nächsten 25 Jahre, also bis zur Goldenen Hochzeit – wollen wir beide euch alles Glück der Welt wünschen. Und dass ihr euren Lebensabend so richtig genießen könnt, jetzt wo das Nesthäkchen Martina aus dem Hause ist und in Stuttgart studiert.
Nun könnt ihr endlich all jene Wunschträume verwirklichen, die ihr euch vielleicht um der Kinder Willen versagt habt.
Denkt immer daran: Wie schnell rast die Zeit vorbei, wie schnell ist der Moment gekommen, in dem ihr im Herbst des Lebens steht:
Deshalb lebt eure Träume jetzt, genießt euer Leben jetzt – solange es ohne Sorgen und Probleme möglich ist.
Das wünschen euch aus tiefstem Herzen
Ella und Siegfried

Glückwünsche Goldene Hochzeit (von Vereinskameraden)

Vor fünfzig Jahren trauten sie sich,
da fragte Heinz: »Eva, willst du mich?«
Die Eva sagte sofort ja,
seitdem sind sie und Heinz ein Paar!
Alles Gute für die Zukunft, ihr beiden, eure Sportkameraden.

Glückwünsche Goldene Hochzeit (von Freunden)

Liebe Elfriede, lieber Rudolf,
50 Jahre gemeinsam,
50 Jahre Freud und Leid,
50 Jahre Tisch und Bett geteilt –
wenn das kein Grund zum Gratulieren ist!
Euer Leben ist in der heutigen Zeit eine echte Ausnahme: Treue und Liebe scheint es ja nur noch für den Moment zu geben. Ehe und Zweisamkeit scheinen immer öfter zu scheitern, Erfahrung und sich Zusammen-Raufen scheinen keine Tugenden mehr zu sein. Ihr aber habt euch die Zeit genommen, ihr habt sicher auch die Zeit gebraucht, um miteinander klar zu kommen. Ihr habt euch auch erlaubt, miteinander zu lachen und euch so kennen zu lernen, dass ihr die Gedanken des anderen nicht nur ahnt, sondern mitdenkt – ohne ihn damit einzuschränken. Euer Leben sollte uns allen ein Vorbild sein. Wir sollten uns alle fragen, wie das Geheimrezept lautet, nach dem ihr eure Liebe gelebt und eure Ehe gestaltet habt. Sicher hat man euch vor 50 Jahren Glück gewünscht – aber niemand hat ahnen können, dass euch wirklich 50 Jahre Glück, und das Seite an Seite, beschieden sein würden. Bleibt uns nur zu hoffen und zu wünschen, dass euch dieses Glück erhalten bleibt.
Eure Martina und Rolf (die »erst« 30 Jahre gemeinsam verbracht haben!)

Andere Gelegenheiten

Es gibt natürlich unzählige Gelegenheiten, jemanden zu beglückwünschen: Ob zum Job- oder Wohnungswechsel, zum Richtfest oder Hausbau, zum bestandenen Führerschein oder zu einer gut verlaufenen Operation. Es kommt immer auf den einzelnen Menschen an, dem Sie Ihre Glückwünsche übermitteln wollen: Manch einer lacht über die guten Wünsche zur Scheidung, ein anderer empfindet sie als geschmacklos. Sie müssen selbst genügend Taktgefühl und Gespür für den anderen haben, um zu wissen, wem Sie wann und wie gratulieren.

Glückwünsche zum Enkelkind

Liebe Jani,
Anja hat es mir gestern am Telefon voller Freude berichtet:
Du wirst zum ersten Mal Oma! Da kann ich mich nur mitfreuen und dir sagen: Herzlichen Glückwunsch! Wie eine würdige Großmutter siehst du ja nun wirklich nicht aus. Im Gegenteil! Und wenn ich in deinem »hohen Alter« auch nur halb so jugendlich wirke, dann bin ich froh und glücklich.
Ich hoffe, dir und deiner Tochter geht es gut. Wann ist es denn so weit mit ihrem Baby? Und gib mir bitte rechtzeitig Bescheid, was die junge Muter noch an Ausstattung für ihr Kind brauchen kann. Bestimmt werden Wolfgang und ich etwas Schönes und Nützliches beisteuern können.
Sag Anja und vor allem auch dem werdenden Vater Thomas unsere besten Grüße und Wünsche für die Zukunft.
Deine Schwester Tinchen

Glückwünsche zum Führerschein

Hurra, hurra, hurra:
Ein dreimal hoch der Monika!
Es ist geschafft, es ist vollbracht.
Das Geld ist weg, der Schein ist da!
Ein Rat an alle guten Freunde:

Bleibt weg von unsren Straßen,
unsre Moni strapaziert das Auto über alle Maßen!
Ihr wisst ja wie sie ist:
Wehe wenn sie los gelassen,
da gibt's kein Halt, da gibt's kein Stopp –
wo ist die Bremse – oh welcher Schock!
Trotz Hausarrest für alle Leute,
wir grüßen dich und wünschen heute:
Herzlichen Glückwunsch zum Führerschein!
Deine bisherigen Chauffeure

Glückwünsche zum eigenen Auto

Liebe Antje,
endlich, morgen ist es so weit: Du musst nicht mehr mit dem Bus ins Büro gondeln. Die Taxifahrer werden traurig sein und den Notstand ausrufen – eine gute Kundin geht ihnen verloren.
Ab morgen bist du stolze Besitzerin eines eigenen Autos: Glückwunsch!
Wir wollen natürlich nicht boshaft sein und per Zeitungsannonce alle Mitbürger von der Straße scheuchen. Und wir werden es uns auch nicht erlauben, dir als besonderes Geschenk die neueste Ausgabe der Straßenverkehrsordnung oder den Bußgeldkatalog zu überreichen.
Du wirst sicherlich perfekt werden!
Dieser festen Überzeugung sind jedenfalls
Thomas, Peter, Matthias und Bille, Sabine und Stina

Glückwünsche zum Lotteriegewinn

Lieber Peter, liebe Gisela,
das hätte sich ja wohl keiner aus unserer Clique träumen lassen!
Aber da sieht man es mal wieder: Wunder geschehen eben
doch noch hin und wieder. Für dich, lieber Peter, ist ein Traum wahrgeworden: Ihr habt das große Los gezogen und seid ab sofort
Besitzer eines tollen Sportwagens. Und dazu dürft ihr noch einmal rund um die Welt reisen! So viel »Schwein« soll euch aber gegönnt sein – schließlich ist es ja eigentlich eine vorgezogene Hochzeitsreise.
Und diese Flitterwochen gönnen wir euch natürlich von ganzem Herzen!

Endlich haben sich eure Mühen gelohnt: Schließlich löst du, liebe Gisela, seit mehr als fünf Jahren jede Woche treu und brav das Kreuzworträtsel in der Fernsehzeitschrift; und Peter spielt seit ebenso vielen Jahren Woche für Woche Lotto. Allerdings: Bitte denkt daran – ihr habt uns ein Riesenfest versprochen, wenn ihr mal gewinnt. Und auf diesem Versprechen bestehen wir – spätestens, nachdem ihr von eurer Weltreise zurück seid!
Bis dahin trinken wir schon mal einen auf euch und euer Glück und natürlich euren Gewinn.
Mäxchen und Sabrina

Glückwünsche zum Umzug

Lieber Alexander,
du kennst sicher das alte Sprichwort vom eigenen Herd, der Goldes wert ist. Nun kannst du selbst testen, ob da was Wahres dran ist. In den letzten sechs Monaten hast du uns alle mit der Suche nach deiner Traumwohnung in Trab gehalten – und nun, da du sie gefunden hast, kannst du ja selbst ausprobieren, wie du ohne unsere Wohngemeinschaft auskommst ... Wahrscheinlich wird es dir schon bald fehlen, dass wir uns immer wieder mal in den Haaren lagen, wer mit Abwaschen dran ist, wer für den nächsten Einkauf zuständig ist und wer die Flaschen zum Container bringen muss.
Auf jeden Fall: Alles Gute zum Umzug und vor allem ein schönes Leben in deiner neuen Umgebung. Genieße alles, lade uns bald mal ein und lass uns an deinen Kochkünsten teilhaben. Denn eines wissen wir genau: Deine Spagetti Carbonara werden wir schmerzlich vermissen!
Deine WG-Genossen Harald, Tom und Karla

Glückwünsche zum eigenen Haus

... und dann bauen wir uns ein klein' Häuschen ...
Immer war es euer innigster Wunsch, lieber Per und liebe Birgit, die eigenen vier Wände im Grünen zu haben, wo ihr keine Miete bezahlen müsst und wo ihr machen könnt, was ihr wollt. Wo Per seinen musikalischen Neigungen auch ohne Zimmerlautstärke nachgehen und wo Birgit endlich ihren eigenen Kräutergarten anlegen kann. Lange genug habt ihr darauf warten und sparen müssen – jetzt ist es

endlich so weit! Ihr habt euch diesen Lebenstraum erfüllt – nach Monaten harter Arbeit, in denen ihr Wochenend' für Wochenend' geschuftet habt. Ab nächsten Samstag ist es endlich so weit und ihr könnt das Richtfest in der Lochenau feiern. Natürlich kommen wir zu dieser Feier und bringen – wie versprochen – auch ein Fässchen Kölsch mit. Auf dass die durstigen Kehlen aller Arbeiter gut geölt werden ...
Auf den Samstag freuen sich Hanna und Walter

Glückwünsche zu einer gut überstandenen Operation

Lieber Heinz,
mit Freuden habe ich von deiner lieben Frau gehört, dass du die Gallenblasen-Operation gut überstanden hast und schon wieder ziemlich fidel bist. Das freut uns alle sehr – und damit du siehst, wie sehr wir dich in unserer Spielrunde vermissen, haben wir alle zusammengelegt und dir eine Reiseausgabe unseres heiß geliebten Trivial Pursuit gekauft. Nur so – zum Üben – und damit du beim nächsten gemeinsamen Spieleabend so richtig fit bist.
Auf ein gesundes Wiedersehen freuen sich heute schon
Miriam und Toni, Stina und Gerhard, Wolfram und Antje

9. Kapitel

Einladungsbriefe

Schon die alten griechischen Philosophen haben erkannt: Der Mensch ist ein Gesellschaftswesen. Man kann das nun Herdentrieb nennen oder höflicher: »Hang zur Geselligkeit«.

- Das fängt schon in der Jugend an: »Lass mich doch mitspielen«, bittet das Kind.
- Es geht später im Alltagsleben weiter: »Kommen Sie doch zu uns!«, lädt die Hausfrau die Nachbarin ein.
- Selbst in der Fremde ist man gastfreundlich, will Freunde um sich scharen: »Besucht uns doch einmal!«, fordert man neue Bekannte auf, die man im Urlaub kennen lernte.
- Sogar mit dem Tod hört das Dabei-sein-Wollen nicht auf: Noch zum 100. Todestag berühmter Männer wird eingeladen, wird gefeiert, wird ihrer gedacht.

Was ist eine Hochzeits-, Geburtstags- oder Jubiläumsfeier ohne zahlreiche Gäste? Wir wollen doch selber möglichst viel »mitmachen« und erwarten, dass andere an unseren Festen und sonstigen Aktivitäten teilnehmen. Es muss nicht immer ein großartiger Anlass vorhanden sein, um jemanden zu sich zu bitten.
Für einen spontanen Einfall mag dann der Griff zum Telefon oder Handy das Richtige sein: Wenn Sie etwa einen der letzten schönen Sommerabende ausnutzen wollen, um wenigstens ein Mal in einem verregneten Sommer Freunde und Nachbarn zum Grillen zu bitten. Oder wenn Sie spontan beschließen, einem guten Bekann-

ten eine Überraschungsparty auszurichten. Da wäre es sicher unklug, vorher schriftlich einzuladen. Sonst würde das Geburtstagskind vielleicht von der geplanten Überraschung erfahren.
Aber sonst? Bei einer telefonischen Einladung ist immer die Gefahr gegeben, dass der Eingeladene Termin, Ort und Anlass vergisst. Vor allem dann, wenn das Fest nicht am nächsten Abend oder ein paar Tage später stattfindet. Manche Feier muss man vorausplanen. Vor allem solche Feste, bei denen man etwas ganz Besonderes feiern will, bei denen man auch viele Gäste einlädt: So etwas bedarf fast einer generalstabsmäßigen Organisation. Und dazu müssen die Gäste schriftlich gebeten werden. Eine briefliche Einladung vergisst man nicht so schnell. Vor allem, wenn sie originell gestaltet ist.

Die Einladung zu einer offiziellen Feier

Die Gestaltung Ihrer Einladung zeigt an, wie die Feier ablaufen wird. In der schriftlichen Einladung sollten alle Informationen enthalten sein, die der zukünftige Gast benötigt.

- Als Gastgeber nennen Sie Ihren Namen (und eventuell den Ihres Lebenspartners, den Ihres Ehepartners auf jeden Fall!).
- Den eigenen akademischen oder Amtstitel müssen Sie nicht nennen. Mit einer Ausnahme: wenn Sie in Ihrer Funktion (zum Beispiel als Bürgermeister, Landtagsabgeordneter, Botschafter oder Minister) einladen.
- Der Anlass Ihres Festes muss deutlich erkennbar sein: Ob Geburtstag, Jubiläum oder Ausstellungseröffnung – Ihr Gast möchte wissen, aus welchem Grund er geladen wird, ob zum Beispiel Geschenke erwartet werden. Er muss den Anlass auch kennen, um bei einer eventuellen Absage wenigstens schriftlich gratulieren zu können.
- Ist die Zahl Ihrer Gäste überschaubar, ist es eine schöne und persönliche Geste, wenn Sie den Namen des Eingeladenen

handschriftlich eintragen. Allerdings ist dies nicht zwingend notwendig, vor allem dann nicht, wenn Sie eine sehr große Zahl von Gästen erwarten.

- Weisen Sie auf der Einladungskarte darauf hin, für wie viele Personen sie gültig ist und ob es erwünscht ist, dass Ihr Gast noch eine Begleitung mitbringt.
- Unerlässlich ist selbstverständlich die Angabe von Datum und Uhrzeit. Zur Verdeutlichung kann es hilfreich sein, auch auf den entsprechenden Wochentag hinzuweisen (und überprüfen Sie bitte, ob Datum und Tag übereinstimmen!).
- Wenn Sie zu einem Ereignis laden, bei dem pünktliches Erscheinen wichtig ist, weisen Sie ausdrücklich darauf hin. Das ist zum Beispiel der Fall, wenn Sie einen Festakt veranstalten, bei dem eine Rede gehalten wird oder ein Orchester spielt. In diesem Fall schreiben Sie entweder deutlich: »Wir bitten um pünktliches Erscheinen.« Oder Sie fügen bei der Zeitangabe auf Ihrer Einladung ein »s.t.« hinzu. Das bedeutet »sine tempore« und zeigt, dass Sie Ihre Gäste auf die Minute genau erwarten.
- Ist das pünktliche Erscheinen Ihrer Gäste dagegen nicht so wichtig (obwohl jeder Gast sich höflicherweise an die Einladungszeit halten sollte!) zeigt dies der Vermerkt »c.t.« an. Dies ist die Abkürzung für das lateinische »cum tempore« und bedeutet Ihren Gästen, dass sie auch noch 15 Minuten später eintreffen können.
- Der Kleidungsvermerk darf bei offiziellen Veranstaltungen nicht fehlen. Bei einem eher informellen Anlass reicht zum Beispiel der Hinweis mit der Bitte »um festliche Kleidung«.
- Lassen Sie Ihre Gäste nicht im Ungewissen, ob es sich um einen Stehempfang mit Getränken, mit kleinem Imbiss oder um ein »richtiges« Essen handelt. Sie werden Ihnen dankbar sein. Der Hinweis auf einen »Empfang« besagt nämlich nicht, ob man als Gast bewirtet wird. Deshalb weisen Sie darauf hin, zum Beispiel mit den Worten: »Wir würden uns freuen, wenn Sie uns beim anschließenden Essen Gesellschaft leisten.« Oder schlicht und knapp: »Das Büffet wird um … Uhr eröffnet.«

- Eine Veranstaltung, zu der Sie eine Person erwarten, die im öffentlichen Leben steht, kann bestimmte Sicherheitsmaßnahmen erforderlich machen. Auch darauf sollten Sie Ihre Gäste aus Höflichkeit hinweisen. Formulieren Sie dies aber bitte nicht im Befehlston, sondern zum Beispiel so: »Diese Einladung gilt in Verbindung mit Ihrem gültigen Lichtbildausweis.« Oder: »Wir sind der Sicherheit verpflichtet und bitten Sie deshalb, zum Einlass nicht nur diese Einladung, sondern auch Ihren Personalausweis mitzubringen.«

Die Gestaltung der offiziellen Einladung

Je förmlicher der Anlass, desto eleganter sollte Ihre Einladungskarte wirken. Dabei ist nicht nur ein wohl formulierter Text wichtig, sondern auch die Papierqualität und die Schrift. Ein kleiner privater Personenkreis freut sich selbstverständlich über handgeschriebene Einladungen. Achten Sie aber unbedingt darauf, dass Ihre Handschrift leserlich ist. Sonst lassen Sie Ihre Karten lieber drucken oder gestalten sie selbst am PC. Zwar gibt es vorgedruckte Einladungskarten in jedem gut sortierten Schreibwarengeschäft, besser aber wirkt es, die Einladungen auf persönliche Karten drucken zu lassen.

- Geben Sie nicht unbedingt das billigste Papier in Auftrag. Stabiler Karton im DIN-A5-Querformat ist optimal. Er kann an den Rändern gewellt oder aus Büttenpapier hergestellt sein.
- In die Mitte der obersten Zeile gehört Ihr Name als Gastgeber (nicht vergessen: auch der des Ehe- oder Lebenspartners beziehungsweise Geschäftspartners).
- Etwas kleiner darunter steht die Formulierung »bitten« oder »beehren sich«.
- Danach folgen zwei Leerzeilen, die durch gepunktete oder gestrichelte Linien gekennzeichnet sind. Auf diese Linien schrei-

ben Sie handschriftlich den/die Namen des/r Eingeladenen. Auch hier gibt es wieder eine Ausnahme: Bei geschäftlichen Einladungen oder solchen, die zu einem großen Fest einladen, können Sie diese Aufgabe zum Beispiel dem Sekretariat übertragen.

- Die dritte Druckzeile beginnt mit einem »zu«. Diesem folgen drei gepunktete oder gestrichelte Linien, und auf diesen wird wieder handschriftlich der Anlass des Festes vermerkt.
- Die sechste vorgedruckte Zeile besteht aus zwei Teilen: Der erste beginnt mit einem »am« – dahinter wird das Datum von Hand eingetragen. Der zweite Teil beginnt mit einem »um«, dem die Uhrzeit folgt, ebenfalls handschriftlich.
- Auch die siebte und letzte Zeile ist halbiert. Links findet sich Platz für ein gedrucktes »U.A.w.g.« (Um Antwort wird gebeten). Die Abkürzung ist in diesem Fall nicht unhöflich, sondern hat sich eingebürgert.
- Wenn Sie allerdings genügend Platz auf der Karte haben, können Sie die Bitte um Antwort ausformulieren, zum Beispiel mit den Worten: »Bitte schicken Sie uns Ihre Antwort bis zum … an folgende Adresse.«
- Handschriftlich folgt, bis wann der Gast antworten und wohin seine Antwort gerichtet sein soll (also die Adresse und Telefonnummer des Gastgebers).
- Aus praktischen Gründen und um dem Gast die Antwort zu erleichtern, können Sie der Einladung gleich eine gedruckte Rückantwortkarte beifügen.

Der richtige Zeitpunkt: die Partyuhr

Wichtig ist – neben dem Anlass, den Sie feiern möchten – die Art des Festes. Sie können zu fast jeder Tageszeit einladen: zu einem Empfang, zu einem formellen Essen oder zu einem eher lockeren Büfett. Dabei sollten Sie sich als Richtwert an folgende Zeiten halten:

- Zum Frühstück laden Sie in der Regel zwischen 8.30 bis 9.30 Uhr.
- Ein Frühschoppen findet sonn- oder feiertags statt, und zwar zwischen 10 und 11 Uhr.
- Brunch ist das »Zwischending« von Frühstück und Mittagessen (aus engl. »breakfast« und »lunch«). Er beginnt zwischen 11 und 12 Uhr.
- Zu einem Vormittagsempfang lädt man zwischen 11 und 13 Uhr ein.
- Die Einladung zum Mittagessen dagegen beginnt nicht vor 12 Uhr und endet um 14 Uhr.
- Der Nachmittagsempfang findet zwischen 14.30 und 16.30 Uhr statt.
- Zu einer Tafel mit Kaffee und Kuchen laden Sie zwischen 16 und 17.30 Uhr ein.
- Der Fünf-Uhr-Tee wird von 17 bis 18 Uhr gereicht.
- Für ein formelles Abendessen ist die Zeitspanne für den Beginn zwischen 19 und 21 Uhr.

Die Einladung zu einem privaten Fest

Selbst zu einem Abendessen im kleinen Kreis, mit nur wenigen, auserwählten Gästen kann man stilvoll bitten. Ist der Anlass eher intim – vielleicht das Versöhnungsessen nach einem Streit unter Liebenden –, erfreuen Sie Ihren Gast mit einem persönlichen Einladungsbrief auf ganz besondere Weise. Zeigen Sie doch damit, dass Sie den Geladenen wertschätzen und keine Mühen scheuen, ihn zu sich zu bitten. Wer gerne feiert und Gäste bewirtet wird immer einen Grund dafür finden, ein rauschendes Fest oder auch eine besinnliche Feier zu veranstalten. Und so viele Gründe es gibt, Feste zu feiern, so viele Möglichkeiten gibt es, eine passende Einladung an Freunde, Verwandte und Bekannte zu gestalten.

Natürlich können Sie auch für solch eine Einladung in die Schreibwarenhandlung gehen: Da findet sich eine Riesenauswahl an vorgedruckten Karten für alle möglichen Gelegenheiten. Für jeden Anlass, für beinahe jedes Fest kann man das Passende kaufen. Doch dies alles ist eben vorproduziert, nicht immer originell, manches Mal eher einfallslos. Und vor allem: Es ist unpersönlich. Etwas zeitraubender ist es schon, seiner Fantasie und seiner Kreativität freien Lauf zu lassen. Haben Sie keine Angst davor: Jeder Mensch verfügt über genügend Fantasie, um eine Einladung zu einem privaten Fest zu gestalten. Am anspruchsvollsten ist es natürlich, einen richtigen Einladungsbrief zu verfassen. Da muss man schon eine gute Idee haben, damit der Brief den Grund und alle anderen wichtigen Daten (Termin, Uhrzeit, Ort) für die Einladung gut »rüberbringt«. Aber auch das ist gar nicht so furchtbar schwierig! Eine originelle Idee ist es zum Beispiel stets, statt richtigem Briefpapier Material zu benutzen, das deutlich auf den Charakter des Festes hinweist:

- Verschicken Sie eine Einladung zum Grillabend auf eine Papierserviette geschrieben. Und legen Sie dazu ein Tütchen mit Grillgewürzen. Das kostet nicht viel – und macht Ihre Einladung zum Sommergrillfest schon von vornherein zu einer außergewöhnlichen Sache.
- Laden Sie zum Osterbrunch, indem Sie die Gäste mit einem Stift Eiermalfarben über das Fest informieren. Oder verschicken Sie dazu ein paar weiße, zerbrochene Eierschalen. Oder – wenn Sie lange vorher einladen – die Blumenzwiebel einer Osterglocke.
- Zu einem Adventsnachmittag bitten Sie auf einem großen bunten Papierstern – die Rückseite lässt sich gut beschriften. Oder streuen Sie auf einen farbigen Papierbogen ein paar Glitzersternchen. Oder legen Sie einen selbst gebastelten Strohstern bei.
- Die Einladung zu Kindergeburtstag schreibt man mit Filzstift auf einen aufgeblasenen Luftballon. Lässt man dann die Luft raus, kann man den Ballon leicht in einen Briefumschlag ste-

cken. Übrigens: Auch Erwachsene freuen sich über solch einen Gag!

- In den Biergarten bitten Sie die Freunde mit einem Bierfilz, auf dem Zeit und Ort stehen. Oder mit einem kopierten Ausriss aus dem Stadtplan, auf dem der Biergarten eingezeichnet ist.
- Für eine Karnevalsfete benutzen Sie vielleicht einen Cartoon aus einer Zeitung oder Zeitschrift. Oder Sie schneiden einen Witz aus und kleben ihn in Kopie auf jede Einladung. So vermitteln Sie gleich die richtige Stimmung. Oder legen Sie ein paar Luftschlangen und Konfetti bei.

Und wie steht es mit dem Text? Nachstehend finden Sie etliche Musterbriefe – sie sind als Anregung gedacht, nicht als Vorlage zum Abschreiben. Denken Sie immer daran: Es kommt nicht auf krampfhaft Lustiges, verzweifelt Besonderes an. Ein paar einfache Zeilen, in origineller »Verpackung«, bewirken viel mehr. Sie zeigen dem Empfänger Ihres Einladungsbriefes, dass Sie ihn ganz persönlich zu sich bitten wollen und dass Sie sich Gedanken über die Gestaltung Ihrer Feier gemacht haben.

Geburtstag und Jubiläum

Geburtstage und Jubiläen sind in der Familie die persönlichen Feste, die man am liebsten feiert, zu denen man Familie und Freunde einlädt. Schon die Kleinsten freuen sich, wenn sie selber ihre Schulkollegen zum Kinderfest einladen dürfen. Sicher wird Mutti ihnen noch helfen müssen, den ersten eigenen Brief zu formulieren. Aber mit etwas Anstrengung gelingt es ihnen schon – und stolz laden sie ihre Schulfreunde ein.

Einladung Kindergeburtstag

Hallo, lieber Manuel!
Hast du schon gehört?
Am 18. September werde ich 10 Jahre alt. Meine Eltern haben mir erlaubt, dass ich alle meine guten Freunde zu einem tollen Fest einladen darf! Bei schönem Wetter dürfen wir sogar im Garten feiern. Und dafür habe ich mir schon ganz viele Spiele ausgedacht. Aber verraten tu ich dir nichts! Sonst ist ja die ganze Spannung weg. Nur so viel: Zieh dir am besten Sachen an, in denen man so richtig schön toben kann!
Das Fest beginnt drei Uhr nachmittags bei mir in der Saarbrücker Straße. Noch eins: Iss mittags nicht zu viel – Mami will nämlich viele leckere Sachen für uns machen!
Ich freue mich riesig! Kommst du auch?
Deine Stefanie

Einladung Kindergeburtstag (an die Eltern)

Liebe Frau Winkler,
Ihre kleine Therese und mein Kevin gehen in dieselbe Klasse.
Leicht haben unsere es Erstklässler ja nicht – so mit den ersten Wochen im »Ernst des Lebens«, in der Schule.
Klaus hat am 9. November seinen siebten Geburtstag. Und ich habe ihm versprochen, das ganz groß, mit seinen neuen Freunden aus der Schule, zu feiern. Er ist freut sich schon sehr darauf.
Auch Ihre kleine Therese soll – so wünscht es sich Klaus – bei seinem ersten großen Fest dabei sein. Sie steht auf der Gästeliste unseres Jüngsten ganz obenan. Und ich würde mich freuen, wenn Sie seinen Geburtstag zum Anlass nähmen, auf eine schöne Tasse Kaffee bei uns vorbeizuschauen. Die Kinder werden bestimmt begeistert sein, wenn wir Eltern ein bisschen mitfeiern. Nicht allzu sehr natürlich, damit sie sich nicht »bewacht« fühlen.
Sie kommen doch?
Ab etwa 15 Uhr geht's los ...
Auf ein Kennenlernen freut sich
Anke Billert

Einladung Geburtstag (Volljährigkeit)

Lieber Markus!
Endlich geschafft! Auch ich werde jetzt endlich in den heiß ersehnten Club der Volljährigen aufgenommen. Und da ich nunmehr die wichtigen Dinge, die mein Leben betreffen, selbst entscheiden darf, will ich natürlich mit meiner Entschlussfreudigkeit gleich anfangen.
Meine erste große Tat: Ich lasse einen Riesen-Fete steigen!
Ob dieser Entschluss auch gute Früchte trägt, hängt aber auch ein bisschen von dir ab:
a) Du musst am 10.11. ab 19.00 Uhr Zeit haben
b) gute Laune mitbringen
c) den richtigen Weg finden*
Für den Rest – sprich Essen, Getränke und Musik – werde ich dann schon sorgen. Wenn du dich übrigens am Büfett beteiligen willst, kannst du mich gerne anrufen und ganz hemmungslos nach meinen Wünschen fragen ...
Deine Tina
* siehe auch beiliegende Wegbeschreibung

Einladung zum 35. Geburtstag (durch die Freunde)

Lieber Christian,
immerhin: Den Gipfel hast du mit deinem 35. Geburtstag erreicht. Glaubt man den Statistiken, dann kann es jetzt nur noch bergab gehen. Dann mal los ...
Deshalb solltest du diesmal besonders feiern. Und das haben wir uns dazu ausgedacht: Wir fangen mit einem richtig schönen Abendessen in einem Lokal deiner Wahl an. Wie wär's mit einem Italiener? Oder wir gehen zum Mexikaner, das magst du doch auch gerne. Aber wie gesagt: Du darfst wählen. Danach laden wir dich zu einem Besuch ins Kabarett ein. Wir wissen ja alle, dass du ein Fan vom PUR bist. Und wir haben es geschafft, genau für das Gastspiel an deinem Geburtstagsabend Karten zu bekommen.
Den Abend beschließen wollen wir dann in der Oasis-Bar. Und dort wartet dann noch eine ganz große Überraschung auf dich. Was, wird jetzt natürlich noch nicht verraten ... Nur so viel: Du wirst Augen machen!! Du machst doch mit?
Es freuen sich schon auf einen tollen Abend
Tina & Sascha, Peter und Chris, Miriam und Thomas

Einladung zum 60. Geburtstag

Liebe Erika, lieber Paul!
Vor vielen, vielen Jahren, als ich das Licht dieser Welt erblickte, war dieselbe noch ziemlich trüb und trist! Zwar hatte ich einen reizenden Vater, der dann und wann mit mir durch die Stadt promenierte; eine liebevolle Mutter, die mir schon beizeiten beibrachte, ständig und immer ein Taschentuch mitzunehmen; und eine Hand voll Geschwister, die mich schon frühzeitig in die Kunst des Streiche-Spielens einweihten. Aber ansonsten war eigentlich nicht viel los.
Und doch ahnte ich damals schon: Aus mir wird mal was! Und in der Tat, mit dieser Ahnung hatte es etwas auf sich: Jahr für Jahr wurde ich etwas – älter nämlich! Und das jetzt schon 60 Mal. Ein toller Werdegang, nicht wahr?
So etwas muss einfach gefeiert werden. Es versteht sich natürlich von selbst, dass ich dieses Ereignis mit guten Freunden – und dazu zähle ich selbstverständlich euch! – begehen will. Schließlich habt ihr meinen Werdegang ja etliche Jahre lang begleitet.
Kommt doch bitte am 17. August um 20 Uhr in die Hähnchenklause in Waldfischbach. Ich bin richtig begierig darauf, von euch zu hören, dass ich gar nicht so alt aussehe, wie ich dann schon bin!
Euer Friedhelm

Einladung zum 65.Geburtstag und Feier des Ruhestandes

Liebe Freunde, liebe Kollegen,
»60 Jahre und kein bisschen weise« – so hat Curd Jürgens einst gesungen. Zwar ist mein Sechzigster schon fünf Jahre her – und ich erinnere mich gerne an das fantastische Fest, das wir damals gefeiert haben – aber weiser bin ich seither nicht geworden. Nur mein restliches Haar noch weißer.
Jetzt, fünf Jahre später, haben wir wieder Grund zum Fröhlichsein – ich zumindest: Ab dem 1. August bin ich nämlich Rentner, Pensionär, Privatier. Der Arbeit sage ich »Adieu«. Und das möchte ich mit euch feiern, liebe Freunde und Kollegen! Ich freue mich, wenn ihr alle
am 31. Juli
um 19.30 Uhr
in die gemütliche Waldklause kommt.

Es gibt ein frisch gezapftes Pils, ein Spanferkel vom Spieß und dazu viele frische Salate, die meine liebe Frau mit ihren Freundinnen extra für diesen Abend zubereitet. Sie ist nämlich der festen Überzeugung: »Salat hält jung!« – und gerade jetzt will sie einen frischen, »jungen« Mann an ihrer Seite ...
Bringt viel Zeit, Frohsinn und Spaß mit. Denn wir müssen ja bis Mitternacht ausharren – Punkt 24 Uhr beginnt dann der Stress des Ruhestands. Aber weil der 31. Juli ein Freitag ist, können auch die weiterhin hart arbeitenden Kollegen mitfeiern. Am Samstag ist ausschlafen angesagt.
Auf euer Kommen freut sich
Siegmund Lenzer

Einladung Jubiläumshochzeit

Liebe Johanna, lieber Peter!
25 Jahre ist eine lange Zeit.
Und trotzdem: Wir haben es nicht bereut.
Haben uns gestritten, miteinander gelitten,
haben uns oftmals wieder versöhnt
und über alldem aneinander gewöhnt.
Selbst wenn wir in den vielen Jahren
nicht immer einer Meinung waren,
selbst wenn's den einen in die Berge zog,
während die andere zum Meer hinflog,
selbst wenn die eine Gesellschaft suchte,
während der andere still in der Ecke fluchte,
eines war uns immer klar:
Wir bleiben zusammen, Jahr um Jahr!
Und da wir uns im Grund doch gut vertragen,
wollen wir euch jetzt einfach fragen:
Was haltet ihr denn von einer Feier
mit allen, die uns lieb und teuer?
Dazu laden wir euch jedenfalls ein!
Ihr kommt doch? Ja? Das ist fein!
Das Fest mit Musik, Trank und edlem Fraße
findet statt am 20.11., 20 Uhr in der Lindenstraße.
Gebt uns recht bald Bescheid –
der Termin ist nicht mehr allzu weit!
Viele Grüße
Gisela und Erwin

Polterabend und Hochzeit

Trotz der hohen Scheidungsraten: Liebe und Romantik werden wieder großgeschrieben. Und auch geheiratet wird wieder. Noch vor wenigen Jahren war die Ehe als »spießig« verschrien; heute jedoch hält man wieder auf Tradition. Dann laden Sie auch zum Polterabend – einer meist feucht-fröhlichen Feier, an dem Braut und Bräutigam Abschied vom Junggesellenleben nehmen. Ob in Versform oder als »normale Prosa«, eine Einladung zum Polterabend sollte stets etwas Fröhliches sein.
Und dann ist es endlich so weit: Der »schönste Tag im Leben« ist da – Hochzeitstag. Ob man ganz in weiß und kirchlich heiratet oder im Kostüm »nur« auf dem Standesamt: Die Hochzeit ist ein Höhepunkt im Leben jedes Menschen. Im ländlichen Bayern zog früher ein bestellter Hochzeitslader von Bauernhof zu Bauernhof und lud die Gäste mit lustigen Liedern zum Fest. Und auf der Feier selbst sang er für jeden Gast einen passenden Spottvers. Heute gibt es diesen schönen Brauch nur mehr vereinzelt. Und in der Stadt natürlich gar nicht mehr. Umso mehr legt man als Brautpaar wert darauf, eine schöne Einladung für die Hochzeit zu gestalten. Die »offizielle Einladungskarte« wird man wohl meist drucken lassen. Aber man kann sie bei Gästen, auf die man besonderen Wert legt, mit einem persönlichen Anschreiben versehen.

Einladung Polterabend, Variante 1

Nach langem Zaudern, Zögern, Zagen
wollen wir es endlich wagen:
Bald werden läuten die Hochzeitsglocken.
Unsere Eltern hört man begeistert frohlocken:
Endlich hat die Liebe gesiegt,
endlich haben sie sich gekriegt!
Doch bevor wir vor den Traualtar treten
und der Pfarrer gibt uns seinen ehrwürdigen Segen,
bevor der Standesbeamte die Frage stellt,
ob der eine auch immer zum anderen hält,

noch bevor wir uns nennen Eheleut',
machen wir euch und uns eine Freud':
Wir laden euch ganz herzlich ein:
Am Polterabend sollt ihr unsere Gäste sein!
Das Fest mit Trank, Speis, Musik und Rabatz
findet statt am 20.8. um 20 Uhr
am Rathausplatz.
Es erwarten euch zuhauf
Erika und Klaus

Einladung Polterabend, Variante 2

An alle!
Bevor wir endgültig in den Stand der Ehe treten und uns als Gatten so richtig anständig benehmen müssen, wollen wir noch mal so richtig auf die Pauke hauen.
Ihr seid herzlich eingeladen, mit uns unseren letzten »ledigen« Abend zu feiern. Eigens zu diesem Zweck haben wir ein großes Festzelt und eine zünftige Kapelle organisiert.
Der Polterabend steigt am 15. Oktober ab 17 Uhr
auf der Wiese von Bauer Jahn
in der Heustraße in Wallerfangen.
Es wäre ganz schön schade, wenn ausgerechnet ihr in unserem Paukenorchester fehlen würdet!
Bis dann
Christina und Anton

Einladung Polterabend Frühjahrsputz

Liebe Elke, lieber Matthias,
Zeit für den Frühjahrsputz. Also, raus mit den alten Tassen und Tellern aus dem Küchenschrank. Bei uns finden sie eine sinnvolle Verwendung. Und nach jedem Freiwurf gibt es am 1. Mai auch ein Freibier. Habt ihr Lust und Laune auf ein rauschendes Fest? Dann seid ab 19 Uhr im Vereinsheim.
Sandra und Fabian.

Einladung Hochzeit (an liebe Verwandte)

Lieber Onkel Günter!
Nach einer Zeit der Irrfahrten, tobenden Stürme und Flauten haben wir uns entschlossen, endlich im Hafen der Ehe anzulegen.
Wir wären glücklich, wenn du bei diesem »Anlegemanöver« dabei sein könntest.
Die kirchliche Trauung ist am 19. Mai in der St. Peter-Kirche in ...
Anschließend laden wir ins Hotel Prinzess zum Umtrunk mit kaltem Büffet ein.
Deine Jutta und Kurt

Einladung Hochzeit (an gute Freunde), Variante 1

Ein halbes Jahrzehnt teilen wir nun schon Tisch, Bett und Herd.
Und mindestens genauso lange liegt ihr uns in den Ohren, wann wir denn endlich heiraten.
Mit der Zeit änderten sich unsere Antworten von »NIE!« über »So schnell nicht!« bis hin zu »Na, mal sehen – lasst euch überraschen!«
Bevor ihr uns weiter nervt, hier die endgültige Antwort:
Wir heiraten am 31. Oktober 2002.
Das habt ihr nun davon! Gebt doch endlich zu, eigentlich ging es euch nur um ein rauschendes Fest. Aber selbst das sehen wir ein.
Schließlich feiern wir selbst gerne. Deshalb laden wir euch ein, am
Donnerstag, den 31. Oktober 2002
in den Rittersaal
im Ettlinger Schloss
zu kommen.
Aber fragt dann bloß nicht, warum wir denn jetzt auf einmal heiraten!
Nur so viel: Wir freuen uns sehr darauf, das denkwürdige Ereignis mit euch zu feiern.
Lisa und Stephan

Einladung Hochzeit (an gute Freunde), Variante 2

Wieder einmal gibt es ein Töpfchen und ein Deckelchen weniger, die verzweifelt ihr Pendant suchen.
Wir
Stefanie und Hanns
haben einander gefunden und festgestellt, dass wir prima zueinander passen. Da wir Feuer und Flamme füreinander sind und nichts anbrennen lassen wollen, haben wir beschlossen, für alle, die wir mögen, ein großes Fest anlässlich unserer Hochzeit zu geben.
Die standesamtliche Trauung ist am 6. Juni 2002 in Saarbrücken, die kirchliche zwei Tage später am 8. Juni 2002 in der Matthäuskirche, ebenfalls in Saarbrücken.
Im Anschluss an die kirchliche Trauung treffen sich alle Hochzeitsgäste in der Grünen Mühle, Hauptstr. 12, in ....
Gebt uns bitte Bescheid, ob ihr über Nacht bleiben wollt, damit wir rechtzeitig ein Hotelzimmer reservieren können.
Auf eine fröhliche Hochzeitsschar freuen sich
Stefanie und Hanns

Geburt eines Kindes

Wenn ein junges Paar sein erstes Kind bekommt, ist die Freude natürlich groß. Und da man den ersten Geburtstag nicht so recht feiern kann – die Mutter ist ja meist in der Klinik – feiert man eben die Taufe. Natürlich kann man zu diesem Fest ganz offiziell und steif einladen. Man kann aber auch den Täufling selbst »sprechen« lassen.

Einladung Kindstaufe

Liebe Gretel, lieber Hans!
Kaum fünf Wochen ist Katrinchen alt, und schon will sie feste feiern. Sie meint, ihre Kindstaufe wäre doch dafür eine ganz tolle Gelegenheit. Sie will sich auch ganz fein machen und hat uns fest versprochen, lieb und artig zu sein. Aber da sie ein bisschen wasserscheu ist, würde sie sich besonders freuen, wenn ihr

- am 25. April
- um 15.00 Uhr
- in die Peter-und-Paul-Kirche am Fliederplatz

kommt und ihr tröstenden Beistand leistet.
Zur Belohnung für eure tapfere Hilfe lädt sie euch anschließend ins Hotel Bären in die Ludwigstraße ein. Dass ihr statt Brei lieber Kaffee und Kuchen mögt, hat Katrinchen bereitwillig akzeptiert. Wenn ihr Katrinchen nicht enttäuschen wollt und am 25. April Zeit habt, sagt uns bitte recht bald Bescheid.
Viele Grüße
Sabine und Klaus
PS: Natürlich freuen sich auch die Nebenpersonen des Tages (Vater und Mutter von Katrinchen) auf euch!

Feste feiern, wie sie fallen

Feiern kann man natürlich das ganze Jahr hindurch – immer gibt es einen Anlass:
Ob Sie zu einem Neujahrsfrühstück einladen oder zu einer Karnevalsfete, zum Aschermittwoch-Fischessen oder zum Osterbrunch, zum Frühlings-, Sommer-, Herbst- oder Winteranfang, zu einem Fondue-Abend mit guten Freunden oder zum Adventsnachmittag, zum Nikolausabend oder zum festlichen Weihnachtsmenu oder natürlich zum fröhlichen Jahresausklang an Silvester: Immer kann man seine Einladung passend gestalten. Fröhlich oder besinnlich, witzig oder ernst, seriös oder ironisch.

Einladung Abiturfete

Liebe Claudia!
»Jetzt beginnt der Ernst des Lebens!«
– das erzählen mir Vater, Mutter, Onkel, Tanten ... und alle, die mit beiden Beinen im Berufsleben stehen. Ich will ja nicht behaupten, dass ich mit dem Erwerb der so genannten Hochschulreife nun schon genug geleistet habe! Aber dass der erfolgreiche Abschluss meiner schulischen Laufbahn ein guter Grund zum Feiern ist, siehst du, liebe Claudia, doch ganz gewiss ein. Also: lass uns zusammen nochmals

eine ganze Menge Spaß haben, bevor dieser Schrecken erregende Ernst des Lebens beginnt.

- Komm am 20.Juli
- um 20.00 Uhr
- in die Schulstraße und mach mit bei meiner Spaß-vor-dem-Ernst-Fete!

Für fröhlich stimmende Getränke, Vorrat gegen den kleinen Hunger zwischendurch und für fetzige Tanzmusik ist gesorgt.
Es freut sich auf dich
Erika

Einladung Osterbrunch

Liebe Antonie, lieber Andreas!
Aus vertrauenswürdiger Quelle haben wir kürzlich vernommen, dass ihr zu den bedauernswerten Menschen gehört, die nicht mehr an den Osterhasen glauben! Doch bestimmt nur, weil ihr ihn noch nie gesehen habt. Aber glaubt uns: Das liegt nur daran, dass es so viele Häuser mit so vielen Menschen gibt. Ist doch klar, dass der arme kleine Kerl einfach überlastet ist und keine Zeit mehr hat, jeden Einzelnen zu besuchen! Deshalb haben wir beschlossen, uns am Ostersonntag mit vielen netten Freunden zusammenzuschließen und gemeinsam auf den eifrigen Meister Lampe zu warten. Vielleicht schafft er es ja dann!
Damit die Zeit des Warten und Harrens aber nicht allzu lange wird, wollen wir sie mit einem zünftigen Brunch verkürzen.
Wollt ihr nicht auch kommen?
Sagt uns bitte aber bald Bescheid! Schließlich müssen wir den Osterhasen rechtzeitig informieren. Nicht, dass er am Ende doch noch völlig umsonst vor der Türe steht.
Ach so: Der Brunch beginnt um 11.00 Uhr bei uns in der Sofienstraße!
Auf ein fröhliches Ostereiersuchen mit euch freuen sich
Karin und Markus

Einladung Versöhnungsessen

Liebe Sylvia!
Sicherlich bist du überrascht, nach so langer Zeit wieder mal von mir zu hören, zumal unser letztes Zusammentreffen nicht allzu glücklich verlaufen ist. Es tut mir Leid, wenn du meine Kritik in den fal-

schen Hals bekommen hast. Glaube mir: Ich habe es wirklich nicht so gemeint. Was hältst du davon, wenn wir uns wieder einmal treffen und das leidige Streitthema in aller Ruhe noch einmal durchdiskutieren? Vielleicht kann ich dir bei dieser Gelegenheit auch endlich mal das Menu servieren, das ich dir schon so lange versprochen habe. Wenn dir nach all dem Ärger mit mir aber ein »neutraler« Ort lieber wäre, schlage ich vor, dass wir uns in der Weinstube in der Karlstraße treffen. Die haben dort eine kleine, aber vorzügliche Speisekarte. Bitte, lass mich recht bald wissen, ob du dich von mir zu einem »Versöhnungsessen« einladen lassen willst. Datum und Uhrzeit überlasse ich ganz dir.
Alles Liebe
dein Anton

Einladung Abschiedsfest an Freunde

Liebe Anke, lieber Arno!
Als ich vor 15 Jahren frisch vom Lande in diese Stadt kam, war es für mich gar nicht so einfach, Fuß zu fassen. Es dauerte seine Zeit, bis ich mich in dem wirren Straßennetz zurechtfand und erste, zaghafte Kontakte mit den »Einheimischen« knüpfte. Oft genug sehnte ich mich zurück nach meiner alten Heimat, dem kleinen zwar verschlafenen, aber vertrauten Nest. Aber mit der Zeit verging das Heimweh nach der alten Geborgenheit und ich entdeckte langsam, aber sicher eine neue. Heute kann ich zurückblickend sagen, dass die Heimat nicht unbedingt dort war, wo die vielbesungene Wiege stand, sondern dort, wo man treue Freunde fand. Und die habe ich im Laufe der Zeit tatsächlich gefunden. Diesen Freunden, zu denen ich auch euch zähle, verdanke ich, dass diese Stadt zu meiner neuen Heimat wurde. Umso schmerzlicher ist es nun für mich, Abschied zu nehmen. Wie ihr wisst, wartet eine andere Stadt darauf, von mir erobert zu werden. Als kleines Dankeschön für all die schönen Stunden, die wir miteinander verbracht haben, möchte ich euch ganz herzlich zu meinem Abschiedsfest einladen. Trotz all der Trauer, die ich verspüre, soll dieses »Ade-Sagen« ein fröhliches Fest werden. Zumal ich mir ganz sicher bin, dass wir – wann und wo immer es nur möglich ist – in Kontakt bleiben werden.
In diesem Sinne freue ich mich, euch am 6. Juli um 20 Uhr in allerbester Laune bei mir zu sehen!
Bis dahin alles Liebe
Gertrud

Einladung Faulenzer-Sonntag im Bett

Liebe Yoko,
nach den vielen Stunden im Studio habe ich fürs Erste die Nase voll vom Arbeiten. Am liebsten würde ich mit dir auf eine einsame Insel fliegen und ein paar Wochen nur faulenzen und ausspannen.
Ich weiß, dass dies leider nur ein Traum bleibt. In unserer Position muss man wohl damit leben, dass man auf Schritt und Tritt von Fotografen verfolgt wird. Es gibt vielleicht nur einen Ort, an dem man vor ihnen sicher ist.
Was hältst du davon, den nächsten Sonntag einfach im Bett zu verbringen? Ich bringe meine Gitarre und eine Flasche Wein mit und wir werden einfach nur faulenzen. Wir sollten aber aufpassen, dass die Presse nichts davon erfährt.
Die würden das Ganze sicher für eine politische Demonstration halten. Also, ruf mich an und sag mir, wie du die Idee findest.
Dein John
PS: Liebe Jutta, oben stehenden Brief soll John Lennon mal an Yoko Ono geschrieben haben. Ich finde, seine Idee würde auch gut für uns passen, oder? Also: Ich kann zwar nicht Gitarre spielen, aber ich habe eine wunderschöne Plattensammlung. Und mein CD-Player hat eine Fernbedienung, die man vom Bett aus steuern kann. Was hältst du also von einem Faulenzer-Sonntag am nächsten Wochenende? Ich würde mich freuen ...
Dein Paul

Einladung Faules Wochenende unter Frauen

Liebe Edith!
Wenn man – so wie wir – eine ganze Woche mit Tohuwabohu, Hektik und Stress hinter sich hat, freut einen nichts so sehr wie ein geruhsames Wochenende. Ein Wochenende, an dem man nach Herzenslust faulenzen kann, an dem einen weder der reizende Gatte noch die herzallerliebsten Kinderchen mit aufgeweckten, aber trotzdem lästigen Fragen oder gar grausigen Wünschen nach Aktion und Abenteuer plagen.
Deinem letzen Brief konnte ich entnehmen, dass dein werter Ehemann im August auf Geschäftsreise geht und deine Kinder just zu dieser Zeit ihre Ferien bei der Oma verbringen. Da auch mein Friedrich, gemeinsam mit unseren Kindern, im August einen kurzen Berg-Wanderurlaub machen will (was ich, wie du ja weißt, überhaupt nicht gerne tue), kam ich auf eine glänzende Idee:

Was hältst du von einem Faulenzer-Wochenende ganz unter uns Frauen? Ich für meinen Teil würde dich dazu riesig gerne einladen. Von meiner Seite aus sähe das Programm dann so aus:
Für Samstagmorgen mache ich einen Termin bei meiner Kosmetikerin aus (natürlich nicht zu allzu früher Stunde). Sie ist eine Meisterin in Sachen wohltuender Massage. Von dieser anstrengenden Behandlung müsste man sich natürlich erst einmal erholen. Und da ich weiß, dass du zu einer Tasse Kaffee, selbstverständlich versüßt mit einem herrlichen Stückchen Kuchen, nur ungern nein sagst, könnte man anschließend die netten Kellner im Café Kranz besuchen. Am späten Nachmittag machen wir es uns dann in unserem Garten gemütlich und vertreiben uns die Zeit mit Lesen, Klatsch und Tratsch austauschen und Plaudern über die alten Zeiten. Sicherlich siehst du ein, dass auch ich an diesem Wochenende nichts als faulenzen will – deshalb bleibt die Küche kalt, wir bestellen uns einfach eine leckere Pizza per Telefon.
Wenn wir am Sonntagmorgen frisch ausgeruht aufwachen, bieten sich eine Menge Möglichkeiten: Wir könnten ins Thermalbad gehen oder wir machen auf Kultur und besuchen ein Museum oder eine Ausstellung. So weit meine Vorschläge.
Etwas Stress aber müsstest du leider auf dich nehmen: die Fahrt von Hannover nach Baden-Baden. Wie sieht's aus? Kommst du?
Herzlichst deine Karin

Einladung Kollegen-Abschied

Liebe Kollegen,
jeder ist ersetzbar ...
und so wird auch bald an meinem Platz, an meiner Stelle jemand anderes sitzen, für euch Briefe tippen, Botengänge erledigen, Rechnungen schreiben und nicht zuletzt: den besten Kaffee kochen, den diese Firma zu bieten hat. Und ich wiederum werde auf dem Stuhl einer anderen Kollegin sitzen und neue Aufgaben erfüllen. Nichtsdestotrotz möchte ich euch allen sagen: Die Zeit mit euch war wunderschön. Bestimmt werde ich euch vermissen und oft und gerne an euch zurückdenken.
Ihr würdet mir eine große Freude machen, wenn ihr alle zu meinem Ausstand am 29. April gegen 16 Uhr in den Aufenthaltsraum kommen würdet.
Eure Gudrun

Einladung Videoabend an Halloween

Hallo Freunde!
Bringt eure Babysitter in Sicherheit!!
In einer Woche ist es wieder so weit:
Am 31. Oktober um 20 Uhr macht sich der Psychopath Jackson wieder auf den Weg – und wir sind mit dabei.

- Der Videorekorder läuft sich schon warm.
- Der Kerzenvorrat ist aufgefüllt.
- Die Kürbisköpfe grinsen bereits hinaus in die Nacht.
- Kurzum: Es knistert und raschelt in allen Ecken,
- Gruselstimmung macht sich breit.

Für den kleinen Hunger zwischen Spannung und Schrecken gibt's natürlich, wie in jedem Jahr, den passenden Imbiss. Diesmal sind es Canapés mit BLUT-Wurst ...
Diese Einladung gilt selbstverständlich auch für die jeweilige Babysitterin!!!
Bis dann
der Hexer

Einladung Fondue-Abend

Liebe Gerda, lieber Siegfried!
Schon viele Male haben wir davon gesprochen, mal gemeinsam einen gemütlichen Abend zu verbringen. Jetzt soll dieses Vorhaben endlich in die Tat umgesetzt werden.
Josef hat sich bei seinem letzten Stadtbummel einen kulinarischen Traum erfüllt und ist nunmehr stolzer Besitzer eines funkelnagelneuen Fondue-Sets. Ich persönlich zweifle ja ein wenig daran, dass er es schon schafft, Feuer und Flamme für diese Gerätschaft richtig in den Griff zu bekommen. Aber er will es sich selber und euch und mir beweisen:
Wollt ihr euch auf dieses Wagnis einlassen?
Wir dachten, dass Samstag, der 31. Oktober ein guter Zeitpunkt für ein Testessen wäre. Was haltet ihr denn davon?
Wir warten auf eure mutige Antwort!
Hildegard und Josef
PS: Einen Feuerlöscher – für den Notfall – halten wir bereit ...

Einladung Silvester, Variante 1

Werft eure alten Vorsätze über Bord!
Das alte Jahr geht seinem Ende entgegen und das neue erwartet euch mit neuen, noch besseren Dingen! Und da es ja bekanntlich umso einfacher ist, sich an neu gefasste Vorsätze zu halten, je mehr Leute davon wissen, möchten wir euch herzlich dazu auffordern, uns die euren so bald wie möglich, spätestens aber am 01.01.2003, 00 Uhr bekannt zu geben. Damit ihr die allerletzte Gelegenheit nicht verpennt, kommt ihr allerdings schon am besten etwas früher bei uns vorbei. Wie wäre es denn so gegen 20 Uhr am 31.12.2002?
Selbstverständlich habt ihr genügend Gelegenheit, euch vor der Veröffentlichung eurer Vorsätze fürs neue Jahr entsprechend Mut anzutrinken ...
Auf euch freuen sich
Klara und Edwin

Einladung Silvester, Variante 2

Endlich hat man sich an die Zahl 2002 gewöhnt
und kann sie ohne größere Probleme zu Papier bringen,
da fällt diesem Jahr nichts Besseres ein,
als wieder zu Ende zu gehen.
Da wir also wieder einmal von einem Jahr so schnöde verlassen werden, bleibt uns nichts anderes übrig, als das neue gebührend zu begrüßen. Schließlich soll es uns ja wohlgesonnen sein ...
Aus diesem Grund geben wir am 31.12.2001 pardon 2002, ab 20 Uhr ein großes Fest in unserer Wohnung.
Dazu laden wir dich, liebe(r) .... herzlich ein.
Allerdings haben wir beschlossen, dass das neue Jahr mit knallenden Sektkorken statt Böllern und einem farbenprächtigen Mitternachtsmenu statt Feuerwerk begrüßt werden soll.
Einverstanden?
Dann komm doch einfach!
Herzliche Grüße Elvira und Peter

10. Kapitel

Dankesbriefe

Zwei kleine Wörtchen erleichtern das Leben ungemein: »Bitte« und »Danke«: Damit kommen Sie überall an, damit sind Sie überall gern gesehen. Selbst wenn Sie Ihren Urlaub im Ausland verbringen und von der Landessprache nicht mehr als diese beiden Worte beherrschen, werden Sie um vieles freundlicher empfangen als ein »Stoffel«, der nur befiehlt und glaubt, man müsse ihm seine Wünsche von den Augen ablesen.
Schon sehr früh spielen Kinder, wenn sie die ersten Worte sprechen können, das »Bitte-Danke-Spiel«: Sie geben einem Erwachsenen einen Gegenstand und freuen sich, wenn er »Danke« sagt und ihn mit einem »Bitte« wieder zurückreicht. Der erste Anfang von Höflichkeit? Ganz gewiss! Und das Vorbild der Eltern ist dabei das Entscheidende: Gehen sie in dieser Form miteinander um, so wird dem Nachwuchs das auch als selbstverständlich erscheinen.

Die wichtigsten Wörter in jeder Sprache der Welt

Bitte und Danke sind die wichtigsten Wörter in jeder Sprache auf der Welt. Sie machen das Leben einfacher, das Zusammenleben mit anderen Menschen leichter, freundlicher, umgänglicher. Dennoch scheint vor allem das Wort »Danke« bei den meisten Menschen in Vergessenheit geraten zu sein. Von Goethe stammt das

Wort: »Begegnet uns jemand, der uns Dank schuldet, so fällt es uns gleich ein. Wir oft können wir jemandem begegnen, dem wir Dank schulden, ohne daran zu denken.« Und Schiller lässt in seinem »Don Carlos« verlauten: »… was ist vergesslicher als Dankbarkeit?« Sie sehen: Nicht erst in unserer Zeit ist Dankbarkeit eine Sache, um die man sich gerne drückt. Nur so kann man es sich erklären, dass es eine ganze Reihe von Sprichwörtern und Volksweisheiten gibt, in denen die Tugend der Dankbarkeit hoch gelobt und wertgeschätzt wird – manche lassen sich auch gut in einem Dankesschreiben als Zitat verwenden:

- Dankbarkeit ist die Erinnerung des Herzens.
- Dankbarkeit ist das Gedächtnis des Herzens.
- Für eine Wohltat so groß wie ein Wassertropfen gib zum Dank eine sprudelnde Quelle zurück.
- Dankbarkeit ist die geringste der Tugenden, Undank das schlimmste der Laster.
- Dankbar sein, bricht kein Bein.
- Gedenke der Quelle, wenn du trinkst.
- Verschiebe die Dankbarkeit nie.
- Danken kostet nichts und gefällt Gott und den Menschen wohl.

Gelegenheiten zum Danke sagen gibt es immer

Dankbare Menschen sind wie fruchtbare Felder; sie geben das Empfangene zehnfach zurück. Gerade an den letzten Spruch sollte man sich wohl halten. Ein Dankeschön am rechten Ort kann niemals falsch sein und uns nur Sympathien einbringen. Früher war es eine Selbstverständlichkeit und heute ist es eine leider in Vergessenheit geratene Sitte, dass Kinder sich für ein Geschenk an Weihnachten, zum Geburtstag oder zu einem anderen Fest mit einem kleinen Brief bedankten. Kaum eine Mutter wagt es noch, ihrem Nachwuchs »zuzumuten«, dass er sich bei Großeltern oder

Onkel und Tante bedankt, geschweige denn bei einem Klassenkameraden. Aber auch wir Erwachsenen tun uns manchmal schwer mit dem Dank-Sagen. Dabei gibt es Anlässe genug – etwa für

- eine Einladung,
- Glückwünsche zum Geburtstag, zum Jubiläum oder sonst einem Ehrentag,
- ein Geschenk,
- die Betreuung während eines Kuraufenthalts,
- die Pflege während einer Krankheit oder nach einer Operation in der Klinik.

Bei all diese Gelegenheiten kann und sollte man Danke sagen – nicht unbedingt nur mündlich, am Telefon. Durchaus auch schriftlich: mit einer Grußkarte oder einem »richtigen« Brief. Es kommt immer auf Ihren persönlichen Stil an, wie Sie Ihr Dankeschön verpacken, wie Sie es anbringen. Origineller als auf vorgedruckte Karten zurückzugreifen ist ein persönlich gestalteter Brief allemal.

Dank für eine Einladung

Der Dank für die Einladung gehört zur Grundform des höflichen Benehmens und ist viel mehr als eine leere Floskel: Es zeigt, dass Sie sich freuen, als Gast geladen zu sein und dass Sie die Einladung nicht als Selbstverständlichkeit betrachten. Meist werden Sie gleichzeitig auch ausdrücken, dass Sie die Einladung annehmen und gerne kommen.
Den Dank nach der Feier können Sie mündlich oder schriftlich ausdrücken. Und natürlich ist auch beides erlaubt: mündlich gleich beim Abschied, schriftlich am nächsten Tag. Sie sollten eine Karte oder einen Brief mit Dankesworten stets mit der Hand schreiben. Wenn Sie Ihren Gastgeber gut kennen, können Sie auch ein witziges Fax schicken. Oder Sie machen sich nach einem besonders schönen Fest die Mühe einer originellen Danksagung:

vielleicht mit einem Foto vom Fest, das Sie mit einem humorvollen Spruch versehen haben.
Danke sagen sollte übrigens auch der Gastgeber – vor allem dann, wenn er (oder sie) zu einer Feier eingeladen hat, bei der üblicherweise mehr als nur Gastgeschenke mitgebracht werden: zum Beispiel bei Geburtstag, Jubiläum und Hochzeit. Sie entscheiden nach der Anzahl Ihrer Gäste, ob Sie jedem Einzelnen persönlich in einem Schreiben danken oder ob Sie Dankeskarten drucken lassen. Bei einer Hochzeit oder einem hohen Geburtstag kann das durchaus angebracht sein. Und es bleibt Ihnen unbenommen, eine vorgedruckte Karte mit ein paar persönlichen Worten zu ergänzen.

Dankesbrief für Einladung zur Kellerparty

Tag, liebe Leute,
also das nenn ich denn mal eine Super-Idee: endlich mal wieder so 'ne echt flippige Fete! Find ich toll. Toll auch, dass ihr an mich gedacht habt. Wahrscheinlich werd ich mit ein paar guten Freunden bei euch im Partykeller auftauchen – aber ich denk mir: Je mehr Leute, desto bessere Stimmung!
Ihr habt doch nix dagegen, oder?
Wenn ich was zum Futtern und Trinken besorgen soll: Anruf genügt. Auch wenn ihr sonst Hilfe braucht!
Lothar

Dankesbrief, Fest zur Beförderung

Sehr geehrter Herr Lausitz,
darf ich Ihnen schon heute zu Ihrer Beförderung gratulieren? Wie schön, dass Sie Ihren Aufstieg zum Vorstandsvorsitzenden mit einem Fest feiern wollen! Für Ihre Einladung möchte ich mich sehr herzlich bedanken. Meine Frau und ich kommen gerne zum Dinner am 25. April und freuen uns auf einen sicher harmonischen Abend.
Mit freundlichem Gruß!
Peter Naumann

Dankesbrief für Einladung zum Geburtstagsfest

»Zum Geburtstag alles Gute!«
darf man ja jetzt noch nicht wünschen. Denn Glückwünsche vor dem »Ereignis« sollen ja angeblich Unglück bringen. Also gut: Dann warte ich eben noch zehn Tage. Vorfreude ist ja bekanntlich die schönste Freude!
Obwohl: Eure Geburtstagsfeiern sind immer ein solch großer Erfolg – mit Liebe und Fantasie versteht ihr es ja schon immer, euren Gästen Freude zu bereiten. Das kann durch »Vorfreude« kaum übertroffen werden ... Und erst das Geburtstagskind: Das kann sich ja kaum retten vor Fröhlichkeit. Ich danke euch jedenfalls für die Einladung und harre der Dinge, die da kommen sollen.
Voller Vorfreude Thomas

Dankesbrief für Hochzeitseinladung

Das Hochzeitsfest war schön wie nie,
das ging mir richtig in die Knie.
Euch das Jawort sagen hören,
konnt' mich in hohem Maß betören.
Die Braut, sie war so schön und hold,
der Bräutigam, ein Kerl aus Gold!
Die Feier hat mich hoch erfreut,
mein Dabeisein hat mich nicht gereut.
Das Essen, Trinken und die Gäste,
von allem gab es nur das Beste.
So bleibt mir nur, euch Glück zu wünschen –
wer das nicht tut, den sollt' man lynchen!
Ihr sollt nur haben Sonnenschein
in eurem Leben und auch Schwein!
Denn ohne dieses rosa Tierchen
geht einem so manches an die Nierchen.
Doch keine Sorge, liebe Leute –
ihr seid des Glückes fette Beute!!!

Dankesbrief für Einladung zum Dinner (danach)

Sehr geehrter Herr Langner,
ganz besonders herzlich möchten wir uns bei Ihnen für das wunderschöne, exquisite Dinner am Donnerstagabend bedanken. Sie haben es wirklich verstanden, für ein paar Stunden den Alltag wegzuzaubern. Sagen Sie Ihrer Frau auch noch einmal ein Dankeschön? Dieser Blumengruß soll Ihnen unsere Begeisterung in aller Farben- und Blütenpracht vor Augen führen.
Mit freundlichen Gruß
Karin und Wolfgang Neuss

Dankesbrief für ein Abendessen (geschäftlich)

Sehr geehrter Herr Breiser,
hiermit möchte ich mich für das gestrige Abendessen herzlich bei Ihnen bedanken. Ich finde es sehr freundlich von Ihnen, dass Sie sich meiner annehmen und dass Sie mir Tipps und Tricks verraten haben, mit denen ich unter Umständen in unserer Firma und im Ansehen bei meinem Chef aufsteigen kann.
Ich danke Ihnen für das Vertrauen, das Sie mir entgegenbringen, und für die Freundschaft, die Sie einem jungen Kollegen wie mir anbieten. Ich weiß es natürlich vor allem zu schätzen, dass Sie mich als Ihren Nachfolger vorschlagen wollen und mir auch nach Ihrem Ausscheiden in den Ruhestand mit Rat und Tat zur Seite stehen wollen.
Mit herzlichem Dank für alles
Ihr Martin Hauser

Dank für Geschenke

Es sollte wirklich eine Selbstverständlichkeit sein, sich für ein Geschenk zu bedanken. Und es hängt gewiss nicht vom Wert der Gabe ab, ob man »nur« zum Telefon greift oder Papier und Füller (beziehungsweise PC oder Schreibmaschine) zur Hand nimmt, um seinen Dank schriftlich abzustatten.

Dankesbrief Weihnachtsgeschenk (Enkelin an Großmutter)

Liebe Oma,
wie geht es dir?
Mutter hat gesagt, ich muss mich jetzt endlich mal bei dir für mein tolles Weihnachtsgeschenk bedanken. Und sie hat ja Recht: Jetzt ist der Fasching schon fast vorbei und du hast immer noch kein schriftliches Dankeschön von mir.
Schade, dass du an Weihnachten nicht bei uns zu Besuch warst. Da hätte ich mich dann nämlich persönlich mit einem dicken Bussi bei dir bedanken können. Aber vielleicht kommst du ja wenigstens zu Ostern?
Hier bei uns geht es allen gut. Papa hat ein neues Auto und Mama hat deswegen geschimpft, weil es so teuer war. Mama hat gesagt, ich darf dir diesen Brief schicken, ohne dass sie ihn noch mal liest, weil ich doch jetzt schon in die vierte Klasse gehe. Da muss sie nicht mehr drüberlesen, hat sie gemeint.
So, liebe Oma, jetzt bin ich fertig und mir fällt auch nichts mehr ein. Höchstens, dass mein doofer Bruder mich gestern wieder ganz arg an den Haaren gezogen hat. Er ist immer so gemein!
Jetzt warten die Hausaufgaben auf mich. Deshalb muss ich Schluss machen. Ich freue mich schon auf den nächsten Geburtstag und auf nächstes Weihnachten. Weil es da sicher wieder so tolle Geschenke gibt.
Deine Uschi

Dankesbrief für Geburtstagsgeschenk (von einem guten Freund)

Mein lieber Gerhard,
nun kennen wir uns schon so viele Jahre. Lange, allzu lange haben wir nichts mehr voneinander gehört. Und plötzlich kommen Sie auf die verrückte Idee, an meinen Geburtstag zu denken und mir das schönste Geschenk zu machen, das ich mir überhaupt vorstellen kann. Ich sitze hier in meinem gemütlichen Kaminzimmer und sehe mir voller Freude die wunderschöne Tischuhr an. Sie müssen mich unbedingt bald einmal besuchen und sich selbst davon überzeugen, wie gut die Uhr hierher ins Zimmer passt. Durch die weise Voraussicht meines Mannes, den ich – wie Sie ja sicherlich wissen – im vergan-

genen Jahr leider verloren habe, konnte ich unser geliebtes Haus behalten und kann auch ohne größere Angst in die Zukunft blicken. Manchmal überfällt mich aber doch die Schwermut und dann bin ich froh, dass es noch Menschen gibt, die an mich denken, die mich nicht ganz vergessen haben. Und die mir – wie Sie – ganz überraschend eine solch große Freude machen.
Lieber Gerhard, verzeihen Sie, wenn ich Ihnen so mein Herz ausschütte. Aber es tut einfach gut, einen Menschen wiedergefunden zu haben, der einem vielleicht ein guter Freund werden kann. Sie waren ja früher, als mein lieber Mann noch lebte, oft zu Gast bei uns. Wollen Sie mich nicht wieder einmal besuchen?
Doch nun möchte ich mich wieder aus meinen Erinnerungen und meiner Trauer aufraffen und an die Gartenarbeit gehen. Die Sonne blinzelt nämlich gerade wieder durch die Wolken.
Haben Sie nochmals herzlichen Dank für Ihre so überraschende Aufmerksamkeit. Ich denke, die Uhr hätte auch meinem Friedrich sehr gut gefallen. Planen Sie bald einen Besuch bei mir ein – ich freue mich schon darauf, von alten Zeiten plaudern zu können.
Von Herzen grüßend
Ihre Rosalie Leimer

Dankschreiben bei privaten Anlässen

Wie schon oft erwähnt: Es gibt vielfältige Anlässe, Danke zu sagen. Es bleibt natürlich ganz Ihnen überlassen, ob Sie schon eine »Kleinigkeit« zum Anlass nehmen, einem lieben Mitmenschen zu danken. Manchmal kann aus einem Dankeschön-Brief dann fast eine Liebeserklärung werden – warum auch nicht! In jedem Fall gilt: Lassen Sie Ihr Herz sprechen. Gestalten Sie Ihren Brief witzig und humorvoll, wenn Ihnen danach ist. Scheuen Sie sich aber auch nicht, tiefe Gefühle entsprechend ernsthaft auszudrücken. Emotionen sind niemals kitschig, wenn sie ehrlich sind.

Dankesbrief zum Muttertag

Liebe Mam,
du hast es sicher das ganze Jahr hindurch »verdient«, gefeiert zu werden – nicht nur am Muttertag. Aber solch ein offizieller Feiertag ist dann eben doch manchmal der Anlass, ein wenig innezuhalten in der Hektik des Alltags, um dann all der Liebe und Mühe zu gedenken, mit der du uns Kinder bedenkst.
Wir wissen ja alle drei: Mit uns ist es nicht immer leicht! Vor allem, wenn Kevin wieder mal vom Baum fällt, weil er unbedingt sein Baumhaus fertig bauen will. Oder wenn Lisa wieder mal erst um Mitternacht aus der Disko nach Hause kommt. Oder wenn ich – der »Große«, es mal wieder versäume, mich aus meiner Studentenbude zu melden.
Aber du sollst dennoch stets wissen:
Wir lieben dich, wir denken oft an dich und vor allem: wir danken dir für alles. Für dein Verständnis, für deine Liebe, für die Arbeit, die du mit uns hast. Und weil ich in diesem Semester als Schwerpunkt die Werke Goethes lese, habe ich ein Gedicht von ihm für dich gefunden:

Muttertag
Wenn ich mal ungeduldig werde,
Denk ich an die Geduld der Erde.
Die, wie man sagt, sich täglich dreht
Und jährlich so wie jährlich geht.
Bin ich denn für was anderes da? –
Ich folge der lieben Frau Mama.

Du siehst: Der Dank an Mütter ist zeitlos. Auch Goethe hat seiner Mama schon gedankt – so wie wir drei das heute tun.
Mit aller Liebe
Kevin, Lisa und Christian

Dankesbrief zum Vatertag (zuvor)

Lieber Dad,
wie stolz bist du doch immer auf dein Drei-Mäderl-Haus. Mit diesem Brief wollen wir dir sagen: Wir lieben dich sehr und vermissen dich oft. Musst du denn noch lange zwischen Hamburg und München hin und her pendeln? Nicht mal an Ostern warst du hier bei uns: Tinchen und Claudi mussten die Ostereier im Garten ganz alleine suchen ...
Dabei hat das mit dir immer einen solch großen Spaß gemacht!

Ich als deine Große – immerhin bin ich schon 13! – weiß ja, dass du nicht jedes Wochenende kommen kannst. Aber trotzdem vermisse ich dich ganz doll. Und Tinchen und Claudi geht's nicht anders. Vielleicht kannst du ja wenigstens zum Vatertag heimkommen? Mutti meint, das ist ja ein Donnerstag und da könntest du vielleicht ein langes Wochenende bei uns verbringen. Wir drei haben auch ein ganz tolles Geschenk für dich gebastelt – was, verrate ich aber nicht. Weil es doch eine Überraschung sein soll! Du musst schon kommen und es dir selber anschauen.
Wir schicken dir ein paar ganz dicke Bussis und drücken die Daumen, dass wir dich bald wieder haben.
Tinchen, Claudi und Stefanie

Dankesbrief zum Auszug (Jugendliche an Mutter)

Meine liebste Mama,
nun ist der Augenblick gekommen, in dem du mich aus deiner lieben Obhut in die »Freiheit« entlässt. Ich weiß, dass dir dies schwer fällt. Und glaube mir: Auch mir wird der Abschied nicht leicht! Doch du wirst einsehen – und du weißt es ja im Innern auch schon lange –, dass auch die kleinsten Küken einmal flügge werden.
Morgen ziehe ich also (endlich) in meine eigenen vier Wände.
Ich werde dich und Papa natürlich sehr vermissen, deinen Kochkünsten nachweinen und mich anfangs sicherlich sehr oft einsam und verlassen fühlen! Auch wenn ich mich auf meine eigene kleine Wohnung freue und auch auf meinen eigenen kleinen Haushalt: Irgendwie überkommt mich jetzt doch Wehmut. Ich möchte dir danken für die vielen schönen Jahre, die du mir geschenkt hast:
Als Baby hast du mich gestillt und musstest jede Nacht ein paar Mal aufstehen; du hast mich getröstet, mir immer viel Zeit und deine Zuneigung geschenkt, hast mich geliebt und erzogen zu dem Menschen, der ich heute bin. Ich hoffe, ich bin dir »wohlgeraten«. Irgendwie kann ich gar nicht so recht beschreiben, welche Gefühle ich für dich empfinde, wie viel Dank ich dir ausdrücken möchte.
Nur so viel, liebe Mama: Meine Gedanken werden dich nicht verlassen, nur weil ich 120 Kilometer weit weg wohne. Wenn du mich brauchst – und sei es »nur« für einen gemütlichen Ratsch an der Kaffeetafel –, werde ich immer für dich da sein. Genauso wie du immer für mich da warst.
Alle Liebe deine Sandra

Dankesbrief an die Umzugshelfer

Meine lieben Freunde,
chronischer Geldmangel herrscht bei mir ja bekanntlich so gut wie immer. Umso toller fand ich es, dass ihr alle zusammengeholfen hat, um meinen Umzug zu »stemmen«. Ihr wisst ja aus eigener Erfahrung: Nicht nur Kaution und etwas höhere Miete sind fällig – die hatte ich ja auch eingeplant und das werde ich mir künftig auch leisten können. Aber die vielen Kleinigkeiten, die beim Einzug in eine neue Wohnung immer anfallen, die gehen eben dann doch richtig ins Geld. Meine Angst, den Umzug nicht zu schaffen – sowohl zeitlich wie auch finanziell – habt ihr ganz schnell aus dem Weg geräumt. Mit einer einfachen Frage. Nämlich: Wofür hat man Freunde?
Gesagt, getan: Ihr seid alle gekommen, habt alle mit angepackt und Lothar hat sogar den kleinen Transporter aus der Firma seines Vaters organisiert. Dafür noch mal ein extra Dankeschön-Bussi!
Als richtiges Dankeschön möchte ich euch aber alle einladen – zu einer Riesenpizza aus meinem neuen Herd –, ihr kommt doch?
Eure Stina

Dankesbrief an die Eltern

Hallo Mutsch, hallo Paps,
vielen, vielen Dank für eure monatliche Post.
Mann, hab ich mich gefreut, dass ihr mir künftig 100 Euro mehr überweisen wollt! Das ist wirklich toll! Ich hab einfach die besten Eltern der Welt – da gibt's nichts dran zu rütteln. Ihr könnt euch nicht vorstellen, was ich mit dem Geld alles anstellen werde: Endlich kann ich mir die lang ersehnte, aber zu teure Jeans leisten. Und das Essen, zu dem ich Holger seit fast drei Monaten einladen »muss«, weil er mir damals den VW-Käfer repariert hat, wird auch mit diesem Geld erledigt.
Ganz großes Indianer-Ehrenwort: Fleißig werde ich sein, ganz fleißig und am Ende dieses Semesters werde ich auch tatsächlich meine Zwischenprüfung machen! Das gibt aber ein wenig Stress und deshalb werde ich diesen Monat wohl kein Wochenende nach Hause fahren können. Wenn das Semester aber endlich vorbei ist, bleibe ich die ganzen Ferien daheim.
Könnt ihr denn mal im Supermarkt nachfragen, ob ich dort wieder jobben kann? Die haben nämlich ganz gut bezahlt – und ich möchte euch ja nicht nur auf der Tasche liegen in den Ferien. Ich umarme euch beide ganz heftig und sage nochmals vielen vielen Dank.
Bussi! Euer Stephan

Dankesbrief für einen schönen Urlaub (an den Partner)

Mein über alles geliebter Jonas,
was hatten wir für drei herrliche Wochen in der Türkei!
Wie soll ich dir nur für diese schöne Zeit danken, wie soll ich mich nur revanchieren?
Die Sonne hat uns geschienen, nicht nur unsere Körper haben sich gebräunt: Auch unsere Seelen haben diese wunderbare, einmalige Wärme genossen, die freilich nicht nur von der Sonne kam. Welche märchenhaften, unwirklichen, traumhaften Gefühle hast du in mir geweckt, welche Wärme durfte ich spüren, welche Ruhe senkte sich über unsere einmalige Zweisamkeit!
Deine Gegenwart lässt Schmetterlinge in meinem Bauch flattern, deine Worte streicheln immer noch meine Seele. Noch heute spüre ich das Salz auf den Lippen, den Wind in meinem Haar, den Sand unter meinen Füßen.
Lass uns noch viele solcher Urlaube verbringen, lass uns noch oft unser Glück so genießen.
Danke für die letzten Wochen.
Und Danke für die nächsten 1000 Jahre.
Deine Marietta

Dankesbrief für den Urlaub (an neue Freunde)

Lieber Jochen, liebe Annegret,
als ich mich in diesem Jahr aufmachte, den Schwarzwald zu erkunden, blieb einfach meine Urlaubsstimmung weg. Denn ich musste wieder einmal alleine verreisen. Doch alleine zu Hause zu sitzen ist auch nicht besser. Also packte ich meine altgedienten Wandersachen ein und setzte mich in meinen kleinen Schlaglochsucher auf vier Rädern, der mich (Gott sei Dank) auch ohne Panne an den gewünschten Ort brachte. Doch leider: immer noch keine Ferienstimmung!
»Das kann ja heiter werden!«, war mein Hauptgedanke in dieser ersten Zeit, in den ersten fünf von insgesamt nur 14 Tagen Urlaub. Als ich mich dann endlich einmal aufraffte, auch einmal ein Abendessen außerhalb meiner Pension zu »wagen«, traf ich dann euch – ein Glückstreffer, den ich mir nicht hätte erträumen können. Wie ein

Sechser im Lotto! Lebenslustig und offen für Neues saßt ihr so an eurem Tisch, führtet gute und interessante Gespräche und strahltet eine unwahrscheinliche Harmonie aus. Und in diese eure Zweiergemeinschaft durfte ich dann »eindringen«, durfte mit euch ein paar wunderschöne Tage verleben. Ich nahm an euren Wanderungen teil, euren Besichtigungstouren, eurem Spaß und eurem Lachen.
Was mir diese neun Tage bedeuten, kann ich gar nicht in Worte fassen! Sie haben mir nicht nur kurzfristig Freude gebracht, sondern die Überzeugung, dass auch ich nicht alleine bleiben muss. In vielen Gesprächen habt Ihr mich überzeugt – vor allem davon, dass ich jetzt wieder Freunde habe – euch!! Dafür danke ich euch herzlich. Wieder daheim, habe ich eure Anregungen auch gleich in die Tat umgesetzt: Vorgestern war ich das erste Mal im Gymnastikkurs, und heute Abend habe ich mich beim Englischkurs an der Volkshochschule angemeldet.
Ihr seht also: Ein neues Leben beginnt. Und das verdanke ich euch! Euch und eurem Lebensmut, den ihr auf mich übertragen habt. Ich kann euch nur noch einmal sagen: Dankeschön!
Hoffentlich macht ihr euer Versprechen bald wahr und besucht mich in Hamburg.
Darauf freut sich eure Lena

Dankesbrief eines frisch Verliebten

Hab Dank, mein Herz, hab Dank ...

- für die Schmetterlinge im Bauch, als wir uns das erste Mal sahen
- für das Herzklopfen, als wir das erste Mal miteinander sprachen
- für die gute Laune, die ich bekomme, wenn ich an dich denke
- für die Lebensfreude, die ich empfinde, seit wir uns kennen
- für die erste wunderbare Zweisamkeit
- für die Angst, die ich manchmal um dich habe
- für diese ungeahnte Zärtlichkeit, die außer dir noch niemand entdeckte
- für deine Wärme, die du mir schenkst
- für deine Worte, die du für mich wählst
- für deine Nähe, mit der du mich sehr glücklich machst
- für deine Zeit, die du für mich opferst
- für deine Sorgen, die du mir anvertraust
- für dein Vertrauen, das du mir entgegenbringst
- für diesen unvergesslich schönen Abend

- für diesen einzigartigen, unvergänglichen Kuss, den ich noch jetzt auf meinen Lippen spüre
- für deine Zukunft, die du mir schenken willst
- für diese überwältigende Liebe, die du für mich empfindest
- für dich!

Dankesbrief für Nachbarschaftshilfe

Liebe Frau Mittler,
Sie wissen ja: Ich lebe erst seit ein paar Wochen in Heidelberg. Und natürlich habe ich hier noch kaum Bekannte, geschweige denn Freunde. Umso mehr freut es mich, hier in diesem Mietshaus, in dem doch so viele Parteien anonym nebeneinander herleben, echte und gute Nachbarschaft gefunden zu haben.
Sie haben mir gleich am Einzugstag, als ich völlig erschöpft zwischen meinen 50 Bücherkisten stand und meine Küche noch ein einziges Chaos war, mit einem großen Stück selbst gebackenem Mirabellenkuchen die Arbeit versüßt. Und als mir dann überraschend Besuch ins Haus schneite, haben Sie mir mit Kartoffeln und Eiern ausgeholfen. Ich konnte Ihnen dafür beim Anbringen der Regale behilflich sein. Und so ist jetzt schon – in der kurzen Zeit seit meinem Einzug – eine richtig nachbarschaftlich-freundschaftliche Beziehung entstanden. Und Ihre beiden Söhne haben mich sogar schon beinahe zum Fußballspielen auf dem Bolzplatz eingeladen – zumindest haben die zwei meinen »Freistoß« letzten Freitag auf dem Bürgersteig sehr fachmännisch beurteilt.
Liebe Frau Mittler, Sie haben mir die Eingewöhnung hier in Heidelberg sehr erleichtert. Dafür möchte ich mich bei Ihnen mit einem bunten Strauß bedanken.
Auf weiterhin gute Nachbarschaft
Ihr Heinz Roller

Dankesbrief für einen Blumenstrauß

Lieber Herr Roller,
als es heute um elf Uhr vormittags bei mir klingelte, war ich sehr erstaunt. Denn wer besucht denn schon eine gestresste Hausfrau und Mutter kurz vor dem Mittagessen? Briefträger und auch Paketbote waren schon da gewesen ...
Als dann der Blumenbote vor meiner Türe stand, war sicherlich nur ungläubiges Staunen auf meinem Gesicht zu lesen. Blumen für mich – das ist ja schon seit Jahren nicht mehr vorgekommen.
Und Geburtstag habe ich auch nicht.
Verwirrt und völlig neugierig riss ich das Kuvert auf, fand einen Brief und stellte mit Erstaunen fest, dass die Blumen von Ihnen kommen. Was hatte ich Ihnen nur Gutes getan? Ich konnte mich beim besten Willen nicht erinnern. Und was Sie dann schrieben, zauberte ein kleines Lächeln auf mein Gesicht: Nur weil ich Ihnen ab und an mit Kleinigkeiten aushelfe! Herr Roller – das tue ich doch gerne. Wozu sollen Sie sich denn gleich fünf Kilo Kartoffeln kaufen, so als Single?! Und Sie überraschen mich gleich mit solch einem schönen Strauß! Aber ich freue mich vor allem darüber, dass Sie Nachbarschaft genauso sehen wie meine Familie und ich – als freundliche Hilfsbereitschaft. Und dass Sie sich auch nicht gleich aufregen, wenn meine beiden Buben mal ein bisschen lauter sind. Kommen Sie ruhig wieder, wenn das Salz oder der Kaffee wieder mal ausgegangen sind ...
Ihre Nachbarin mit den temperamentvollen Kindern

Dankesbrief für Katzensitting

Hallo Sabine,
ganz ganz herzlich bedanken möchte ich mich bei dir, dass mein geliebter Perserkater nicht mit in den Urlaub fahren musste. Du weißt ja: Nichts hasst Sascha mehr als seine geliebten vier Wände zu verlassen. Leider ganz im Gegensatz zu mir: Einmal im Jahr muss ich einfach raus, muss Sonne, Sand und Meer genießen. Ich weiß: Du kannst mit Katzen gut umgehen und es macht dir Freude, Sascha mal als »Adoptivkater« zu pflegen und zu hegen. Trotzdem möchte ich, dass du weißt, dass ich dein Katersitting nicht als Selbstverständlichkeit betrachte. Sondern immer wieder als echten Freundschaftsdienst sehe, für den ich mich bedanken möchte. Ich habe dir natürlich auch wieder ein Dankeschön-Geschenk aus

dem Urlaub mitgebracht – es wartet schon auf dich! Und ich würde mich freuen, wenn du an einem der nächsten Abende Zeit hättest, es abzuholen und dabei ein schönes Glas Rotwein mit mir zu trinken.
Dein Rolf

Dankesbrief für Kurbetreuung

Sehr geehrter Herr Küppersbach,
seit einer Woche bin ich jetzt wieder daheim in Mühlheim und denke noch oft an meine Kur in Bad Homburg zurück. Sie haben ja selbst erlebt, wie niedergeschlagen und trostlos meine Stimmung in den ersten Tagen meines Aufenthaltes war. Doch dann wurden Sie an »meinen« Tisch gesetzt und wir fanden sofort herzlichen Kontakt zu einander. Dafür – und für die Fröhlichkeit, die Sie mir zurückgegeben haben – möchte ich mich im Nachhinein noch einmal sehr herzlich bedanken.
Ich konnte die gute Stimmung aus Bad Homburg auch mit nach Hause nehmen und sozusagen »aufbewahren«. Das zeigte sich auch gestern in der Praxis von Dr. Hermann: Mein Hausarzt ist wirklich sehr zufrieden mit mir. Er meinte, so optimistisch und lebenslustig habe er mich seit Jahren nicht mehr erlebt – auch ein Verdienst Ihrerseits!?
Leider hat sich mein Gesundheitszustand nicht entscheidend verbessert. Und auch meine Frührente ist noch lange keine beschlossene Sache. Die Ämter ziehen nicht so recht mit, es ist halt ein ewiger Papierkrieg. Ich bin froh, dass Sie mir da ein paar hilfreiche Tipps geben konnten.
Lieber Herr Küppersbach, ich weiß ja, dass Sie noch mindestens eine Woche in Bad Homburg kuren. Wollen Sie nicht anschließend einmal zu mir nach Mühlheim zu Besuch kommen? Mein Mann würde sich auch sehr freuen, Sie endlich einmal persönlich kennen zu lernen. Und natürlich ist auch Ihre liebe Frau herzlich willkommen.
Ich höre von Ihnen?
Bis dahin wünsche ich Ihnen gute Genesung!
Ihre Vera Baldner

Halboffizielle Anlässe

Als Privatperson kommt man im Alltagsleben durchaus hin und wieder in die »Verlegenheit«, sich nicht nur bei Freunden und Bekannten bedanken zu wollen. Hier ein paar Beispiele:

Dankesbrief an den Arzt

Lieber Dr. Kramer,
wie soll ich Ihnen nur danken?
Danken für die Fürsorge, die Sie mir angedeihen ließen; für die Zeit, die Sie mir opferten; und vor allem natürlich für die Gesundheit, die Sie mir wiedergeschenkt haben.
Ein Leben ohne Schmerzen – dass es dies für mich noch einmal geben würde, hatte ich nicht zu hoffen gewagt, als ich nach Bad Herrenalb kam. Und Sie, Sie ganz allein, lieber Dr. Kramer, haben dieses Wunder vollbracht. Ihrer ärztlichen Kunst habe ich es zu verdanken, dass ich wieder Freude am Leben habe, neuen Lebensmut schöpfen konnte. Morgens beginnt mein Tag jetzt mit guter Laune – nicht wie früher mit der Angst vor diesen schrecklichen Schmerzen. Auch meine Frau ist wieder ein ganz anderer Mensch geworden. Ich habe ihr das Leben ja so schwer gemacht, habe ihr die Verantwortung zugeschoben für meine Pein und war oft unleidlich.
Wir, meine Frau und ich, danken Ihnen von ganzem Herzen für unser im wahrsten Sinne des Wortes neues Leben!
Ihr Klaus Leitner

Dankesbrief für die Lehrzeit (an Kollegin)

Sehr geehrte Frau Müller,
nun ist es also geschafft:
Ich habe heute mit Bravour und einem »ausgezeichnet« meine Lehre beendet. Als eine der besten ging ich aus dem Prüfungszimmer. Das hat meinem Selbstvertrauen, das vor der Abschlussprüfung trotz allen Übens gar nicht so groß war, sehr gut getan. Jetzt aber zum Grund meines Schreibens an Sie:
Sie, liebe Frau Müller, sind ja nicht ganz unbeteiligt an meinem guten Abschluss. Mit viel Geduld haben Sie sich immer meiner Probleme

angenommen, haben mir immer alles wunderbar erklärt und eine (fast) perfekte Industriekauffrau aus mir gemacht. Den Rest wird die Erfahrung bringen.
Ich möchte Ihnen auf diesem Weg ganz ganz herzlich für Ihre Mühen danken. Und ich hoffe, ich darf mich weiterhin um Rat an Sie wenden?
Das wünscht sich
Ihre Connie Manner

Dankesbrief an Universitätsprofessor

Sehr verehrter Professor Deubler,
lange Jahre haben Sie mich durchs Studentenleben geführt:
Sie waren uns ein guter und eindringlicher Lehrer.
Sie haben mit uns Studienreisen gemacht, an die meine Kommilitonen und ich uns lange erinnern werden.
Sie haben aber auch die menschliche Seite nicht zu kurz kommen lassen – wie gerne saßen Sie mit uns zusammen, haben mitgefeiert, aber auch mitdiskutiert.
Jetzt habe ich meine Abschlussprüfung gemacht und darf mich nun Diplomingenieur nennen. Das habe ich Ihnen zu verdanken. Viele schöne, aber auch viele arbeitsreiche Stunden liegen hinter mir, zu denen nur Sie mich motiviert haben! Mit Ihrem enormen Fachwissen, Ihrer unvergleichlichen Art, auch uns Studenten als vollwertige Mitglieder der Hochschule zu behandeln, mit Ihrem Verständnis, wenn mal ein Referat oder eine schriftliche Prüfung danebenging – mit all dem haben Sie mich auf den Weg in ein hoffentlich ausgefülltes Berufsleben gebracht. Für Ihre überaus faire mündliche Abschlussprüfung möchte ich Ihnen besonders danken. So ermöglichten Sie es mir, die eine Scharte wieder auszuwetzen, die ich mir in der schriftlichen Prüfung geleistet hatte …
Nochmals: Dankeschön!
Ihr Bruno Korff

Dankesbrief für eine Beförderung in einer kleineren Firma

Sehr geehrter Herr Nauhauser,
vor einigen Tagen teilte mir unser Personalleiter Herr Christensen mit, dass Sie mich für den Posten des Chefbuchhalters vorgesehen haben. Zwar bin ich schon seit vier Jahren bei Ihnen im Betrieb und habe auch – meine ich – immer zufriedenstellend gearbeitet. Aber dass Sie mir jetzt diese Chance geben – das freut mich ganz besonders.
Ich freue mich schon auf den ersten Arbeitstag in meiner neuen Position! Ich möchte mich bei Ihnen nochmals ganz persönlich dafür bedanken, dass Sie mir so großes Vertrauen entgegenbringen. Sie können sicher sein: Ich werde immer versuchen, Ihr Vertrauen in mich und meine Arbeit zu Ihrer vollsten Zufriedenheit zu rechtfertigen.
Mit freundlichen Grüßen!
Hanns Wiedermann

Dankesbrief für Empfehlung im Beruf (an Freund des Vaters)

Sehr geehrter Herr Manner,
wie Sie sicherlich schon von meinem Vater erfahren haben, war meine Bewerbung um die Stelle als Maschinenführer bei der Firma Gässler erfolgreich. Das habe ich nicht zuletzt Ihrer Empfehlung und Ihrem persönlichen Einsatz zu verdanken. Sie haben mir damit sehr geholfen. Sie wissen ja, ich war wegen des Konkurses meiner früheren Firma fast ein Jahr arbeitslos. Und das war gewiss keine leichte Zeit. Nicht nur mir, sondern auch meinen Eltern ist jetzt eine schwere Last von der Seele genommen. Ich freue mich sehr auf die Arbeit, die ich schon am 1. September 2002 antreten kann. Ich hoffe, ich habe bald einmal auch die Gelegenheit, mich bei Ihnen persönlich zu bedanken.
Mit freundlichen, bald kollegialen Grüßen
Ihr Bernd Stein

Dankesbrief an Anwalt

Sehr geehrter Herr Dr. Melling,
ich kann Ihnen gar nicht sagen, wie froh ich bin, dass wir diesen unsäglichen Prozess gewonnen haben! Deshalb möchte ich es auf keinen Fall versäumen, mich bei Ihnen herzlich für alle Mühe und Arbeit zu bedanken. Sie haben wirklich viel für mich getan. Hoffentlich werde ich in der nächsten Zeit nicht wieder in einen solch unangenehmen Rechtsstreit verwickelt. Aber wenn doch, können Sie sicher sein, dass Sie dann wieder mein Vertrauen haben. Auch lasse ich es mir nicht nehmen, Sie all meinen Bekannten und Geschäftsfreunden weiterzuempfehlen.
Mit freundlichen Grüßen!
Marianne Thomas

Dankesbrief an Spender

Liebe Freunde und Gönner des Reit- und Zuchtvereins Hässlach,
wie ihr euch alle überzeugen konntet, brachten wir unser diesjähriges Reitturnier (fast) perfekt hinter uns. Es war ein schönes Fest und hat sicher allen Gästen viel Freude gemacht! Wir wollen allen Helfern besonders danken, die ihr ganzes Wochenende dafür geopfert haben. Doch nicht nur den unermüdlichen Helfern gilt unser Dank. Ohne die zahlreichen und großzügigen Spenden hätten wir unser Turnier in diesem Jahr gar nicht austragen können. Wie ihr ja alle wisst, leiden wir unter einer mehr als misslichen finanziellen Lage. Doch mit solch gelungenen Veranstaltungen können wir die Situation in unserer Vereinskasse verbessern.
Viele Hässlacher Geschäftsleute haben in unserem Programmheft mit Anzeigen für unsere Veranstaltung geworben. Das hat uns natürlich auch sehr geholfen – und auch dafür sagen wir herzlichen Dank. Ebenso für die vielen Geldspenden: Ehrenpreise, Schleifen und vieles mehr wurden von davon bezahlt.
Nochmals allen vielen Dank! Und auf ein Wiedersehen im nächsten Jahr!
Der Vorstand

Register